ADVANCED TYPESCRIPT
PROGRAMMING PROJECT
타입스크립트 실전 프로젝트

ADVANCED TYPESCRIPT
PROGRAMMING PROJECT
타입스크립트 실전 프로젝트

예제 프로젝트를 통해 배우는 타입스크립트 웹 개발

피터 오한론 지음   김유성 옮김

i!i
에이콘

에이콘출판의 기틀을 마련하신 故 정완재 선생님 (1935-2004)

아내 제니퍼에게

그녀의 사랑과 인내 덕분에 격려된 동안 매일 뜨거운 키보드와 함께 고생할 수 있었다. 항상 현명하고, 친절하고, 사랑스럽고, 유쾌한 당신의 남편으로 지내는 것이 진정으로 즐겁다.

두 딸 캐서린과 한나에게

세상에서 너희 둘을 만나고 너희가 자라는 모습을 볼 수 있다는 것은 부모로서 얻는 가장 큰 즐거움이다. 늘 내게 놀라움을 전해주는 너희에게는 '경이롭다'는 표현이 딱 어울린다.

하비에게

"멍멍"이란 말밖에 따로 해줄 말이 없구나.

| 지은이 소개 |

피터 오한론 Peter O'Hanlon

30년 가까운 경력을 쌓은 전문 개발자다. 현재는 종류와 크기를 가리지 않는 데스크톱 및 웹 애플리케이션을 개발하고 있다. C, C++, 베이직, 파스칼, 자바스크립트를 이용한 개발 경험이 있으며, 지난 18년 동안 C# WPF, 자바스크립트, 타입스크립트에 집중하고 있다. 수년간 인텔 이노베이터Intel Innovator 프로그램의 회원이면서 인텔 얼티메이트 코더 2Intel Ultimate Coder 2 콘테스트에 참가한 코드 프로젝트Code Project의 MVP였다. 증강/혼합 현실, 컴퓨터 영상, 인공지능, 동작 인식 같은 기술에 적극적으로 참여할 수 있게 해주는 새로운 기술과 언어를 받아들이는 것을 항상 열망한다.

| 기술 감수자 소개 |

나둔 인두닐 Nadun Indunil

스리랑카의 시스코 랩스Sysco Labs에서 근무하는 소프트웨어 엔지니어다. 엔지니어로서 AWS 관련 소프트웨어와 도구를 개발하고 관리하는 업무를 담당하고 있다. 스리랑카의 모라투와 대학교University of Moratuwa에서 공학사를 취득했고, AWS 솔루션스 아키텍트로 일하면서 오픈소스에 기여하고 있다. 특히 다양한 자바스크립트 오픈소스에 관심이 많으며, 몇몇 프로젝트를 관리하고 있다.

이 책을 리뷰할 수 있는 훌륭한 기회를 준 팩트출판사에 진심으로 감사한다. 다양한 것을 배우며 성장할 수 있는 시간이었다.

제한된 시간 내에 프로젝트를 끝낼 수 있게 도와준 부모님, 친구들, 약혼자에게도 감사의 마음을 전하고 싶다.

| 옮긴이 소개 |

김유성(kallare@gmail.com)

자동화 기술과 실수를 줄이는 방법에 관심이 많다. 꾸준히 무언가를 만드는 사람이 되길 원하며, 현재 사이냅소프트에서 웹오피스와 문서 뷰어 같은 다양한 웹 애플리케이션을 개발하고 있다. 역서로는 에이콘출판사에서 출간한 『Selenium 웹드라이버 테스트 자동화』(2014), 『Selenium WebDriver 길들이기』(2016), 『타입스크립트 마스터 2/e』(2018)가 있다.

'백문百聞이 불여일타不如一打.'

어떤 기술을 배울 때, 동작하는 예제를 직접 만들어보는 노력은 학습의 지름길이 된다.

이 책은 다양한 예제 프로젝트를 통해 타입스크립트 객체지향 프로그래밍을 비롯해 부트스트랩, 리액트, Vue, 앵귤러와 같은 인기 있는 UI 프레임워크의 사용법과 그래 프QL, MEAN 스택을 이용한 서버 개발, 도커를 통한 서버 배포, Socket.IO를 사용한 웹소켓, 파이어베이스와 같은 매니지드 클라우드 서비스의 사용법, TensorFlow.js 등 의 다양한 기술을 살펴본다.

이제 웹 서비스를 만드는 일은 단순히 웹 페이지에만 해당되는 이야기가 아니며, 사용 자와 상호작용하는 UI를 비롯해 데이터나 API를 제공하는 백엔드 기술을 포함하는 넓 은 분야의 개발을 지칭하는 개념으로 자리매김했다.

꾸준히 등장하는 새로운 기술의 동향을 파악하고 기술 도입을 검토해보는 노력은 언 제나 필요하며, 대상 분야도 점점 넓어지고 있다. 웹 서비스를 만든다면, 인프라를 비 롯한 클라우드 서비스 관련 지식도 필요하고 컨테이너를 통한 배포 방법도 살펴봐야 한다. 경우에 따라 그래프QL이나 머신러닝 같은 기술을 사용해야 할 수도 있다.

이 책이 다양한 기술을 살펴보고 적재적소에 사용하는 데 도움이 되길 바란다.

| 차례 |

4장 MEAN 스택으로 사진 갤러리 만들기   155

5장   그래프QL과 아폴로로 만드는 앵귤러 할 일 관리 애플리케이션   205

8장   리액트와 마이크로서비스로 CRM 만들기   329

9장 Vue.js와 TensorFlow.js로 만드는 이미지 인식

이 책에서는 타입스크립트^{TypeScript}를 다루지만 타입스크립트만 살펴보지는 않으며, 타입스크립트를 기본 예제 이상으로 사용할 수 있는 방법을 소개한다. 이 책에서는 타입스크립트 세계에 첫 발을 내디뎠을 때 마주치는 것보다 더 어려운 주제를 다룬다.

다시 말해, 타입스크립트를 소개하고 이전에 사용하던 방식보다 타입스크립트를 더욱 발전된 고급 기술과 함께 사용하는 재미있고 멋진 방법을 알아보는 책이라고도 할 수 있다.

사실 이 책은 앵귤러^{Angular}, 리액트^{React}, Vue, ASP.NET Core 프로그래밍에 관한 내용을 다루지 않는다. 이들 각각은 별도의 책으로 다룰 만큼 큰 주제다. 실제로 각 장의 끝에서는 이 기술들을 더 깊이 배우는 데 도움이 될 만한 자료를 제시하는 데 최선을 다했다. 대신 앵귤러나 리액트에 대해서는 각 장별로 새로운 기능이 다섯 가지 이상 들어가지 않도록 제한했다. 부트스트랩^{Bootstrap}처럼 기술별 구현체를 가진 기술을 사용할 때는 리액트의 경우 reactstrap과 같은 가장 적합한 라이브러리를 사용했다. 이런 라이브러리들은 사용자 인터페이스(UI) 프레임워크와 동작하도록 설계됐기 때문이다.

이 책을 저술하고자 초기 조사를 할 때부터 "지금 인기 있는 것은 무엇인가? 사람들이 사용하는 새롭고 놀라운 것은 무엇인가?"라는 질문을 계속 해왔다. 이 책은 그래프QL^{GraphQL}, 마이크로서비스, 머신러닝 등과 같은 기술을 소개하는 데 초점을 맞췄다. 다시 말하지만, 이 책은 관련된 기술에 대해 모든 것을 가르쳐주지 않는다. 기술을 소개하고 타입스크립트의 위력을 활용해 개발할 때 더 편리한 방법을 보여준다.

이 책의 내용을 훑어보면서 객체지향 프로그래밍^{Object-Oriented Programming}(OOP)에 상당히 집중했다는 점도 알 수 있으며, 우리는 상당히 많은 클래스를 만들게 된다. OOP에 집중하는 많은 이유가 있지만, 가장 큰 이유는 초반에 작성하는 코드를 후반에 재사용하기 때문이다. 또한 필요하다면 여러분의 코드에 그대로 추가할 수 있는 코드를 작성하고 싶었다. 이는 타입스크립트에서 클래스 기반 개발로 훨씬 간단하게 가능하며, 또한 더 발전된 고급 기술을 사용하더라도 코드를 간단하게 만드는 데 적용할 수 있는 기술을 이야기할 기회를 제공한다. 따라서 하나의 책임을 갖는(단일 책임 원칙 패턴^{Single Responsibility Pattern}) 클래스 같은 원칙과 잘 알려진 소프트웨어 엔지니어링 패턴을 복잡한 문제에 적용해 해결을 쉽게 만드는 패턴 기반 개발을 다룬다.

타입스크립트와 더불어 대부분의 장에서는 UI에 부트스트랩을 적용하는 방법을 살펴본다. 머티리얼^{Material}과 앵귤러는 밀접하게 연결돼 있으므로, 만약 상업용 앵귤러 애플리케이션을 개발한다면 머티리얼을 사용할 가능성이 있기 때문에 몇몇 장에서는 앵귤러와 인터페이스 레이아웃에 부트스트랩 대신 앵귤러 머티리얼을 사용하는 방법을 살펴본다.

1장에서는 REST 연산자와 전개 연산자처럼 이전에 사용해본 적 없는 기능을 소개하고 좀 더 깊게 살펴본다. 마지막 장에 이를 때쯤이면, 이런 기능을 자연스럽게 사용해 특정 항목을 호출함으로써 코드 흐름을 방해하기보다는 본능적으로 이런 기능을 사용하게 될 것이다. 또한 이 책은 앞 장에서 다룬 기능을 계속 사용하게 구성돼 있으므로, 자연스레 반복 학습이 이뤄진다.

▌이 책의 대상 독자

최소한 기본적인 타입스크립트에 익숙한 사람을 대상으로 한다. 타입스크립트 컴파일러(tsc)로 설정 파일을 빌드하고 코드를 컴파일하는 방법과 타입스크립트의 타입 안정성, 함수, 클래스 등과 같은 기본 사항을 알고 있다면, 이 책에서 새로운 지식을 얻을 수 있을 것이다.

타입스크립트에 대한 고급 지식을 갖췄다면, 이전에 흥미를 느꼈지만 사용하지 않았던 기술의 많은 면을 볼 수 있을 것이다.

▌ 이 책에서 다루는 내용

1장. 타입스크립트 고급 기능 공용체^{union} 타입, 교차^{intersection} 타입, 사용자 선언 타입, 데코레이터^{decorator}를 사용한 관점지향 프로그래밍^{Aspect-Oriented Programming}(AOP)과 같이 이전까지 만나보지 못했던 타입스크립트의 기능을 소개한다. 1장을 통해 프로 코더로서 매일 사용하는 다양한 타입스크립트 기술에 익숙해질 수 있다.

2장. 타입스크립트로 마크다운 에디터 만들기 간단한 마크다운 에디터로 실제 프로젝트를 처음 작성해본다. 웹 페이지의 텍스트 블록에 연결하는 간단한 파서를 만들고 사용자가 마크다운 태그를 입력하면 파서를 사용해 태그를 식별하고 미리보기 영역에 반영한다. 코드를 작성하면서 디자인 패턴을 사용해 타입스크립트로 견고한 솔루션을 만드는 방법을 살펴본다.

3장. 리액트 부트스트랩으로 개인 주소록 만들기 유명한 리액트 라이브러리로 개인 주소록 관리 프로그램을 만든다. 애플리케이션을 작성하면서 리액트가 특별한 TSX 파일로 타입스크립트와 HTML 파일을 한데 섞어 사용자 컴포넌트를 만드는 방법을 살펴본다. 또한 state와 바인딩을 사용해 사용자가 값을 바꾸면 리액트가 데이터 모델을 업데이트하는 방법도 살펴본다. 브라우저 자체의 IndexedDB를 데이터베이스로 사용해 정보의 입력, 저장, 조회가 가능한 UI를 만들고 컴포넌트가 입력값이 올바른지 확인하는 검증 절차를 적용하는 방법을 살펴보는 것을 목표로 한다.

4장. MEAN 스택으로 사진 갤러리 만들기 사진 갤러리를 만들면서 처음으로 MEAN 스택^{MEAN stack}을 다룬다. MEAN 스택은 클라이언트와 서버 양쪽에서 실행하는 애플리케이션을 만드는 데 협력하는 몇몇 기술을 설명하는 용어다. MEAN 스택으로 사진 갤러리 애플리케이션을 작성하며 UI로는 앵귤러, 사용자가 업로드한 사진을 저장하는 데는 몽고DB^{MongoDB}를 사용한다. 애플리케이션을 만들 때는 앵귤러의 힘을 빌려 서비스와 컴포넌트를 만든다. 동시에 앵귤러 머티리얼을 사용해 매력적인 UI를 만드는 방법도 살펴본다.

5장. 그래프QL과 아폴로로 만드는 앵귤러 할 일 관리 애플리케이션 클라이언트와 서버 간 통신에 꼭 REST를 사용하지 않아도 된다는 아이디어를 소개한다. 많은 관심을 얻고 있는 그래프QL을 사용해 그래프QL 서버와 클라이언트를 통해 여러 지점에서 데이터를 소비하고 갱신하는 애플리케이션을 만든다. 5장에서 만드는 앵귤러 애플리케이션은 사용자의 할 일 관리 목록^{list of to-do items}을 관리하고 템플릿^{template}을 사용해 읽기 전용—편집 상태를 교체하는 것 같은 앵귤러 기능을 보여준다. 더불어 앵귤러가 제공하는 탁월한 사용자 입력 검증 기능도 살펴본다.

6장. Socket.IO를 사용한 채팅방 만들기 REST 통신에 의존하지 않는 방법을 더 깊이 살펴본다. 앵귤러 애플리케이션에서 클라이언트/서버 간의 장기간 접속을 유지하는 방법을 다룬다. 클라이언트와 서버 간 접속이 영구적으로 열려 있는 것처럼 보이므로 메시지를 서로 주고받을 수 있다. Socket.IO를 사용해 채팅방 애플리케이션을 작성한다. 외부 인증 제공 서비스로 애플리케이션 보안을 강화해 암호를 일반 텍스트로 저장하는 것 같은 부끄러운 인증 실패를 피할 수 있다.

7장. 파이어베이스를 사용한 클라우드 기반 앵귤러 지도 클라우드 기반 서비스는 무시할 수 없을 만큼 성장했다. 7장에서는 두 가지 클라우드 기반 서비스를 사용해 마지막 앵귤러 애플리케이션을 작성한다. 하나는 Bing 지도로, 지도 서비스에 서드파티로 가입하는 방법을 살펴보고 애플리케이션에 클라우드 기반 지도를 통합한다. 이 서비스의 규모에 의한 비용 효과도 살펴본다. 지도를 표시하고 사용자는 관심 지역을 저장할 수 있다. 데이터는 구글의 파이어베이스^{Firebase} 클라우드 플랫폼에 별도로 저장한다.

8장. 리액트와 마이크로서비스로 CRM 만들기 리액트와 MEAN 스택 경험을 기반으로 리액트 기반 스택으로 작업하는 방법을 소개한다. MEAN을 처음 만났을 때 단일 애플리케이션의 엔드포인트에 대해 이야기하고자 REST를 사용했다. 8장의 애플리케이션에서는 여러 개의 마이크로서비스로 단순화한 리액트 기반 CRM 시스템을 만드는 방법을 이야기한다. 마이크로서비스가 무엇인지, 언제 사용하는지를 살펴보고 추가로 스웨거^{Swagger}로 REST API를 설계하고 문서화하는 방법을 살펴본다. 8장의 가장 중요한 부분은 도커^{Docker}를 소개하고 컨테이너 내부에서 서비스를 실행하는 방법을 보여주는 것이다. 현재 컨테이너는 애플리케이션 배포를 단순화하는 방법으로 애플리케이션을 개발할 때 개발자들 사이에서 가장 선호하는 주제이면서 사용하기에도 어렵지 않다.

9장. Vue.js와 TensorFlow.js로 만드는 이미지 인식 웹 브라우저에서 TensorFlow.js를 사용해 머신러닝을 사용하는 방법을 소개한다. Vue.js 프레임워크와 사전 훈련된 모델을 사용해 이미지를 식별하는 애플리케이션을 작성한다. 스포츠 분야의 코칭을 위해 웹 카메라로 어떤 자세를 취하는지 감지하고 자세를 추적하도록 확장할 수 있는 자세 감지 애플리케이션을 만드는 방법을 살펴본다.

10장. ASP.NET Core로 음악 라이브러리 만들기 색다른 도전이다. UI를 만드는 데 타입스크립트를 주력 언어로 사용해 다수의 애플리케이션을 작성했다. ASP.NET Core를 써서 아티스트 이름을 입력해 Discogs 음악 API를 통해 곡에 대한 상세 정보를 검색하는 음악 라이브러리 애플리케이션을 작성한다. C#과 타입스크립트를 조합해 Discogs에 쿼리^{query}를 실행하고 UI를 만든다.

▌ 준비 사항

- 타입스크립트에 대한 기본적인 지식이 필요하다. HTML과 웹 페이지에 대한 지식이 있으면 더 좋다.

- 예제 코드가 npm 같은 패키지 매니저를 사용하는 경우 저장소를 같이 포함하지 않고 있으므로 패키지를 어떻게 다운로드하는지 알고 있어야 한다. package.json이 있는 디렉터리에서 npm install을 사용하면 필요한 패키지를 다운로드한다.

- 10장에서는 예제에 없는 패키지를 별도로 다운로드하지 않아도 된다. 비주얼

스튜디오에서 프로젝트를 빌드하면 필요한 패키지를 다운로드한다.

▌ 예제 코드 다운로드

이 책에서 사용된 예제 코드는 http://www.packtpub.com/support를 방문해 이메일을 등록하면 파일을 직접 받을 수 있으며, https://github.com/PacktPublishing/Advanced-TypeScript-3-Programming-Projects에서도 예제 코드를 다운로드할 수 있다.

또한 에이콘출판사의 도서정보 페이지인 http://www.acornpub.co.kr/book/advanced-typescript에서도 동일한 파일을 다운로드할 수 있다.

▌ 컬러 이미지 다운로드

이 책에 사용된 스크린샷과 다이어그램의 컬러 이미지를 담은 PDF 파일이 별도로 제공된다. https://static.packt-cdn.com/downloads/9781789133042_ColorImages.pdf와 에이콘출판사의 도서정보 페이지인 http://www.acornpub.co.kr/book/advanced-typescript에서 컬러 이미지를 다운로드할 수 있다.

▌ 편집 규약

독자의 이해를 돕고자 다루는 정보에 따라 글꼴 스타일을 다르게 적용했다. 이러한 스타일의 예와 의미는 다음과 같다.

텍스트 내 코드: 텍스트에서 코드 단어는 다음과 같이 표기한다. "`mutate` 메서드는 `subscribe` 호출에 의해 실행된다."

코드 블록은 다음과 같이 표기한다.

```
{
  "compilerOptions": {
    "target": "ES2015",
    "module": "commonjs",
    "sourceMap": true,
    "outDir": "./script",
  }
}
```

코드 블록에서 유의해야 할 부분이 있다면 다음과 같이 굵은 글꼴로 표기한다.

```
{
  "compilerOptions": {
    "target": "ES2015",
    "module": "commonjs",
    "sourceMap": true,
    "outDir": "./script",
  }
}
```

명령행 입력이나 출력은 다음과 같이 표기한다.

```
npx create-react-app chapter03 --scripts-version=react-scripts-ts
```

고딕: 화면상에 표시되는 메뉴나 버튼은 다음과 같이 표기한다. "**Save**를 클릭하면 데이터를 서버에 저장하는 연속 작업을 시작한다."

 경고나 중요한 노트는 이와 같이 나타낸다.

> **TIP** 팁과 요령은 이와 같이 나타낸다.

▌ 고객 지원

정오표: 내용을 정확하게 전달하고자 최선을 다했지만, 실수가 있을 수 있다. 이 책에서 문제점을 발견했다면 출판사로 알려주길 바란다. www.packtpub.com/submit-errata에서 책 제목을 선택하고 **Errata Submission Form** 링크를 클릭한 후 세부 사항을 입력하면 된다. 한국어판의 정오표는 에이콘출판사의 도서정보 페이지 http://www.acornpub.co.kr/book/advanced-typescript에서 찾아볼 수 있다.

저작권 침해: 인터넷에서 어떤 형태로든 불법 복제물을 발견하면 해당 주소나 웹 사이트의 이름을 알려주길 바란다. 의심되는 불법 복제물의 링크를 copyright@packtpub.com으로 보내주면 된다.

문의: 이 책과 관련해 문의 사항이 있다면 questions@packtpub.com으로 이메일을 보내주길 바란다. 한국어판에 관한 질문은 이 책의 옮긴이나 에이콘출판사 편집 팀(editor@acornpub.co.kr)으로 문의할 수 있다.

01

타입스크립트 고급 기능

1장에서는 타입스크립트 언어의 기본 기능을 넘어서는 내용을 살펴본다. 이런 고급 기능을 적절히 사용하면 타입스크립트로 깔끔하고 직관적으로 작업하면서 장인 수준의 코드를 작성할 수 있다. 1장에서 다루는 내용 중 일부는 이미 알고 있을 수도 있지만, 다른 장에서 다룰 내용에 대한 기본 지식 수준을 맞추고 고급 기능을 사용하는 이유를 더 잘 이해할 수 있도록 포함시켰다. 왜 이런 기술이 필요한지도 함께 살펴본다. 사용 방법을 살펴보는 것에만 머무르지 않고, 어떤 상황에서 고급 기능을 사용하고 사용할 때 어떤 점을 유의해야 하는지도 알아야 한다. 1장의 핵심은 기능 목록을 빠짐없이 살펴보는 것이 아니라, 이 책의 다른 장을 볼 때 필요한 정보를 소개하는 것이다. 여기서는 매일매일의 개발 생활에서 지속적으로 적용할 실용적인 기술을 다룬다.

이 책은 웹 개발에 대한 책이므로, 많은 UI를 만들게 된다. 부트스트랩 프레임워크로

매력적인 인터페이스를 만드는 방법을 살펴본다.

1장에서 다루는 내용은 다음과 같다.

- 공용체 타입에 다른 타입을 사용하는 방법

- 교차 타입으로 타입 조합

- 타입 별칭^{alias}으로 타입 선언 단순화

- REST 속성$^{REST\ property}$으로 객체 비구조화 할당

- REST 연산자$^{REST\ operator}$로 여러 개의 파라미터 복사

- 데코레이터로 구현하는 관점지향 프로그래밍(AOP)

- 믹스인^{mixin} 조합 타입

- 제네릭^{generic}으로 동일한 코드에서 다양한 타입 사용

- 맵을 이용한 값 연결

- 프로미스^{promise}와 async/await으로 비동기 코드 작성

- 부트스트랩으로 UI 작성

┃ 필요 기술

1장을 완료하려면 Node.js를 설치해야 한다. https://nodejs.org/ko/에서 Node.js를 다운로드해 설치할 수 있다.

타입스크립트 컴파일러도 설치해야 한다. 노드 패키지 매니저$^{Node\ Package\ Manager}$(NPM)를 통해 두 가지 방법으로 설치할 수 있는데, 모든 애플리케이션에서 같은 버전의 타입스크립트를 사용해 업데이트할 때 모든 프로젝트에 업데이트가 적용되게 하려면 다음 명령어를 사용한다.

```
npm install -g typescript
```

특정 프로젝트 로컬 환경에서만 타입스크립트를 적용하려면 프로젝트 폴더에서 다음 명령어를 사용한다.

```
npm install typescript --save-dev
```

코드 편집기는 기본 편집기를 포함한 어느 편집기든 사용할 수 있다. 책에서는 비주얼 스튜디오 코드를 사용한다. 비주얼 스튜디오 코드는 크로스 플랫폼cross-platform의 통합 개발 환경(IDE)이며 https://code.visualstudio.com/에서 다운로드할 수 있다.

모든 코드는 깃허브 https://github.com/PacktPublishing/Advanced-TypeScript-3-Programming-Projects/tree/master/Chapter01에서 확인할 수 있다.

▍ tsconfig로 미래에 대비하는 타입스크립트 빌드

타입스크립트가 대중적으로 성장하면서, 타입스크립트는 빠르게 진화하는 오픈소스 아키텍처의 장점을 누리고 있다. 원래 구현의 디자인 목표는 자바스크립트 기반 개발의 초보자부터 노련한 숙련자까지 포함하는 개발자 다수의 선택으로 증명됐다. 높은 인기는 언어가 새로운 기능, 직관성, 최신 환경의 자바스크립트 생태계에서 일하는 개발자들에게 맞춰진 기능을 빨리 받아들였음을 의미한다. 1장은 타입스크립트에 현재 도입됐거나 차기 ECMA스크립트ECMAScript 구현에 추가될 새로운 기능에 초점을 맞추고 있다.

1장에서는 ECMA스크립트 표준의 새 기능을 일부 사용한다. 타입스크립트에는 이전 버전의 ECMA스크립트 환경에서 동작하는 대체 구현polyfill이 들어있는 경우도 있지만, 컴파일하려는 버전에 해당 기능이 없을 수도 있으므로 최신 설정을 사용하는 것이 좋다.

명령행에서 아무런 파라미터 없이도 타입스크립트 컴파일이 가능하지만 teconfig. json을 사용하기를 권한다. 새 파일을 직접 만들어서 편집하거나 다음 명령으로 타입스크립트를 통해 생성할 수 있다.

```
tsc --init
```

기본으로 사용하는 설정 중 하나를 복사해서 사용할 수도 있다. 업데이트하는 경우 추가되는 항목을 표시한다.

```json
{
  "compilerOptions": {
    "target": "ES2015",
    "module": "commonjs",
    "lib": [ "ES2015", "dom" ],
    "sourceMap": true,
    "outDir": "./script",
    "strict": true,
    "strictNullChecks": true,
    "strictFunctionTypes": true,
    "noImplicitThis": true,
    "alwaysStrict": true,
    "noImplicitReturns": true,
    "noFallthroughCasesInSwitch": true,
    "esModuleInterop": true,
    "experimentalDecorators": true,
  }
}
```

▌ 타입스크립트 고급 기능 소개

타입스크립트는 1 버전에서 소개한 언어의 기본 기능을 기반으로 릴리스마다 새로운 기능과 역량을 선보이며 큰 발걸음을 내딛고 있다. 자바스크립트가 지속적으로 발전하면서, 타입스크립트는 표준에 새롭게 추가되는 기능을 제공해왔다. 오래된 자바스크립트 환경에서는 새 기능에 대한 구현을 제공하고, 최신 ECMA스크립트 환경에서는 추가된 기능을 곧바로 호출하는 방식으로 새로운 기능을 추가했다. 1장에서는 이런 기능 중 책 전반에서 사용할 기능을 살펴본다.

공용체에 서로 다른 타입 사용하기

첫 번째 기능은 자주 쓰는 기능 중 하나인 공용체다. 공용체는 파라미터가 한 개인 함수에서 한 가지 이상의 타입을 인자로 받을 때 사용한다. 입력값을 검증하는 로직이 들어있는 인스턴스를 가정해보자. 텍스트박스^{textbox}를 통해 입력받은 문자열이거나 계산 결과로 나온 숫자 값을 입력받아, 입력값이 특정 범위 안에 있는지 검증해야 한다. 문제를 해결하는 일반적인 방법은 최솟값과 최댓값의 범위를 갖고 실제 검증하는 함수를 포함하는 간단한 클래스로 시작한다. 예제를 보자.

```
class RangeValidationBase {
    constructor(private start : number, private end : number) { }
    protected RangeCheck(value : number) : boolean {
        return value >= this.start && value <= this.end;
    }
    protected GetNumber(value : string) : number {
        return new Number(value).valueOf();
    }
}
```

위와 같은 생성자 모양이 익숙하지 않다면, 다음과 같이 풀어 쓸 수 있다.

```
private start : number = 0;
private end : number = 0;
constructor(start : number, end : number) {
    this.start = start;
    this.end = end;
}
```

인자를 검사하거나 어떤 방식으로 다뤄야 한다면 파라미터 포맷 확장을 사용해야 한다. 단지 private 필드에 값을 할당하는 작업만 한다면, 파라미터 포맷 확장은 매우 우아하게 코드량을 줄일 수 있다.

문자열과 숫자만 들어오도록 인자를 확인하는 데는 몇 가지 방법이 있다. 첫 번째 방법은 메서드를 각각의 타입으로 분리해 처리하도록 하는 것이다.

```
class SeparateTypeRangeValidation extends RangeValidationBase {
    IsInRangeString(value : string) : boolean {
        return this.RangeCheck(this.GetNumber(value));
    }
    IsInRangeNumber(value : number) : boolean {
        return this.RangeCheck(value);
    }
}
```

이 방법은 잘 동작하지만 타입스크립트의 장점을 제대로 활용하지 못해 보기 좋지 않다. 두 번째 방법은 인자의 제약을 두지 않고 처리하는 것이다.

```
class AnyRangeValidation extends RangeValidationBase {
    IsInRange(value : any) : boolean {
        if (typeof value === "number") {
            return this.RangeCheck(value);
        } else if (typeof value === "string") {
            return this.RangeCheck(this.GetNumber(value));
        }
        return false;
    }
}
```

하나의 메서드 시그니처^{method signature}로 구현해 코드의 일관성을 높였다. 첫 번째 방법보다는 발전했지만, 여전히 잘못된 값이 들어올 수 있다. 만약 불린^{boolean} 값이 들어온다면 컴파일할 때는 문제가 없겠지만, 구동할 때 문제가 발생한다.

입력값 검증을 통해 문자열과 숫자만 받도록 강제하려면 공용체를 사용할 수 있다. 두 번째 방법을 조금만 고치면 컴파일할 때도 문제없고 구동할 때도 문제없도록 작성할 수 있다.

```
class UnionRangeValidation extends RangeValidationBase {
    IsInRange(value : string | number) : boolean {
        if (typeof value === "number") {
            return this.RangeCheck(value);
        }
        return this.RangeCheck(this.GetNumber(value));
    }
}
```

함수 시그니처는 인자의 타입이 타입 | 타입 형식의 공용체에 포함되는지를 식별한다. 컴파일러와 코드를 읽는 사람은 메서드를 보고 인자의 타입을 알 수 있다. 메서드의 인자는 문자열이나 숫자만 있으므로, 인자가 숫자가 아니라면 typeof로 확인하지 않고 문자열로 처리해 코드가 간단해진다.

 많은 수의 타입을 공용체 구문으로 묶을 수도 있다. 실제로 제한은 없지만 타입에 알맞은 처리를 수행하려면 typeof로 타입을 일일이 확인해서 실수하지 않게 해야 한다. 타입의 순서는 중요하지 않다. number | string과 string | number는 동일한 구문이다. 만약 함수가 한 번에 많은 타입을 처리한다면 하나의 함수에서 너무 많은 일을 하고 있지는 않은지, 코드를 더 작게 분리할 수는 없는지 살펴봐야 한다.

공용체 타입을 좀 더 살펴보자. 타입스크립트에는 null과 undefined라는 두 가지 특별한 타입이 있으며, 두 가지 타입을 기본적으로 모든 변수에 할당할 수 있다. tsconfig. json 파일에 strictNullChecks = true 옵션을 사용하거나 컴파일할 때 --strictNull Checks 옵션을 추가하면 null이나 undefined를 변수에 할당할 수 없다. 옵션을 설정하면 코드가 필요한 곳에서만 null 값을 처리하고, 함수에 null이 들어오는 경우 발생하는 부작용을 미리 막을 수 있으므로 나는 옵션 설정을 선호하는 편이다. 옵션을 설정하고 변수에 null이나 undefined를 허용하려면 공용체 타입으로 추가하면 된다.

교차 타입으로 타입 조합

때때로 다양한 타입을 하나의 타입처럼 다루면서 사용하는 방법이 필요한 경우가 있다. 교차 타입은 조합하는 타입의 모든 값을 갖고 있는 타입이다. 교차 타입의 간단한 예제를 살펴보자. Grid 클래스와 Grid 타입에 적용할 Margin 클래스를 만들어보자.

```
class Grid {
    Width : number = 0;
    Height : number = 0;
}
class Margin {
    Left : number = 0;
    Top : number = 0;
}
```

Grid 클래스의 Width, Height 속성과 Margin 클래스의 Left, Top 속성으로 교차 타입을 만들어보자. 교차 타입을 만들려면 다음과 같이 Grid와 Margin을 입력받아 모든 속성이 합쳐진 타입을 반환하는 함수를 만든다.

```
function ConsolidatedGrid(grid : Grid, margin : Margin) : Grid & Margin {
    let consolidatedGrid = <Grid & Margin>{};
    consolidatedGrid.Width = grid.Width;
    consolidatedGrid.Height = grid.Height;
    consolidatedGrid.Left = margin.Left;
    consolidatedGrid.Top = margin.Top;
    return consolidatedGrid;
}
```

객체의 분해spread 할당으로 속성을 복사하는 중복 코드를 줄이는 방법은 1장의 후반부에서 다룰 예정이다.

비법은 consolidatedGrid를 정의하는 방법에 있다. & 연산자로 타입을 합쳐서 교차 타입을 만들었다. <Grid & Margin> 구문으로 컴파일러에게 Grid 타입과 Margin 타입을 합친다고 알려주면, 컴파일러가 알아서 처리하기 때문에 예제에서는 명시적으로 타입이름을 지정하지 않았다.

합치려는 두 타입에 같은 속성이 있으면 어떻게 될까? 타입스크립트가 타입이 섞이지 않게 막아줄까? 같은 타입의 속성값이라면 타입스크립트는 같은 속성을 그대로 사용할 수 있다. Margin 클래스에 Width와 Height를 추가해 실제 동작을 확인해보자.

```
class Margin {
    Left : number = 0;
    Top : number = 0;
    Width : number = 10;
    Height : number = 20;
}
```

추가 속성의 사용 방법에 따라 속성을 다루는 방법이 달라진다. 예제에서는 Margin의 Width, Height를 Grid의 Width, Height에 더한다. 다음과 같이 구현한다.

```
function ConsolidatedGrid(grid : Grid, margin : Margin) : Grid & Margin {
    let consolidatedGrid = <Grid & Margin>{};
    consolidatedGrid.Width = grid.Width + margin.Width;
    consolidatedGrid.Height = grid.Height + margin.Height;
    consolidatedGrid.Left = margin.Left;
    consolidatedGrid.Top = margin.Top;
    return consolidatedGrid;
}
```

하지만 재사용하려는 속성이 이름은 같으면서 타입이 다르다면 속성을 사용하는 데 제약이 걸려 문제가 발생한다. Grid와 Margin 클래스 둘 다 Weight 속성을 갖도록 변경해 어떻게 되는지 살펴보자. Grid의 Weight는 숫자형이고 Margin의 Weight는 문자열이다.

```
class Grid {
    Width : number = 0;
    Height : number = 0;
    Weight : number = 0;
}
class Margin {
    Left : number = 0;
    Top : number = 0;
    Width : number = 10;
    Height : number = 20;
    Weight : string = "1";
}
```

ConsolidatedGrid 함수에서 Weight 속성값을 더해보자.

```
consolidatedGrid.Weight = grid.Weight + new Number(margin.Weight).valueOf();
```

타입스크립트 컴파일러에서는 다음과 같은 오류가 발생한다.

```
error TS2322: Type 'number' is not assignable to type 'number & string'.
    Type 'number' is not assignable to type 'string'.
```

오류를 해결하고자 Grid의 Weight를 공용체로 선언하고 입력을 파싱parsing하면 문제가 발생하지 않는다. 만약 속성의 타입이 다르다면 속성의 행동이 달라져야 한다는 표시이므로 이름을 다르게 지어야 한다.

예제에서는 클래스를 사용했지만, 교차 타입은 클래스 이외에 인터페이스, 제네릭, 기본 타입에도 모두 적용할 수 있다.

교차 타입을 다룰 때 주의해야 할 확실한 규칙이 있다. 같은 속성을 갖고 있지만 한쪽의 속성이 선택 사항이라면 교차 타입에서 해당 속성은 필수가 된다. Grid와 Margin 클래스에 Padding 속성을 추가해보자. Padding은 Margin에서는 선택 사항이다.

```
class Grid {
    Width : number = 0;
    Height : number = 0;
    Padding : number;
}
class Margin {
    Left : number = 0;
    Top : number = 0;
    Width : number = 10;
    Height : number = 20;
    Padding?: number;
}
```

Padding 속성이 반드시 있어야 하므로 교차 타입의 속성을 다음과 같이 설정할 수 없다.

```
consolidatedGrid.Padding = margin.Padding;
```

할당해야 하는 margin의 Padding 값이 반드시 있다고 보장할 수 없기 때문에 컴파일되지 않는다. 문제를 해결하려면, margin의 Padding 속성값이 없을 경우 grid의 Padding 값을 대신 사용하도록 코드를 작성해야 한다. 예제를 다음과 같이 수정하자.

```
consolidatedGrid.Padding = margin.Padding ? margin.Padding : grid.Padding;
```

이 문법은 삼항 연산자 문법으로, 만약 margin.Padding 값이 있으면 consolidatedGrid. Padding에 margin.Padding을 할당하고, 그렇지 않으면 grid.Padding을 할당하는 구문을 줄여서 쓴 것이다. if/else문으로도 작성할 수 있지만, 타입스크립트나 자바스크립트에서는 삼항 연산자가 일반적인 방식이므로 익숙해지는 것이 좋다.

타입 별칭으로 타입 선언 단순화

공용체, 교차 타입과 함께 사용하게 되는 것은 타입 별칭^{type alias}이다. 코드에 string |
number | null처럼 타입을 어수선하게 늘어놓는 것보다 별칭 기능을 사용하는 것이 낫
다. 타입스크립트 컴파일러가 관련 코드를 확장하는 별칭 기능을 제공한다.

string | number의 공용체를 나타내는 타입이 있다고 가정해보자. 타입 별칭을 다음과
같이 만들 수 있다.

```
type StringOrNumber = string | number;
```

앞선 입력값 범위 검증 예제를 타입 별칭을 사용해 다음과 같이 수정할 수 있다.

```
class UnionRangeValidationWithTypeAlias extends RangeValidationBase {
    IsInRange(value : StringOrNumber) : boolean {
        if (typeof value === "number") {
            return this.RangeCheck(value);
        }
        return this.RangeCheck(this.GetNumber(value));
    }
}
```

예제에서 새로운 타입을 만들지 않았다는 점이 중요하다. 타입 별칭은 큰 규모의 팀에
서 더 읽기 쉽고 일관성 있는 코드를 작성하도록 도와주는 문법 기능이다.

더 복잡한 타입을 조합할 때도 타입 별칭을 사용할 수 있다. 앞의 예제에 null 타입을
추가하려면 다음과 같이 할 수 있다.

```
type NullableStringOrNumber = StringOrNumber | null;
```

컴파일러는 근간이 되는 타입을 사용하기 때문에 IsInRange 메서드를 다음과 같이 사
용할 수 있다.

```
let total : string | number = 10;
if (new UnionRangeValidationWithTypeAlias(0,100).IsInRange(total)) {
    console.log(`This value is in range`);
}
```

string | number를 StringOrNumber로 변경해 코드가 더 일관성 있도록 만들 수 있다.

객체 전개 구문으로 비구조화 할당

교차 타입을 살펴본 ConsolidatedGrid 예제에서는 객체의 속성을 하나씩 할당했다. 더 적은 코드로 <Grid & Margin> 교차 타입을 만드는 더 효과적인 또 다른 방법이 있다. 전개 구문을 사용하면 입력받은 타입의 속성값들에 대해 자동으로 얕은 복사shallow copy 를 수행한다.

먼저 입력받은 margin의 정보를 자동으로 할당하도록 간단하게 수정한 예제를 살펴보자.

```
function ConsolidatedGrid(grid : Grid, margin : Margin) : Grid & Margin {
    let consolidatedGrid = <Grid & Margin>{...margin};
    consolidatedGrid.Width += grid.Width;
    consolidatedGrid.Height += grid.Height;
    consolidatedGrid.Padding = margin.Padding ? margin.Padding :
    grid.Padding;
    return consolidatedGrid;
}
```

consolidatedGrid 함수를 실행하면 margin의 속성을 복사해 설정한다. 세 개의 점(...) 구문은 컴파일러에게 전개 연산자spread operator임을 알려준다. Width와 Height의 값이 이미 설정됐으므로 += 연산자로 grid의 값을 더해주기만 하면 된다.

grid와 margin을 모두 할당하고 싶을 때는 어떻게 해야 할까? 함수 호출을 다음과 같이 하면 된다.

```
let consolidatedGrid = <Grid & Margin>{...grid, ...margin};
```

grid의 값으로 Grid의 값을 설정하고 margin의 값으로 Margin을 설정한다. 여기서는 두 가지 살펴볼 점이 있다. 첫 번째는 전개 연산자가 적절한 속성의 값을 할당한다는 점이고, 두 번째는 순서가 중요하다는 점이다. margin과 grid가 같은 이름의 속성을 갖고 있다면 grid의 값으로 설정한 속성값은 나중에 입력되는 margin의 속성값으로 덮어 쓰게 된다. grid의 Width와 Height 값을 사용하려면 다음과 같이 입력 순서를 바꿔야 한다.

```
let consolidatedGrid = <Grid & Margin>{...margin, ...grid };
```

이 단계에서 타입스크립트가 만들어내는 자바스크립트를 살펴보자. ES5로 컴파일했을 때 만들어지는 코드다.

```javascript
var __assign = (this && this.__assign) || function () {
    __assign = Object.assign || function(t) {
        for (var s, i = 1, n = arguments.length; i < n; i++) {
            s = arguments[i];
            for (var p in s) if (Object.prototype.hasOwnProperty.call(s,p))
                t[p] = s[p];
        }
        return t;
    };
    return __assign.apply(this, arguments);
};
function ConsolidatedGrid(grid, margin) {
    var consolidatedGrid = __assign({}, margin, grid);
    consolidatedGrid.Width += grid.Width;
    consolidatedGrid.Height += grid.Height;
    consolidatedGrid.Padding = margin.Padding ? margin.Padding : grid.Padding;
    return consolidatedGrid;
}
```

하지만 ES2015 버전 이상으로 컴파일하면 __assign 함수가 없어지고 ConsolidatedGrid 자바스크립트 코드는 다음과 같이 만들어진다.

```
function ConsolidatedGrid(grid, margin) {
    let consolidatedGrid = Object.assign({}, margin, grid);
    consolidatedGrid.Width += grid.Width;
    consolidatedGrid.Height += grid.Height;
    consolidatedGrid.Padding = margin.Padding ? margin.Padding :
    grid.Padding;
    return consolidatedGrid;
}
```

타입스크립트는 다양한 ECMA스크립트 버전에 맞는 코드를 생성해준다. 타입스크립트가 버전 간 차이를 채워주므로 특정 기능이 해당 버전에 존재하는지 고민하지 않아도 된다.

REST 속성으로 객체 구조 분해

객체를 만들 때 전개 연산자를 사용했듯이 객체를 분해할 때도 사용할 수 있는데, 이를 REST 속성이라고 부른다. 구조 분해는 간단하게 말하면 복잡한 요소를 분해해서 단순한 요소의 모음으로 변경하는 일이다. 다시 말해 구조 분해는 배열의 요소나 객체의 속성을 각각의 변수로 할당해주는 작업이다. 복잡한 배열이나 객체를 간단한 타입으로 분해할 때 타입스크립트는 REST 속성으로 타입을 분해하는 깔끔하고 우아한 방법을 제공한다.

REST 속성을 이해하려면 우선 객체나 배열을 어떻게 분해하는지 이해해야 한다. 다음과 같은 객체를 구조 분해해보자.

```
let guitar = { manufacturer: 'Ibanez', type : 'Jem 777', strings : 6 };
```

다음과 같이 구조 분해할 수 있다.

```
const manufacturer = guitar.manufacturer;
const type = guitar.type;
const strings = guitar.strings;
```

잘 동작하지만 깔끔하지 않고 중복이 많다. 타입스크립트는 자바스크립트의 구조 분해 문법을 도입했기 때문에 다음과 같이 사용할 수 있다.

```
let {manufacturer, type, strings} = guitar;
```

앞선 구현에서 각각의 속성값을 할당한 것과 같은 결과가 된다. 객체의 어느 속성을 어떤 변수에 할당해야 할지 알아야 하므로 각각의 변수명은 객체의 속성 이름과 일치해야 한다. 속성 이름을 변경해야 하는 경우에는 다음과 같이 사용한다.

```
let {manufacturer : maker, type, strings} = guitar;
```

여러 개의 변수를 받을 때 사용하는 REST 연산자를 객체에도 사용해 객체를 구조 분해함으로써 manufacturer 변수를 할당하고 다른 필드는 REST 속성에 넘기는 방법이다.

```
let { manufacturer, ...details } = guitar;
```

 REST 속성은 할당 목록의 가장 마지막에 와야 한다. REST 속성 뒤에 다른 속성이 오면 타입스크립트 컴파일러는 오류를 발생시킨다.

할당문을 실행하면 details 변수에는 type과 strings 값이 들어간다. 컴파일러가 만든 자바스크립트 코드를 살펴보면 흥미로운 점이 있다. 구조 해제 형식은 앞선 자바스크립트 예제와 동일하다. 자바스크립트에는 REST 속성이 없으므로(ES2018에서 도입), 타입스크립트는 더 복잡한 타입을 일관된 방법으로 구조 분해하는 코드를 생성한다.

```
// ES5로 컴파일
var manufacturer = guitar.manufacturer, details = __rest(guitar, ["manufacturer"]);
var __rest = (this && this.__rest) || function (s, e) {
    var t = {};
    for (var p in s) if (Object.prototype.hasOwnProperty.call(s, p) && e.indexOf(p) <
0)
        t[p] = s[p];
    if (s != null && typeof Object.getOwnPropertySymbols === "function")
        for (var i = 0, p = Object.getOwnPropertySymbols(s); i < p.length; i++) if
(e.indexOf(p[i]) < 0)
            t[p[i]] = s[p[i]];
    return t;
};
```

배열 구조 분해는 객체 구조 분해와 비슷하게 동작한다. 문법은 객체 분해와 거의 같지만, 객체에서는 { }를 사용하고 배열에서는 [ ]를 사용한다는 점이 다르다. 변수의 순서는 배열의 위치에 해당한다.

배열을 구조 분해하는 원래 방법은 배열의 인덱스에 맞춰 변수를 할당한다.

```
const instruments = [ 'Guitar', 'Violin', 'Oboe', 'Drums' ];
const gtr = instruments[0];
const violin = instruments[1];
const oboe = instruments[2];
const drums = instruments[3];
```

배열의 구조 분해를 사용하면 더 간단한 구문으로 표현할 수 있다.

```
let [ gtr, violin, oboe, drums ] = instruments;
```

타입스크립트 팀이 일관성 있고 논리적인 경험을 제공하고자 노력하고 있으므로 배열에서도 REST 속성을 똑같이 사용할 수 있다는 점은 새삼스럽지 않다.

```
let [gtr, ...instrumentslice] = instruments;
```

다시 말하지만, 자바스크립트에는 REST 속성이 없다. 하지만 타입스크립트의 컴파일 결과를 보면, 타입스크립트 설계자는 자바스크립트의 기본 기능인 `array.slice`로 REST 속성과 같은 기능을 우아하게 제공하고 있다.

```
// ES5로 컴파일
var gtr = instruments[0], instrumentslice = instruments.slice(1);
```

REST 연산자로 여러 개의 파라미터를 변수에 복사

마지막으로 살펴볼 REST 연산자의 용도는 함수 파라미터에 사용하는 것이다. 이는 REST 속성과 다르지만, 구문이 비슷하므로 쉽게 알아챌 수 있을 것이다. REST 파라미터^{REST parameter}로 함수에 전달되는 여러 개의 인자에 대응하는 문제를 해결한다. 함수의 REST 파라미터를 찾으려면 배열 앞의 말 줄임표를 찾으면 된다.

많은 수의 instruments 변수를 로그로 남기는 예제를 살펴보자.

```
function PrintInstruments(log : string, ...instruments : string[]) : void {
    console.log(log);
    instruments.forEach(instrument => {
        console.log(instrument);
    });
}
PrintInstruments('Music Shop Inventory', 'Guitar', 'Drums', 'Clarinet','Clavinova');
```

REST 파라미터는 배열이므로 forEach 같은 배열 함수를 곧바로 사용할 수 있다. REST

파라미터와 자바스크립트 함수의 arguments 객체를 비교해보면, REST 파라미터는 파라미터 목록에 지정되지 않은 값에서 시작하고 arguments 객체는 함수의 모든 인자를 리스트로 갖고 있다는 중요한 차이점이 있다.

ES5에는 REST 파라미터가 없지만, 타입스크립트가 동작에 필요한 REST 파라미터 대체 구현을 제공한다. 먼저 ES5로 컴파일한 코드를 살펴보자.

```
function PrintInstruments(log) {
    var instruments = [];
    // REST 파라미터가 인자의 1번 위치에서 시작하므로
    // 시작 인덱스는 1이 된다
    for (var _i = 1; _i < arguments.length; _i++) {
        instruments[_i - 1] = arguments[_i];
    }
    console.log(log);
    instruments.forEach(function (instrument) {
        console.log(instrument);
    });
}
```

ES2015 버전의 자바스크립트로 컴파일(tsconfig.json에서 대상 버전을 ES2015로 설정해야 한다.)한 코드를 살펴보자. 타입스크립트와 동일한 코드다.

```
function PrintInstruments(log, ...instruments) {
    console.log(log);
    instruments.forEach(instrument => {
        console.log(instrument);
    });
}
```

컴파일러가 만드는 자바스크립트 코드를 살펴보는 일이 얼마나 중요한지는 아무리 강조해도 지나치지 않다. 타입스크립트가 복잡한 작업을 잘 숨겨주더라도 생성되는 코드에 익숙해져야 한다. 가능하면 각기 다른 ECMA스크립트로 컴파일한 결과를 비교해

보고 어떤 코드가 생성되는지, 내부에서 어떤 일이 벌어지는지 살펴보는 일은 전체 동작을 이해하는 훌륭한 방법이다.

데코레이터로 AOP 구현

내가 타입스크립트에서 선호하는 기능 중 하나는 데코레이터 기능이다. 데코레이터는 실험적 기능으로 도입됐다. 데코레이터는 독립적인 클래스의 내부 구현을 수정하지 않고 동작을 수정하는 데 사용하는 코드다. 데코레이터를 사용하면 클래스를 상속하지 않고 기존 클래스의 동작을 확장할 수 있다.

자바나 C#을 사용하다가 타입스크립트를 접했다면 데코레이터가 AOP 기법과 상당히 비슷해 보일 것이다. AOP 기법은 흩어져 있는 코드를 다른 곳으로 모아서 반복적인 코드를 분리할 수 있게 해준다. 데코레이터를 사용하면 거대한 보일러플레이트 코드 boilerplate code(자주 쓰지만 다소 번거로운 상용구 코드)로 구현을 어지럽히지 않아도 되지만, 반드시 동작하는 애플리케이션에 제공돼야 한다.

데코레이터를 설명하는 가장 쉬운 방법은 예제를 통해 살펴보는 것이다. 특정 권한을 가진 사용자만 특정 메서드에 접근할 수 있는 클래스가 있다고 가정해보자.

```
interface IDecoratorExample {
    AnyoneCanRun(args:string) : void;
    AdminOnly(args:string) : void;
}
class NoRoleCheck implements IDecoratorExample {
    AnyoneCanRun(args: string): void {
        console.log(args);
    }
    AdminOnly(args: string): void {
        console.log(args);
    }
}
```

admin과 user 권한의 사용자를 만들어보자. 이 클래스의 메서드는 모두 호출 가능하다.

```
let currentUser = {user: "peter", roles : [{role:"user"}, {role:"admin"}]};
function TestDecoratorExample(decoratorMethod : IDecoratorExample) {
    console.log(`Current user ${currentUser.user}`);
    decoratorMethod.AnyoneCanRun(`Running as user`);
    decoratorMethod.AdminOnly(`Running as admin`);
}
TestDecoratorExample(new NoRoleCheck());
```

실행 결과는 다음과 같다.

```
Current user Peter
Running as user
Running as admin
```

만약 user 권한만 가진 사용자를 만든다면 admin 전용 코드는 실행되지 않아야 한다. 예제에서는 권한 확인이 없기 때문에 AdminOnly 메서드는 어떤 권한의 사용자가 호출하더라도 실행된다. 의도에 맞게 수정하려면, 권한을 확인하는 코드를 추가하고 권한 확인이 필요한 다른 메서드에도 추가해야 한다.

현재 사용자가 특정 권한을 갖고 있는지 확인하는 간단한 함수를 만들어보자.

```
function IsInRole(role : string) : boolean {
    return currentUser.roles.some(r => r.role === role);
}
```

이전 예제로 돌아가서 사용자가 실행 권한을 갖고 있는지 확인하는 함수를 호출하도록 기존 함수를 수정해보자.

```
AnyoneCanRun(args: string): void {
    if (!IsInRole("user")) {
```

```
        console.log(`${currentUser.user} is not in the user role`);
        return;
    };
    console.log(args);
}
AdminOnly(args: string): void {
    if (!IsInRole("admin")) {
        console.log(`${currentUser.user} is not in the admin role`);
    };
    console.log(args);
}
```

코드를 살펴보면 코드 중복이 심하다. 코드 중복도 심한데, 구현에 버그도 있다. Admin Only 함수는 IsInRole 블록에서 return 구문이 없어 나머지 코드를 그대로 실행한다. 사용자가 admin이 아니라는 것을 알려주지만 권한에 관계없이 메시지를 출력한다. 중복 코드의 문제점 중 하나는 미묘한(혹은 뻔한) 버그가 들어가는 것을 놓치기 아주 쉽다는 점이다. 게다가 코드는 한 가지 일만 해야 한다는 객체지향 개발의 기본 원칙도 어겼다. 클래스와 메서드는 하지 말아야 할 일을 한다. 권한을 확인하는 일은 포함되지 않는다. 2장, '타입스크립트로 마크다운 에디터 만들기'에서 객체지향 개발 사고방식을 더 깊게 살펴본다.

메서드 데코레이터로 비슷하게 반복되는 코드를 제거하고 단일 책임 원칙에 맞게 바꿔보자.

코드를 수정하기 전에 타입스크립트에서 데코레이터를 사용하도록 실험적인 ES5 기능을 설정해야 한다. 다음 명령어를 실행한다.

```
tsc --target ES5 --experimentalDecorators
```

tsconfig.json 설정을 수정하는 방법도 있다.

```
"compilerOptions": {
    "target": "ES5",
    // 추가 사항….
    "experimentalDecorators": true
}
```

데코레이터 기능을 활성화하고, 사용자가 admin 권한을 가졌는지 확인하는 코드를 데코레이터로 작성해보자.

```
function Admin(target: any, propertyKey : string | symbol, descriptor :
PropertyDescriptor) {
    let originalMethod = descriptor.value;
    descriptor.value = function() {
        if (IsInRole(`admin`)) {
            originalMethod.apply(this, arguments);
            return;
        }
        console.log(`${currentUser.user} is not in the admin role`);
    }
    return descriptor;
}
```

함수 정의를 보면 메서드 데코레이터와 비슷하게 생겼다. 타입스크립트는 파라미터가 정확히 다음과 같은 순서대로 들어올 것으로 예상한다.

```
function …(target: any, propertyKey : string | symbol, descriptor :PropertyDescriptor)
```

첫 번째 인자는 데코레이터를 적용할 요소의 참조로 사용한다. 두 번째 인자는 요소의 이름이다. 세 번째 인자는 데코레이터를 적용할 메서드에 대한 참조다. 데코레이터를 사용하려면 함수 시그니처는 다음과 같아야 한다.

```
let originalMethod = descriptor.value;
descriptor.value = function() {
    ...
}
return descriptor;
```

데코레이터 메서드의 내부는 보이는 것만큼 복잡하지 않다. 원래의 메서드를 참조에서 복사하고 메서드를 데코레이터 구현으로 바꿔치기한다. 코드를 실행하면 원래 메서드를 감싸는 구현이 반환돼 실행된다.

```
if (IsInRole(`admin`)) {
    originalMethod.apply(this, arguments);
    return;
}
console.log(`${currentUser.user} is not in the admin role`);
```

감싸는 구현을 살펴보자. 권한 확인 기능을 동일하게 수행한다. 권한이 확인되면 원래의 메서드를 실행한다. 이런 기법을 사용하면 필요하지 않은 경우 메서드를 호출하지 않는 무언가를 추가할 수 있다.

데코레이터를 적용하려면, 데코레이터 팩토리 함수^{decorator factory function} 이름 앞에 @을 붙여서 적용할 클래스의 메서드 앞에 놓는다. 데코레이터를 추가할 때는 데코레이터와 메서드 이름 사이에 세미콜론(;)이 들어가면 안 된다.

```
class DecoratedExampleMethodDecoration implements IDecoratorExample {
    AnyoneCanRun(args:string) : void {
        console.log(args);
    }
    @Admin
    AdminOnly(args:string) : void {
        consolc.log(args);
    }
}
```

이 코드는 AdminOnly 함수에서 동작하지만 그다지 유연하지 않다. 더 많은 권한을 추가하려면 더 많은 가상 식별자 함수를 추가해야만 한다. 허용하고 싶은 권한을 인자로 받아서 데코레이터를 반환할 수 있다면, 좀 더 범용적인 함수로 만들 수 있다. 즉, 데코레이터 팩토리를 사용하면 범용적인 함수를 만들 수 있다.

간단하게 설명하자면, 타입스크립트의 데코레이터 팩토리는 파라미터를 받아서 실제 데코레이터를 반환하는 함수다. 기존 코드를 조금만 수정해서 원하는 역할을 설정하는 팩토리가 필요하다.

```
function Role(role : string) {
    return function(target: any, propertyKey : string | symbol, descriptor:
PropertyDescriptor) {
        let originalMethod = descriptor.value;
        descriptor.value = function() {
            if (IsInRole(role)) {
                originalMethod.apply(this, arguments);
                return;
            }
            console.log(`${currentUser.user} is not in the ${role} role`);
        }
        return descriptor;
    }
}
```

실제 바뀐 부분은 이름이 없고 데코레이터 안에서 팩토리 함수 인자를 사용하는 데코레이터 함수를 반환했다. 클래스가 팩토리를 사용하도록 변경해보자.

```
class DecoratedExampleMethodDecoration implements IDecoratorExample {
    @Role("user") // 반드시 세미콜론이 없어야 한다
    AnyoneCanRun(args:string) : void {
        console.log(args);
    }
    @Role("admin")
    AdminOnly(args:string) : void {
```

```
        console.log(args);
    }
}
```

변경한 코드로 메서드를 호출하면, AdminOnly 메서드는 admin만 접근할 수 있고 user라면 누구나 AnyoneCanRun 메서드에 접근할 수 있다. 데코레이터는 클래스 안쪽에서만 사용 가능하고, 단독 함수에는 사용할 수 없다는 점을 명심해야 한다.

이 기법은 데코레이터 패턴을 따르기 때문에 데코레이터라고 부른다. 데코레이터 패턴은 하위 클래스를 만들지 않고도 같은 클래스의 다른 객체에 영향을 주지 않으면서 별도의 객체로 동작을 추가하는 기법이다. 패턴은 소프트웨어공학에서 흔히 발생하는 문제의 해결책을 정형화해 놓은 것이므로, 어떤 기능인지 쉽게 설명할 수 있는 줄임말로 패턴의 이름을 붙인다. 마찬가지로 팩토리 패턴도 있다는 사실이 그다지 놀랍지는 않을 것이다. 이 책 전반을 통해 다른 패턴 예제들도 만나게 될 텐데, 책 막바지에 다다를 때쯤이면 패턴 사용에 익숙해질 것이다.

클래스의 다른 부분에도 데코레이터를 적용할 수 있다. 예를 들어, 클래스 데코레이터를 사용하면 인증되지 않은 사용자가 클래스 인스턴스를 만들지 못하게 할 수 있다. 클래스 데코레이터는 생성자 함수를 인자로 받고 클래스 정의에 추가한다. 팩토리에서 만드는 생성자 데코레이터는 다음과 같은 모양이다.

```
function Role(role : string) {
    return function(constructor : Function) {
        if (!IsInRole (role)) {
            throw new Error(`The user is not authorized to access this class`);
        }
    }
}
```

다른 데코레이터와 마찬가지로 앞에 @을 붙이는 방식으로 적용한다. admin 권한이 없는 사용자가 인스턴스를 만들려고 시도하면 애플리케이션은 오류를 발생시켜 동작을 막는다.

```
@Role ("admin")
class RestrictedClass {
    constructor() {
        console.log(`Inside the constructor`);
    }
    Validate() {
        console.log(`Validating`);
    }
}
```

클래스 안쪽에는 다른 데코레이터를 전혀 사용하지 않았다. 사용 방법이 클래스를 꾸미는 데 적절하지 않기 때문에 항상 최상위 함수로 만들어야 한다. 그래서 @MyClass.Role("admin"); 같은 구문을 볼 수 없다.

데코레이터는 생성자, 메서드 외에 클래스 속성, 접근자 등과 같은 다른 곳에도 사용할 수 있다. 1장에서는 이 내용을 다루지 않고 책의 다른 부분에서 살펴본다. 또한 다음과 같이 데코레이터를 연속으로 이어서 사용하는 방법도 다룰 것이다.

```
@Role("admin")
@Log("Creating RestrictedClass")
class RestrictedClass {
    constructor() {
        console.log(`Inside the constructor`);
    }
    Validate() {
        console.log(`Validating`);
    }
}
```

믹스인을 통한 타입 합성

고전적인 객체지향 이론을 처음 만나면 클래스 상속이라는 아이디어와 만나게 된다. 범용 클래스로부터 특별한 클래스를 만들어내는 아이디어이며, 유명한 예제로는 탈것 vehicle에 대한 기본적인 정보를 가진 탈것 클래스가 있다. vehicle 클래스에서 car 클래스를 만들고, car 클래스에서 sports car 클래스를 만든다. 각각의 상속 계층은 상속한 상위 클래스에 없는 기능을 추가한다.

일반적으로 잘 작동하는 방법이지만, 두 개 이상의 독립된 클래스를 함께 사용하려면 코드를 어떻게 작성해야 할까? 간단한 예제를 살펴보자.

데이터를 실제로 지우지 않고 삭제 여부만 기록하고 최종 갱신 시각을 수정하는 일은 데이터베이스 애플리케이션에서는 흔한 일이다. 언뜻 보기에 개인 데이터 항목에서 삭제 정보를 추적하는 경우 같다. 모든 데이터 항목에 삭제 여부를 넣기보다는 삭제 정보를 포함하는 기본 클래스를 만들고 기본 클래스를 상속하는 방식을 사용한다.

```
class ActiveRecord {
    Deleted = false;
}
class Person extends ActiveRecord {
    constructor(firstName : string, lastName : string) {
        this.FirstName = firstName;
        this.LastName = lastName;
    }

    FirstName : string;
    LastName : string;
}
```

이 방법의 첫 번째 문제점은 실제 레코드 자체와 기록 상태의 상세 항목이 섞인다는 것이다. 이 책의 남은 장들을 통해 객체지향 설계로 더 깊이 들어가면서 이렇게 여러 가지 항목을 한데 섞어 한 가지 이상의 일을 하는 클래스를 만들면 견고함이 약해지기 때문에 그렇게 하면 안 된다는 생각이 강해질 것이다. 또 다른 문제점은 데이터가 갱신된 시각을 기록하고 싶을 때 `ActiveRecord` 클래스에 갱신 시각을 추가해야 하고, 모든 클래스가 `ActiveRecord` 클래스를 상속하기 때문에 모든 클래스가 갱신 시각을 갖게 된다는 것이다. 그렇지 않으면 갱신 시각이 추가된 새로운 클래스를 만들어서 상속 계층에 넣어야 한다. 결국, 삭제 여부 없이는 갱신 시각을 추가할 수 없다.

상속의 효용성은 분명하지만, 최근 몇 년 사이에는 객체 합성으로 새 객체를 만드는 방식의 장점이 두드러지고 있다. 합성 방식은 상속 계층에 얽매이지 않는 별개의 요소를 만드는 접근 방식에 기반하고 있다. `person` 구현으로 되돌아가보면, 믹스인으로 같은 기능을 구현할 수 있다.

먼저 믹스인에 알맞은 생성자로 동작할 타입을 선언해야 한다. 타입 이름은 무엇이든 가능하지만, 타입스크립트에서 믹스인 중심으로 발전해온 방식은 다음과 같다.

```
type Constructor<T ={}> = new(...args: any[]) => T;
```

이런 타입 선언 방식으로 확장해 특별한 믹스인을 만들 수 있다. 이상해 보이는 구문이지만, 어떤 타입을 주더라도 새 인스턴스가 적절한 인자를 사용해 만드는 데는 효과적이다.

상태^{status}를 기록하는 구현을 살펴보자.

```
function RecordStatus<T extends Constructor>(base : T) {
    return class extends base {
        Deleted : boolean = false;
    }
}
```

`RecordStatus` 함수는 생성자 구현을 확장한 새 클래스를 반환하는 방식으로 `Constructor` 타입을 확장한다. 예제에서는 `Deleted` 속성을 추가했다.

두 가지 타입을 병합하거나 섞으려면 다음과 같이 한다.

```
const ActivePerson = RecordStatus(Person);
```

RecordStatus 속성을 가진 Person 객체를 만드는 데 사용할 수 있는 ActivePerson을 만들었다. 아직 실제로 만들어진 객체 인스턴스는 없다. 인스턴스를 만들려면 다른 타입과 같은 방식으로 정보를 인스턴스화해야 한다.

```
let activePerson = new ActivePerson("Peter", "O'Hanlon");
activePerson.Deleted = true;
```

기록이 갱신된 시각도 추가해보자. 다음과 같은 믹스인을 만들면 된다.

```
function Timestamp<T extends Constructor>(base : T) {
    return class extends base {
        Updated : Date = new Date();
    }
}
```

ActivePerson에 추가하려면 Timestamp를 포함하도록 정의를 수정해야 한다. 믹스인을 넣는 순서는 별로 중요하지 않다. Timestamp와 RecordStatus 중 어느 것이 먼저 들어가도 상관없다.

```
const ActivePerson = RecordStatus(Timestamp(Person));
```

속성과 마찬가지로 생성자와 메서드도 믹스인에 넣을 수 있다. RecordStatus 함수가 삭제 시 변경 기록을 남기도록 수정하려면 Deleted 속성을 getter 함수로 바꾸고 실제 삭제를 수행하는 새로운 함수를 추가한다.

```
function RecordStatus<T extends Constructor>(base : T) {
    return class extends base {
        private deleted : boolean = false;
        get Deleted() : boolean {
            return this.deleted;
        }
        Delete() : void {
            this.deleted = true;
            console.log(`The record has been marked as deleted.`);
        }
    }
}
```

이와 같이 믹스인을 사용하는 경우 주의할 점이 있다. 믹스인은 훌륭한 기법이고 유용한 기능을 깔끔하게 제공하지만, any 타입으로 타입 제한을 풀지 않으면 파라미터로 넘길 수 없다.

```
function DeletePerson(person : ActivePerson) {
    person.Delete();
}
```

 믹스인에 관한 타입스크립트 문서는 https://www.typescriptlang.org/docs/handbook/mixins.html에서 확인할 수 있는데, 문법이 상당히 달라 보인다. 제약 사항을 갖고 있는 타입스크립트의 접근 방식 대신 처음 https://basarat.gitbooks.io/typescript/docs/types/mixins.html에서 소개한 방식을 유지할 것이다.

차별 타입과 제네릭으로 동일한 코드 사용

타입스크립트에서 클래스 개발을 처음 시작하면 의존하고 있는 타입을 변경하는 경우 동일한 코드가 계속 반복되는 일이 자주 있다. 예를 들어, 정수를 큐^{queue}에 저장하고 싶다면 다음과 같은 클래스를 작성하게 된다.

```
class QueueOfInt {
    private queue : number[]= [];

    public Push(value : number) : void {
        this.queue.push(value);
    }

    public Pop() : number | undefined {
        return this.queue.shift();
    }
}
```

코드 사용은 아주 쉽다.

```
const intQueue : QueueOfInt = new QueueOfInt();
intQueue.Push(10);
intQueue.Push(35);
console.log(intQueue.Pop()); // 10을 출력한다
console.log(intQueue.Pop()); // 35를 출력한다
```

시간이 흘러 문자열을 저장하는 큐가 필요하다면 다음과 같은 코드를 추가하게 된다.

```
class QueueOfString {
    private queue : string[]= [];

    public Push(value : string) : void {
        this.queue.push(value);
    }

    public Pop() : string | undefined {
        return this.queue.shift();
    }
}
```

코드를 계속 추가하는 일이 어렵지는 않지만, 일을 지루하게 만들고 오류가 발생하기 쉬워진다. 구현에서 시프트shift 연산을 빼먹었다고 가정해보자. 시프트 연산은 큐의 핵심 동작으로 배열의 첫 번째 인자를 빼서 반환해야 한다(큐는 먼저 들어온 값이 먼저 나가는 선입선출First In First Out로 동작한다). 시프트 연산이 빠져 있으면 스택stack 연산이 된다(나중에 들어온 값이 먼저 나가는 후입선출Last In First Out). 연산이 살짝 바뀌면 찾기 힘들고 위험한 버그가 된다.

타입스크립트는 제네릭 기능을 제공한다. 제네릭은 플레이스홀더placeholder로 어떤 타입을 사용할지 표시하는 타입이다. 제네릭은 코드 호출 시 사용 가능한 타입을 결정하는 역할을 한다. 클래스 이름이나 메서드 이름 뒤에 <> 기호가 있으면 제네릭을 사용한다. 예제로 만들었던 큐를 제네릭으로 다음과 같이 변경해보자.

```
class Queue<T> {
    private queue : T[]= [];

    public Push(value : T) : void {
        this.queue.push(value);
    }

    public Pop() : T | undefined {
        return this.queue.shift();
    }
}
```

하나씩 살펴보자.

```
class Queue<T> {
}
```

어떤 타입이든 받을 수 있는 Queue 클래스를 만들었다. <T> 구문은 타입스크립트가 클래스 안에 들어있는 T에 대해 전달받은 타입을 참조하게 한다.

```
private queue : T[]= [];
```

제네릭 타입의 첫 예제로, 컴파일러는 특정 타입의 배열로 고정하지 않고 제네릭 타입의 배열을 생성한다.

```
public Push(value : T) : void {
    this.queue.push(value);
}

public Pop() : T | undefined {
    return this.queue.shift();
}
```

코드의 특정 타입을 사용하던 부분을 제네릭으로 교체했다. 타입스크립트는 Pop 메서드에서 undefined 키워드를 사용한다는 점에 주목하자.

변경된 코드를 사용하려면 Queue 객체에 어떤 타입을 사용하는지 명시하면 된다.

```
const queue : Queue<number> = new Queue<number>();
const stringQueue : Queue<string> = new Queue<string>();
queue.Push(10);
queue.Push(35);
console.log(queue.Pop());
console.log(queue.Pop());
stringQueue.Push(`Hello`);
stringQueue.Push(`Generics`);
console.log(stringQueue.Pop());
console.log(stringQueue.Pop());
```

타입스크립트는 지정한 타입의 참조 타입을 강제해 많은 도움을 준다. 만약 숫자를 사용하는 queue 변수에 문자열을 넣으려고 하면 타입스크립트는 컴파일에 실패한다.

타입스크립트가 타입 안정성을 제공해주지만, 자바스크립트로 변환된다는 점을 항상 기억해야 한다. 타입스크립트는 할당되는 타입을 강제하지만, 외부 자바스크립트 코드에서 제네릭을 사용한 코드를 호출한다면 지원하지 않는 값이 추가되는 경우를 막을 방법이 없다. 제네릭은 컴파일하는 데까지만 타입을 강제하고, 코드를 제어 범위 밖에서 호출해야 한다면 지원하지 않는 타입에 대한 방어 코드를 작성해야 한다.

제네릭 목록은 타입을 한 개로 제한하지 않는다. 제네릭을 정의할 때 이름이 겹치지 않으면 몇 개의 타입이라도 넣을 수 있다. 예제를 살펴보자.

```
function KeyValuePair<TKey, TValue>(key : TKey, value : TValue)
```

 예리한 독자라면 이미 제네릭을 만나봤던 사실을 알아챘을 것이다. Constructor 타입으로 믹스인을 만들 때 제네릭을 사용했었다.

특정 메서드에 제네릭을 사용하면 어떻게 될까? 타입스크립트는 사용하려는 타입이 어떤 타입 기반인지 알아야 하므로 엄격하게 확인한다. 따라서 다음과 같은 코드는 사용할 수 없다.

```
interface IStream {
    ReadStream() : Int8Array; // 바이트 배열
}
class Data<T> {
    ReadStream(stream : T) {
        let output = stream.ReadStream();
        console.log(output.byteLength);
    }
}
```

타입스크립트는 IStream 인터페이스를 사용한다는 것을 모르므로 컴파일에 실패한다. 제네릭 제한으로 사용하려는 타입의 정보를 알려줄 수 있다.

```
class Data<T extends IStream> {
    ReadStream(stream : T) {
        let output = stream.ReadStream();
        console.log(output.byteLength);
    }
}
```

<T extends IStream> 구문은 타입스크립트에게 IStream 인터페이스 기반의 any 클래스를 사용할 예정이라고 알려준다.

 제네릭에서 타입 제한을 사용할 수 있지만 일반적으로는 제네릭 인터페이스를 제한하고 싶을 것이다. 이는 제한 조건에서 사용하는 클래스에 많은 유연성을 제공하고, 특정 클래스를 상속한 클래스만 사용 가능한 제약 조건에서 벗어날 수 있게 해준다.

실제 사용 예제로, IStream을 사용하는 두 개의 클래스를 만들어보자.

```
class WebStream implements IStream {
    ReadStream(): Int8Array {
        let array : Int8Array = new Int8Array(8);
        for (let index : number = 0; index < array.length; index++){
            array[index] = index + 3;
        }
        return array;
    }
}
class DiskStream implements IStream {
    ReadStream(): Int8Array {
        let array : Int8Array = new Int8Array(20);
        for (let index : number = 0; index < array.length; index++){
            array[index] = index + 3;
```

```
        }
        return array;
    }
}
```

이제 제네릭 Data 구현에서 타입 제한을 사용할 수 있다.

```
const webStream = new Data<WebStream>();
const diskStream = new Data<DiskStream>();
```

Data 클래스에 webStream과 diskStream을 사용한다고 알려줬다. 사용하려면 인스턴스를 전달해야 한다.

```
webStream.ReadStream(new WebStream());
diskStream.ReadStream(new DiskStream());
```

클래스 레벨에서 제네릭을 선언하고 제한할 수 있지만, 반드시 그럴 필요는 없다. 필요하다면 메서드 레벨로 내려가 더 세밀한 제네릭을 선언할 수 있다. 예제의 경우, 코드의 여러 곳에서 제네릭 타입의 참조가 필요하다면 클래스 레벨 제네릭을 만드는 것이 낫다. 하지만 한두 개의 메서드에서만 특정 제네릭이 필요하다면 클래스를 다음과 같이 바꿀 수 있다.

```
class Data {
    ReadStream<T extends IStream>(stream : T) {
        let output = stream.ReadStream();
        console.log(output.byteLength);
    }
}
```

맵을 이용한 값 연결

많은 아이템을 찾기 쉬운 키와 함께 저장해야 하는 상황은 흔하게 발생한다. 예를 들어, 음악 컬렉션을 여러 가지 장르로 나눈다고 가정해보자.

```
enum Genre {
    Rock,
    CountryAndWestern,
    Classical,
    Pop,
    HeavyMetal
}
```

각각의 장르별로 수많은 아티스트나 작곡가의 상세 정보를 저장한다. 우선 생각해볼 수 있는 접근 방법은 각 장르를 의미하는 클래스를 만드는 것이다. 하지만 그렇게 하면 코드량이 늘어 코딩하는 데 상당한 시간을 소비하게 된다. 이 문제를 해결하는 방법은 맵map을 사용하는 것이다. 맵은 두 가지 타입을 받는 범용 클래스로, 맵을 사용하기 위한 키 타입과 저장할 객체의 타입을 받는다.

키는 값을 저장하고 빠르게 찾기 위한 유일한 값이다. 맵은 빠르게 값을 찾기 위한 좋은 선택이다. 어떤 타입이든 키로 사용할 수 있고, 값도 당연히 모든 타입이 될 수 있다. 음악 컬렉션 예제에서는 장르를 키로 사용하고 작곡가와 아티스트를 나타낼 문자열 배열 맵을 사용하는 클래스를 만든다.

```
class MusicCollection {
    private readonly collection : Map<Genre, string[]>;
    constructor() {
        this.collection = new Map<Genre, string[]>();
    }
}
```

맵에 값을 넣기 위한 set 메서드를 다음과 같이 만든다.

```
public Add(genre : Genre, artist : string[]) : void {
    this.collection.set(genre, artist);
}
```

맵에서 값을 찾으려면 키로 Get 메서드를 호출한다.

```
public Get(genre : Genre) : string[] | undefined {
    return this.collection.get(genre);
}
```

 찾는 값이 맵에 없을 수도 있으므로 반환 값에 undefined 키워드를 반드시 넣어야 한다. 깜빡하고 undefined를 넣지 않으면 타입스크립트는 경고 메시지를 보낸다. 타입스크립트는 코드에 견고한 안전망을 제공하기 위해 최선을 다한다.

이제 음악 컬렉션을 만들어보자.

```
let collection = new MusicCollection();
collection.Add(Genre.Classical, [`Debussy`, `Bach`, `Elgar`, `Beethoven`]);
collection.Add(Genre.CountryAndWestern, [`Dolly Parton`, `Toby Keith`, `Willie
Nelson`]);
collection.Add(Genre.HeavyMetal, [`Tygers of Pan Tang`, `Saxon`, `Doro`]);
collection.Add(Genre.Pop, [`Michael Jackson`, `Abba`, `The Spice Girls`]);
collection.Add(Genre.Rock, [`Deep Purple`, `Led Zeppelin`, `The Dixie Dregs`]);
```

만약 싱글 아티스트를 넣고 싶다면 코드는 조금 복잡해진다. set 메서드를 사용해서 맵에 새로운 항목을 넣거나 이전 항목을 새 항목으로 바꿔야 한다. 이 경우에는 특정 키를 이전에 추가했는지 확인해야 한다. 확인을 위해 has 메서드를 호출한다. 추가한 적이 없는 장르라면 set 메서드로 빈 배열을 추가한다. 그리고 get 메서드로 맵에서 배열을 가져온 후 값을 추가한다.

```
public AddArtist(genre: Genre, artist : string) : void {
    if (!this.collection.has(genre)) {
        this.collection.set(genre, []);
    }
    let artists = this.collection.get(genre);
    if (artists) {
        artists.push(artist);
    }
}
```

Add 메서드에는 변경 사항이 한 가지 더 있다. 현재 구현은 이전에 Add 메서드로 추가한 사항을 덮어 쓰기 때문에 AddArtist를 호출하고, Add 메서드를 호출하면 개별적으로 추가된 아티스트를 Add 메서드 호출로 덮어 쓰게 된다.

```
collection.AddArtist(Genre.HeavyMetal, `Iron Maiden`);
// 이때 HeavyMetal은 Iron Maiden을 갖고 있다
collection.Add(Genre.HeavyMetal, [`Tygers of Pan Tang`, `Saxon`, `Doro`]);
// 이때 HeavyMetal은 Tygers of Pan Tang, Saxon and Doro를 갖게 된다
```

Add 메서드를 수정해서 문제를 해결하자. artist 배열을 돌면서 AddArtist 메서드를 호출하도록 수정한다.

```
public Add(genre : Genre, artist : string[]) : void {
    for (let individual of artist) {
        this.AddArtist(genre, individual);
    }
}
```

이제 HeavyMetal 장르를 저장하면 artist 배열에는 Iron Maiden, Tygers of Pan Tang, Saxon, Doro가 들어있게 된다.

프로미스와 async/await으로 비동기 코드 만들기

비동기 방식으로 동작하는 코드를 작성해야 하는 경우는 흔하다. 비동기로 작업을 시작해 백그라운드에서 동작하게 하고 그동안 다른 일을 할 수 있다. 비동기 동작의 예로, 다른 웹 서비스를 호출하면 응답이 올 때까지 시간이 꽤 걸리기 때문에 비동기로 호출하는 경우를 들 수 있다. 오랫동안 자바스크립트의 비동기 표준 방식은 콜백[callback]이었다. 콜백의 큰 문제점은 여러 개의 콜백을 사용하게 되면 복잡도가 높아지고 잠재적인 오류가 발생하기 쉬운 코드가 된다는 것이다. 이때 프로미스를 사용해야 한다.

프로미스는 비동기로 무언가가 일어나는 것을 의미한다. 비동기 동작이 끝나면 프로미스의 결과를 갖고 작업을 이어가거나 예외가 발생한 경우에 대한 처리를 할 수 있다.

실제 예제를 살펴보자.

```
function ExpensiveWebCall(time : number) : Promise<void> {
    return new Promise((resolve, reject) => setTimeout(resolve, time));
}
class MyWebService {
    CallExpensiveWebOperation() : void {
        ExpensiveWebCall(4000).then(()=> console.log(`Finished web service`))
            .catch(()=> console.log(`Expensive web call failure`));
    }
}
```

프로미스를 사용할 때 두 개의 인자를 옵션으로 받는다. 바로 resolve 함수와 reject 함수인데, 그중에서 reject 함수는 오류 처리에 사용한다. 프로미스는 이 값에 대응하는 두 가지 함수를 제공한다. then() 함수는 작업이 성공적으로 완료되면 호출되고, catch 함수는 reject 함수에 대응한다.

동작을 확인하기 위한 코드는 다음과 같다.

```
console.log(`calling service`);
new MyWebService().CallExpensiveWebOperation();
```

```
console.log(`Processing continues until the web service returns`);
```

코드를 실행한 결과는 다음과 같다.

```
calling service
Processing continues until the web service returns
Finished web service
```

Processing continues until the web service returns와 Finished web service 사이에는 애플리케이션이 then() 함수에서 텍스트를 출력하기 전에 프로미스의 반환을 기다리므로 4초간의 지연이 있다. 예제는 웹 서비스 호출 결과를 기다리지 않고 콘솔 로그를 출력해버리는 방식으로 비동기로 동작하는 것을 보여준다.

코드가 비동기라는 것을 이해시키기에는 코드가 너무 장황하고 흩어져 있는 Promise <void>가 직관적인 방법이 아니라는 생각이 들 것이다. 타입스크립트는 코드가 분명히 비동기임을 알게 해주는 동등한 구문을 제공한다. async와 await 키워드를 사용하면 손쉽게 이전 예제 코드를 우아한 모양으로 바꿀 수 있다.

```
function ExpensiveWebCall(time : number) {
    return new Promise((resolve, reject) => setTimeout(resolve, time));
}
class MyWebService {
    async CallExpensiveWebOperation() {
        await ExpensiveWebCall(4000);
        console.log(`Finished web service`);
    }
}
```

async 키워드는 이 함수가 프로미스를 반환할 것임을 알려준다. 또한 컴파일러에게는 이 함수를 다르게 처리할 것이라고 알려준다. async 함수 안에서 await 키워드를 볼 수 있는데, 애플리케이션은 await이 있는 부분에서 함수 실행을 멈추고 반환 값이 올 때까지 기다린다. 이 지점에서 프로미스의 then() 함수 동작을 흉내 내며 처리가 계속된다.

async/await에서 오류를 처리하려면 함수 안쪽의 코드를 try...catch 블록으로 감싸면 된다. 오류가 catch() 함수에 명확하게 잡히면, async/await은 동일한 오류 처리가 없으므로 문제를 처리하는 방식은 우리에게 달려 있다.

```
class MyWebService {
    async CallExpensiveWebOperation() {
        try {
            await ExpensiveWebCall(4000);
            console.log(`Finished web service`);
        } catch (error) {
            console.log(`Caught ${error}`);
        }
    }
}
```

 어떤 접근 방식을 택할지는 개인의 몫이다. async/await을 사용해도 Promise를 감싸는 방식이므로 런타임의 동작은 완전히 동일하다. 여기서 권장하고 싶은 사항은 어떤 방식이든 애플리케이션의 접근 방식을 한번 결정하면 일관성이 있어야 한다는 점이다. 모든 사람의 애플리케이션 리뷰가 어려워지기 때문에 스타일을 섞어서는 안 된다.

부트스트랩으로 UI 만들기

이 책의 다른 장에서는 대부분의 작업을 브라우저에서 하게 된다. 매력적인 UI를 만들기는 쉽지 않은데, 요즘은 PC 브라우저와 다른 레이아웃을 가진 모바일 기기도 목표로 해야 하므로 더욱 어렵다. 따라서 작업을 용이하게 만들고자 부트스트랩에 상당 부분을 의존할 예정이다. 부트스트랩은 모바일 기기를 우선시하면서 PC 브라우저까지 자연스럽게 확장 가능하도록 설계한 UI 프레임워크다. 이 절에서는 표준 부트스트랩 요소를 포함한 기본 템플릿을 배치하고 부트스트랩 그리드 시스템 같은 기능을 사용해 간단한 페이지를 배치하는 방법을 살펴본다.

부트스트랩 시작 템플릿(https://getbootstrap.com/docs/4.1/getting−started/introduction/#starter−template)에서 출발하자. 템플릿 사용을 위해 CSS 스타일 시트와 자바스크립트를 다운로드해 설치하지 않고, 유명 콘텐츠 전송 네트워크(CDN)에서 제공하는 파일을 이용한다.

 가능하면 외부 자바스크립트와 CSS 파일은 CDN을 사용하는 것을 권한다. 파일을 직접 관리할 필요가 없고 브라우저가 다른 사이트에서 CDN에 접근한 적이 있다면 브라우저 캐시 사용의 장점을 포함한 많은 이점을 얻을 수 있다.

시작 템플릿은 다음과 같다.

```
<!doctype html>
<html lang="en">
    <head>
        <!-- 필요 메타 태그 -->
        <meta name="viewport" content="width=device-width, initial-scale=1, shrink-to-
fit=no">
        <link
            rel="stylesheet"href="https://stackpath.bootstrapcdn.com/bootstrap/4.1.3/
css/bootstrap.min.css"
            integrity="sha384-
MCw98/SFnGE8fJT3GXwEOngsV7Zt27NXFoaoApmYm81iuXoPkFOJwJ8ERdknLPMO"
            crossorigin="anonymous">
        <title><<Template Bootstrap>></title>
    </head>
<body>
    <!--
        콘텐츠는 여기서부터...
        컨테이너에서 시작한다.
    -->
    <div class="container">
```

```
    </div>
    <script src="https://code.jquery.com/jquery-3.3.1.slim.min.js"
        integrity="sha384-q8i/X+965DzO0rT7abK41JStQIAqVgRVzpbzo5smXKp4YfRvH+8abtTE1Pi6j
izo"
        crossorigin="anonymous"></script>
    <script
        src="https://cdnjs.cloudflare.com/ajax/libs/popper.js/1.14.3/umd/popper.min.js"
        integrity="sha384-ZMP7rVo3mIykV+2+9J3UJ46jBk0WLaUAdn689aCwoqbBJiSnjAK/
l8WvCWPIPm49"
        crossorigin="anonymous"></script>
    <script
        src="https://stackpath.bootstrapcdn.com/bootstrap/4.1.3/js/bootstrap.min.js"
        integrity="sha384-ChfqqxuZUCnJSK3+MXmPNIyE6ZbWh2IMqE241rYiqJxyMiZ6OW/
JmZQ5stwEULTy"
        crossorigin="anonymous"></script>
    </body>
</html>
```

콘텐츠 배치는 컨테이너에서 시작한다. 컨테이너는 이전의 콘텐츠 영역에 있다. 다음
코드가 div 영역이다.

```
<div class="container">
</div>
```

 container 클래스는 익숙한 트위터 모양을 각각의 화면 크기에 맞게 고정 크기로 보여준다.
전체 창을 채워야 한다면 container-fluid를 사용한다.

부트스트랩은 컨테이너 안에서 각 항목을 그리드 패턴으로 배치하려고 한다. 부트스
트랩은 화면의 한 줄당 컬럼을 12개까지 보여주도록 시스템을 운영한다. 기본적으로
페이지에 컬럼이 동일하게 분산돼 있으므로 UI 항목별로 적절한 영역을 차지하도록
개수만 설정해서 복잡한 레이아웃을 만들 수 있다. 부트스트랩은 PC, 모바일 폰, 태블
릿tablet 등 다양한 종류의 기기에 대해 미리 정의된 스타일을 제공해 레이아웃을 쉽게

만들도록 해준다. 스타일은 모두 같은 명명 규칙으로 .col-<<크기-구분자>>-<<컬럼-수>>
형식을 따른다.

타입	매우 작은 기기	작은 기기	중간 크기 기기	큰 기기
크기	폰 < 768px	태블릿 >= 768px	데스크톱 >= 992px	데스크톱 >= 1200px
접두사	.col-xs-	.col-sm-	.col-md-	.col-lg-

컬럼 숫자는 각 줄마다 12개까지 더하는 방식으로 동작한다. 콘텐츠를 세 개, 여섯 개,
세 개의 컬럼으로 나누고 싶다면 컨테이너 설정을 다음과 같이 한다.

```
<div class="row">
    <div class="col-sm-3">Hello</div>
    <div class="col-sm-6">Hello</div>
    <div class="col-sm-3">Hello</div>
</div>
```

예제의 스타일은 작은 기기를 기준으로 하며, 큰 기기를 대상으로 스타일을 오버라이
드 override 할 수 있다. 예를 들어 큰 기기에서 5, 2, 5열을 사용하려면 다음과 같이 한다.

```
<div class="row">
    <div class="col-sm-3 col-lg-5">Hello</div>
    <div class="col-sm-6 col-lg-2">Hello</div>
    <div class="col-sm-3 col-lg-5">Hello</div>
</div>
```

아름다운 반응형 레이아웃 시스템이다. 이를 통해 기기에 맞는 콘텐츠를 생성할 수 있다.

페이지에 콘텐츠를 추가하는 방법을 살펴보자. 첫 번째 컬럼에 jumbotron을 추가하고,
두 번째 컬럼에는 텍스트, 세 번째 컬럼에는 버튼을 추가해보자.

```
<div class="row">
    <div class="col-md-3">
        <div class="jumbotron">
            <h2>
                Hello, world!
            </h2>
            <p>
                Lorem ipsum dolor sit amet, consectetur adipiscing elit. Phasellus
                eget mi odio. Praesent a neque sed purus sodales interdum. In augue
                sapien,
                molestie id lacus eleifend...
            </p>
            <p>
                <a class="btn btn-primary btn-large" href="#">Learn more</a>
            </p>
        </div>
    </div>
    <div class="col-md-6">
        <h2>
            Heading
        </h2>
        <p>
            Lorem ipsum dolor sit amet, consectetur adipiscing elit. Phasellus
            eget mi odio. Praesent a neque sed purus sodales interdum. In augue
            sapien,
            molestie id lacus eleifend...
        </p>
        <p>
            <a class="btn" href="#">View details</a>
        </p>
    </div>
    <div class="col-md-3">
        <button type="button" class="btn btn-primary btn-lg btn-block active">
            Button
        </button>
    </div>
</div>
```

CSS 스타일로 보여지는 모양을 제어하고 있다. div 영역에 jombotron 스타일을 주면 부트스트랩은 곧바로 스타일을 적용한다. 버튼이 주요 버튼으로 보이도록 btn-primary 스타일을 선택했다.

보통 jumbotron은 모든 컬럼의 넓이에 맞게 펼쳐진다. 예제에서는 세 개의 컬럼에 넣었으므로 그리드 레이아웃 시스템이 넓이와 스타일을 제어하고 jumbotron이 페이지 전체 레이아웃의 특별한 속성을 갖고 있지 않은 것을 볼 수 있다.

 빠르게 레이아웃 프로토타입을 하고 싶다면 두 단계 절차를 사용한다. 첫 번째 단계는 UI 모양을 종이에 그려보는 것이다. 와이어프레임 도구를 사용할 수도 있지만 나는 빠르게 그리는 편을 선호한다. 레이아웃 모양에 대한 일반적인 아이디어가 잡히면 Layoutit!(https://www.layoutit.com/) 같은 도구를 사용해 아이디어를 화면에 그려본다. 화면에 그려보면서 레이아웃을 내보내기 전에 손으로 개선할 여지를 마련해둔다.

▌요약

1장에서는 미래를 대비하는 타입스크립트 코드를 구축하는 데 도움이 되는 기능을 살펴봤다. 적절한 ES 버전을 설정하거나 최신 ECMA스크립트 기능을 시뮬레이션하는 방법을 알아봤으며, 공용체와 교차 타입을 사용하는 방법과 타입 별칭을 만드는 방법도 설명했다. 객체 전개와 REST 속성을 살펴보고 데코레이터를 사용한 AOP를 소개했다. 맵 타입을 만들고 사용하는 방법과 제네릭과 프로미스를 사용하는 방법도 다뤘다.

책의 다른 부분에서 진행할 UI 작업에 대한 준비로 부트스트랩의 그리드 레이아웃 시스템과 UI를 배치하는 방법을 살펴봤다.

2장에서는 타입스크립트에 연결된 간단한 부트스트랩 웹 페이지를 사용해 단순한 마크다운 편집기를 만들어본다. 또한 디자인 패턴과 단일 책임 클래스 같은 기법으로 탄탄한 코드를 만드는 방법을 살펴본다.

질문

1. 사용자가 섭씨와 화씨를 상호 변환할 수 있는 애플리케이션을 만들고 있다.
    계산을 수행하는 클래스는 다음과 같다.

```
class FahrenheitToCelsius {
    Convert(temperature : number) : number {
        return (temperature - 32) * 5 / 9;
    }
}

class CelsiusToFahrenheit {
    Convert(temperature : number) : number {
        return (temperature * 9/5) + 32;
    }
}
```

온도와 각 타입의 인스턴스를 받아 알맞은 계산을 수행하는 메서드를 만들고
싶다. 어떤 기법을 사용해 만들면 되는가?

2. 다음과 같은 클래스가 있다.

```
class Command {
    public constructor(public Name : string = "", public Action :
        Function = new Function()){}
}
```

이 클래스에 여러 개의 명령command을 추가해 다른 클래스에서 사용하려고 한
다. 코드에서 Name을 키로 해서 Command를 찾도록 할 예정이다. 이런 키-값 기
능을 제공하려면 무엇을 이용해야 하고, 레코드를 어떻게 추가해야 하는가?

3. 2번 문제의 Add 메서드 내부를 수정하지 않고, 명령이 추가될 때 자동으로 로
    그를 남기려면 어떻게 해야 하는가?

4. 부트스트랩 웹 페이지를 만들 때 한 줄에 여섯 개의 중간 컬럼을 동일한 크기
    로 넣으려면 어떻게 해야 하는가?

타입스크립트로
마크다운 에디터 만들기

마크다운markdown 없이 인터넷 콘텐츠를 다루기는 어렵다. 마크다운은 일반 텍스트를 간단한 HTML로 손쉽게 변환해 콘텐츠를 만드는 방법이다. 2장에서는 마크업 형식 중 몇 가지를 HTML로 변환하는 파서를 만드는 방법을 살펴본다. 헤더, 가로줄, 단락이라는 세 가지 항목을 관련된 태그로 변환한다.

2장을 통해 간단한 부트스트랩 웹 페이지를 만드는 방법, 타입스크립트로 생성한 자바스크립트를 참조하는 방법, 간단한 이벤트 핸들러를 연결하는 방법을 다루게 된다. 또한 간단한 디자인 패턴을 사용해 클래스를 만드는 방법과 프로 개발자들에게 도움이 될 단일 책임 클래스를 설계하는 방법도 알아본다.

2장에서 다루는 내용은 다음과 같다.

- 부트스트랩 스타일을 수정한 부트스트랩 페이지 만들기

- 마크다운에서 사용하는 태그 선택

- 요구 사항 정의

- 마크다운 태그를 HTML 태그에 매핑

- 클래스에 변환된 마크다운 저장

- 문서 갱신에 방문자 패턴 사용

- 태그 적용에 연쇄 책임 패턴 사용

- HTML에 반영

▍ 기술적 요구 사항

2장의 예제 코드는 https://github.com/PacktPublishing/Advanced-TypeScript-3-Programming-Projects/tree/master/Chapter02에서 다운로드할 수 있다.

▍ 프로젝트 개요

이 책 전체를 통해 살펴볼 개념의 일부를 파악했다. 실습으로 사용자가 텍스트 영역에 입력한 간단한 마크다운 텍스트를 파싱해 다른 쪽 웹 페이지에 결과를 표시하는 프로젝트를 만들어보자. 모든 마크다운 태그를 파싱하지 않고 헤더, 가로줄, 단락이라는 세 가지 태그에만 집중한다. 마크업은 줄바꿈 문자로 줄을 나누고 각 줄의 시작 부분만을 고려하는 것으로 제한한다. 줄의 시작 부분에 마크다운 태그가 있는지 확인하고, 없으면 현재 줄을 단락으로 가정한다. 이런 방식의 구현을 선택한 이유는 곧바로 판단하는 편이 간단하기 때문이다. 간단하지만, 애플리케이션 구조를 잡는 방법에 대한 진

지한 고민을 보여주기에 충분한 깊이가 있다.

사용자 인터페이스(UI), 부트스트랩 사용법, 변경을 감지해 이벤트 핸들러에 연결하는 방법, 현재 웹 페이지의 HTML 콘텐츠를 업데이트하는 방법을 차례대로 살펴본다. 프로젝트를 완성했을 때의 모습은 다음과 같다.

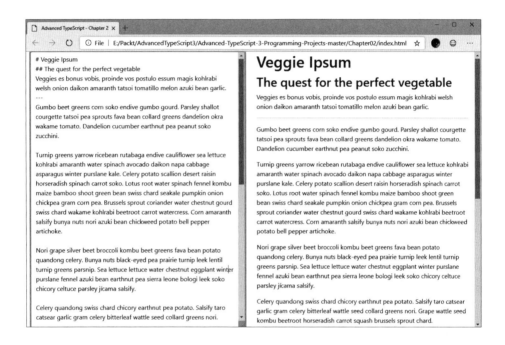

이제 개요를 파악했으니 HTML 프로젝트를 시작해보자.

▎ 간단한 HTML 프로젝트로 시작

프로젝트는 간단한 HTML 파일과 타입스크립트 파일 조합으로 구성한다. HTML 파일과 타입스크립트 파일을 넣을 디렉터리를 만들자. 자바스크립트 파일은 해당 디렉터리 아래의 script 폴더에 위치한다. tsconfig.js 파일을 다음과 같이 구성한다.

```json
{
    "compilerOptions": {
        "target": "ES2015",
        "module": "commonjs",
        "sourceMap": true,
        "outDir": "./script",
        "strict": true,
        "strictNullChecks": true,
        "strictFunctionTypes": true,
        "noImplicitThis": true,
        "alwaysStrict": true,
        "noImplicitReturns": true,
        "noFallthroughCasesInSwitch": true,
        "esModuleInterop": true,
        "experimentalDecorators": true,
    }
}
```

▌ 간단한 마크다운 파서 작성

2장에서 만드는 프로젝트에는 명확한 목표가 있다. 코드를 작성할 때 디자인 패턴과 단일 책임 원칙을 지키는 클래스 같은 객체지향 실천 방안을 실습한다. 시작할 때부터 이런 기법을 적용한다면, 좋은 습관을 익히게 돼서 훌륭한 개발 기술을 갖게 된다.

프로 개발자는 모든 코드를 작성하기 전에 사용할 요구 사항을 수집하고 애플리케이션 동작에 대해 어떤 가정도 하지 않아야 한다. 애플리케이션의 역할을 알고 있다고 생각할 수도 있지만, 요구 사항 목록을 만들면 전달해야 하는 것을 완전히 이해했다고 확신할 수 있으며 기능을 완료할 때 확인할 편리한 체크리스트를 갖게 된다.

요구 사항 목록은 다음과 같다.

- 마크다운을 파싱하는 애플리케이션을 만든다.

- 사용자는 텍스트 영역에 입력한다.

- 텍스트 영역 내용이 바뀔 때마다 문서 전체를 다시 파싱한다.

- 사용자가 엔터 키를 누른 곳을 기준으로 문서를 분리한다.

- 시작 문자로 그 줄이 마크다운인지 아닌지 판단한다.

- # 뒤에 공백이 들어오면 H1 태그로 변경한다.

- ## 뒤에 공백이 들어오면 H2 태그로 변경한다.

- ### 뒤에 공백이 들어오면 H3 태그로 변경한다.

- ----은 가로줄로 변경한다.

- 마크다운으로 시작하지 않는 줄은 문단으로 취급한다.

- 결과 HTML은 부트스트랩 레이블에 표시된다.

- 텍스트 영역이 비어있으면 레이블은 빈 문단을 포함한다.

- 레이아웃에 부트스트랩을 사용하고 내용의 높이를 100%로 늘린다.

주어진 요구 사항으로 결과물에 대해 잘 알게 됐으므로, UI를 만드는 작업부터 시작한다.

부트스트랩 UI 만들기

1장, '타입스크립트 고급 기능'에서 부트스트랩으로 기본적인 UI를 만드는 방법을 살펴봤다. 같은 기본 페이지를 이용해서 요구 사항에 맞춰 몇 가지만 수정해보자. 화면 크기에 맞춰 폭이 늘어나고 container-fluid로 컨테이너를 구성하는 페이지에서 시작해보자. 페이지는 col-lg-6으로 똑같은 넓이를 가진다.

```
<div class="container-fluid">
  <div class="row">
    <div class="col-lg-6">
    </div>
    <div class="col-lg-6">
    </div>
```

```
    </div>
  </div>
```

텍스트 영역과 레이블 컴포넌트를 추가해보면 한 줄에 그려지는 컴포넌트의 높이가 화면 크기에 맞게 늘어나지 않는 것이 눈에 띈다. 여기서 몇 가지를 수정해야 한다. 먼저 body 태그가 공간을 꽉 채우도록 html의 스타일을 직접 지정한다. 헤더에 다음 스타일을 추가한다.

```
<style>
  html, body {
    height: 100%;
  }
</style>
```

이 스타일을 추가하면 부트스트랩 4의 새로운 기능인 화면을 꽉 차게 해주는 h-100 클래스를 사용할 수 있다. 텍스트 영역과 레이블도 추가하고, 타입스크립트에서 접근 가능하도록 ID도 추가한다.

```
<div class="container-fluid h-100">
  <div class="row h-100">
    <div class="col-lg-6">
      <textarea class="form-control h-100" id="markdown"></textarea>
    </div>
    <div class="col-lg-6 h-100">
      <label class="h-100" id="markdown-output"></label>
    </div>
  </div>
</div>
```

페이지 수정을 마치기 전에 애플리케이션에서 사용할 타입스크립트 코드의 작성을 시작해보자. 타입스크립트용 MarkdownParser.ts 파일을 추가하고, 다음 코드를 추가한다.

```
class HtmlHandler {
    public TextChangeHandler(id : string, output : string) : void {
        let markdown = <HTMLTextAreaElement>document.getElementById(id);
        let markdownOutput = <HTMLLabelElement>document.getElementById(output);

        if (markdown !== null) {
            markdown.onkeyup = (e) => {
                if (markdown.value) {
                    markdownOutput.innerHTML = markdown.value;
                }
                else
                    markdownOutput.innerHTML = "<p></p>";
            }
        }
    }
}
```

클래스는 ID를 기준으로 텍스트 영역과 레이블을 가져올 수 있도록 만들었다. 텍스트 영역과 레이블이 있으므로, 텍스트 영역의 키업^{keyup} 이벤트를 잡을 수 있고 레이블에 키프레스^{keypress} 값을 사용할 수 있다. 현재 웹 페이지에 있지 않더라도 암묵적으로 타입스크립트는 표준 웹 페이지 동작에 접근하는 방법을 제공한다. 이전에 입력한 ID를 기반으로 텍스트 영역과 레이블을 탐색해 접근 가능한 타입으로 변환함으로써 이벤트를 구독^{subscription}하거나 엘리먼트^{element}의 innerHTML 속성에 접근할 수 있다.

 단순함(simplicity)을 위해 2장의 모든 타입스크립트 코드는 MarkdownParser.ts 파일에 작성한다. 보통 클래스별로 파일을 만들지만, 진행되는 코드를 살펴보기에는 파일 하나가 더 간단하다. 향후 다른 장에서는 프로젝트가 더 복잡해지기 때문에 많은 파일로 나눠 작업한다.

엘리먼트 인터페이스를 통해 키업 이벤트를 가져올 수 있다. 이벤트가 발생하면 텍스트 영역에 내용이 있는지 확인하고, (내용이 있으면) 텍스트 영역의 내용으로 레이블의 HTML을 설정한다. 생성된 자바스크립트와 웹 페이지가 제대로 연결됐는지 보장하기 위해 코드를 이렇게 작성한다.

키프레스 이벤트가 끝나기 전까지는 텍스트 영역에 키가 추가되지 않으므로 키다운(keydown)
이나 키프레스 이벤트 대신 키업 이벤트를 사용한다.

웹 페이지를 다시 방문했을 때, 텍스트 영역이 변경될 때마다 레이블을 갱신할 수 있
도록 나머지 작업을 진행해보자. 타입스크립트에서 생성한 자바스크립트 파일 참조를
추가하고, HtmlHandler 클래스 인스턴스를 만들어서 markdown과 markdown-output 엘리
먼트에 연결하려면 다음 태그를 </body> 태그 앞에 넣기만 하면 된다.

```
<script src="script/MarkdownParser.js">
</script>
<script>
  new HtmlHandler().TextChangeHandler("markdown", "markdown-output");
</script>
```

이제 HTML 페이지는 다음과 같다.

```
<!doctype html>
<html lang="en">
  <head>
    <meta name="viewport" content="width=device-width, initial-scale=1, shrink-to-
fit=no">
    <link rel="stylesheet"
href="https://stackpath.bootstrapcdn.com/bootstrap/4.1.3/css/bootstrap.min.css"
integrity="sha384-MCw98/SFnGE8fJT3GXwEOngsV7Zt27NXFoaoApmYm81iuXoPkFOJwJ8ERdknLPMO"
crossorigin="anonymous">
    <style>
    html, body {
    height: 100%;
    }
    </style>
    <title>Advanced TypeScript - Chapter 2</title>
  </head>
  <body>
```

```html
<div class="container-fluid h-100">
<div class="row h-100">
<div class="col-lg-6">
<textarea class="form-control h-100" id="markdown"></textarea>
</div>
<div class="col-lg-6 h-100">
<label class="h-100" id="markdown-output"></label>
</div>
</div>
</div>
<script src="https://code.jquery.com/jquery-3.3.1.slim.min.js"
integrity="sha384-q8i/X+965DzO0rT7abK41JStQIAqVgRVzpbzo5smXKp4YfRvH+8abtTE1Pi6jizo"
crossorigin="anonymous"></script>
<script
src="https://cdnjs.cloudflare.com/ajax/libs/popper.js/1.14.3/umd/popper.min.js"
integrity="sha384-ZMP7rVo3mIykV+2+9J3UJ46jBk0WLaUAdn689aCwoqbBJiSnjAK/l8WvCWPIPm49"
crossorigin="anonymous"></script>
<script
src="https://stackpath.bootstrapcdn.com/bootstrap/4.1.3/js/bootstrap.min.js"
integrity="sha384-ChfqqxuZUCnJSK3+MXmPNIyE6ZbWh2IMqE241rYiqJxyMiZ6OW/JmZQ5stwEULTy"
crossorigin="anonymous"></script>

<script src="script/MarkdownParser.js">
</script>
<script>
new HtmlHandler().TextChangeHandler("markdown", "markdown-output");
</script>
</body>
</html>
```

애플리케이션을 실행하고 텍스트 영역에 글자를 입력하면 레이블이 자동으로 변경된다. 애플리케이션의 실제 모습은 다음 스크린샷과 같다.

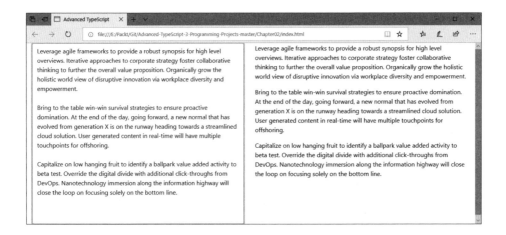

이제 웹 페이지가 자동으로 변경되므로 더 이상 웹 페이지를 변경하지 않아도 된다. 작성하는 모든 코드는 타입스크립트 파일에만 추가한다. 요구 사항으로 돌아가서 마지막 세 개의 항목을 완료로 표시하자.

마크다운 태그를 HTML 태그에 매핑

요구 사항에서는 파서가 처리할 태그 목록을 만들었다. 태그를 식별하기 위해 사용자가 만들 수 있는 태그로 구성된 열거형을 선언한다.

```
enum TagType {
    Paragraph,
    Header1,
    Header2,
    Header3,
    HorizontalRule
}
```

요구 사항에는 마크다운 태그를 각 태그에 해당하는 HTML 태그로 변환하는 내용도 있었다. 태그를 변환하려면 **tagType**을 HTML 태그에 연결해야 한다. 태그와 HTML 태그를 연결하는 역할만 하는 클래스를 만들자. 코드는 다음과 같다.

```
class TagTypeToHtml {
    private readonly tagType : Map<TagType, string> = new Map<TagType, string>();
    constructor() {
        this.tagType.set(TagType.Header1, "h1");
        this.tagType.set(TagType.Header2, "h2");
        this.tagType.set(TagType.Header3, "h3");
        this.tagType.set(TagType.Paragraph, "p");
        this.tagType.set(TagType.HorizontalRule, "hr")
    }
}
```

 처음에 readonly 타입이 나와 헷갈릴 것이다. readonly를 사용하면, tagType 변수는 인스턴스가 만들어지고 난 뒤 클래스 어디에서도 다시 만들 수 없다. 생성자 이후에 this.tagType = new Map<TagType, string>();으로 맵을 덮어 쓸 수 없으므로 매핑 정보를 안전하게 유지할 수 있다.

클래스에서 열었던 태그를 닫는 방법이 필요하다. **tagType**으로 여는 태그를 만드는 메서드를 다음과 같이 만들어보자.

```
public OpeningTag(tagType : TagType) : string {
    let tag = this.tagType.get(tagType);
    if (tag !== null) {
        return `<${tag}>`;
    }
    return `<p>`;
}
```

상당히 간단한 메서드다. 맵에서 **tagType**을 가져오는 것으로 시작한다. 현재 코드에서는 맵 데이터에 태그 항목이 항상 들어있지만, 나중에 열거형으로 확장하면서 태그 목록 추가를 놓칠 수도 있기 때문에 태그가 존재하는지 확인해야 한다. 태그가 있다면 <>

로 감싸서 반환한다. 태그가 없으면 기본값인 문단 태그를 반환한다.

ClosingTag 함수를 살펴보자.

```
public ClosingTag(tagType : TagType) : string {
    let tag = this.tagType.get(tagType);
    if (tag !== null) {
        return `</${tag}>`;
    }
    return `</p>`;
}
```

두 가지 메서드를 비교해보면 거의 똑같이 생겼다. HTML 태그를 만드는 부분을 살펴
보면, 여는 태그와 닫는 태그의 유일한 차이점은 / 문자의 유무라는 사실을 알 수 있
다. 또한 헬퍼 메서드를 사용해 태그 시작을 <로 할지, </로 할지 결정하는 코드 동작
을 바꿀 수 있다.

```
private GetTag(tagType : TagType, openingTagPattern : string) : string {
    let tag = this.tagType.get(tagType);
    if (tag !== null) {
        return `${openingTagPattern}${tag}>`;
    }
    return `${openingTagPattern}p>`;
}
```

여는 태그와 닫는 태그를 지정하는 메서드를 추가하기만 하면 된다.

```
public OpeningTag(tagType : TagType) : string {
    return this.GetTag(tagType, `<`);
}

public ClosingTag(tagType : TagType) : string {
    return this.GetTag(tagType, `</`);
}
```

모든 코드를 추가한 TagTypeToHtml 클래스는 다음과 같다.

```
class TagTypeToHtml {
    private readonly tagType : Map<TagType, string> = new Map<TagType, string>();
    constructor() {
        this.tagType.set(TagType.Header1, "h1");
        this.tagType.set(TagType.Header2, "h2");
        this.tagType.set(TagType.Header3, "h3");
        this.tagType.set(TagType.Paragraph, "p");
        this.tagType.set(TagType.HorizontalRule, "hr")
    }

    public OpeningTag(tagType : TagType) : string {
        return this.GetTag(tagType, `<`);
    }

    public ClosingTag(tagType : TagType) : string {
        return this.GetTag(tagType, `</`);
    }

    private GetTag(tagType : TagType, openingTagPattern : string) : string {
        let tag = this.tagType.get(tagType);
        if (tag !== null) {
            return `${openingTagPattern}${tag}>`;
        }
        return `${openingTagPattern}p>`;
    }
}
```

마크다운 문서로 변환된 마크다운 표현하기

텍스트 영역 내용을 파싱하면서 파싱 과정에서 만드는 텍스트를 실제로 저장하는 방법이 필요하다. 전역 문자열을 선언하고 직접 업데이트하는 방법도 있지만, 나중에 비동기 동작을 추가할 때 문제가 된다. 전역 문자열을 사용하지 않는 진짜 이유는 단일 책임 원칙에서 벗어나기 때문이다. 전역 문자열을 사용하면 텍스트를 추가하는 코드마다 문자열을 올바른 방식으로 작성해야 하므로, 결국 마크다운을 읽는 부분과 HTML로 쓰는 부분이 섞이게 된다. 이런 논의 덕분에 HTML 내용을 작성하는 부분을 분리해야 한다는 점이 명백해진다.

코드가 내용을 구성하는 (HTML 태그를 포함할 수 있어 하나의 문자열이 아닌) 여러 개의 문자열을 받을 수 있게 해야 한다. 작성을 마쳤을 때는 문서를 가져올 수도 있어야 한다. 코드 구현에 사용할 인터페이스를 정의하는 것으로 시작하자. Add 메서드가 개수 제한 없이 여러 개의 항목을 받을 수 있도록 REST 파라미터를 사용한다.

```
interface IMarkdownDocument {
    Add(...content : string[]) : void;
    Get() : string;
}
```

인터페이스를 사용해 MarkdownDocument 클래스를 구현해보자.

```
class MarkdownDocument implements IMarkdownDocument {
    private content : string = "";
    Add(...content: string[]): void {
        content.forEach(element => {
            this.content += element;
        });
    }
    Get(): string {
        return this.content;
    }
}
```

클래스는 매우 간단하다. Add 메서드에 전달된 콘텐츠를 멤버 변수인 content에 덧붙인다. private 변수이므로 변수에 접근하는 Get 메서드를 추가한다. 단일 책임 원칙을 좋아하는 이유다. 이 경우에는 content 업데이트만을 수행한다. 다양한 일을 처리하는 복잡한 클래스보다 깔끔하고 이해하기 쉬워진다. 여기서 핵심은 결과를 가져가는 코드에서 문서를 관리하는 방법을 숨겼으므로 내부에서 콘텐츠 업데이트를 위해 무엇이든 할 수 있다는 것이다.

문서를 한 번에 한 줄씩 파싱하기 위해 현재 처리 중인 줄을 표시하는 클래스를 만든다.

```
class ParseElement {
    CurrentLine : string = "";
}
```

매우 간단한 클래스다. 클래스의 관심사는 명확하게 현재 줄을 파싱하는 것뿐이므로 표현을 위한 문자열을 코드에 사용하지 않는다. 만약 현재 줄을 표현하기 위한 문자열을 사용한다면, 사용할 때 잘못된 값을 전달하기가 매우 쉬워진다.

방문자 패턴으로 마크다운 문서 업데이트하기

1장, '타입스크립트 고급 기능'에서 패턴을 언급했다. 간단히 말해 패턴은 소프트웨어 개발 과정에서 발생하는 특정한 문제에 대한 일반적인 해법을 정리한 것이며, 패턴의 이름만으로 다른 사람에게 문제를 해결하는 방법을 정형화된 코드 예제로 전달한다. 예를 들어, 어떤 개발자에게 중재자 패턴으로 문제를 해결하라고 했을 때 해당 패턴을 알고 있다면 코드 구성에 상당히 좋은 아이디어를 얻을 수 있다.

코드를 계획할 때, 초기에 방문자 패턴을 사용하기로 결정했다. 코드를 작성하기 전에 방문자 패턴이 무엇이고 왜 사용하는지를 살펴보자.

방문자 패턴이란

방문자 패턴은 행동 패턴으로도 알려져 있다. 행동 패턴은 클래스와 객체의 통신 방식에 관계된 패턴을 그룹으로 분류한 것이다. 방문자 패턴은 알고리즘을 실행하는 객체와 알고리즘을 분리할 수 있게 해준다. 실제로는 좀 더 복잡하다.

일반적인 ParseElement 클래스를 갖고 주어진 마크다운에 따라 각기 다른 동작을 적용하고자 방문자 패턴을 선택했다. 최종적으로는 MarkdownDocument 클래스를 만들게 된다. 기본적인 아이디어는 사용자가 입력한 콘텐츠가 HTML 문단으로 표현된다면 가로줄을 표현할 때와 다른 태그를 추가한다는 것이다. 방문자 패턴은 보통 IVisitor와 IVisitable이라는 두 가지 인터페이스를 가진다. 기본적으로 다음과 같은 모양이 된다.

```
interface IVisitor {
    Visit(......);
```

```
}
interface IVisitable {
    Accept(IVisitor, .....);
}
```

인터페이스는 객체가 방문 가능하므로 연관된 동작의 실행이 필요할 때 방문자를 통해 객체를 방문해서 필요한 작업을 실행한다.

방문자 패턴 적용

방문자 패턴을 이해했으니 코드에 방문자 패턴을 적용해보자.

1. 다음과 같이 IVisitor와 IVisitable 인터페이스를 만든다.

```
interface IVisitor {
    Visit(token : ParseElement, markdownDocument : IMarkdownDocument) : void;
}
interface IVisitable {
    Accept(visitor : IVisitor, token : ParseElement, markdownDocument :
IMarkdownDocument) : void;
}
```

2. Visit가 호출되는 상황이 되면 TagTypeToHtml 클래스로 HTML을 여는 태그를 추가하고, 텍스트를 추가한 다음 MarkdownDocument 클래스로 태그를 닫는다. 일반적인 태그에 대해 동일한 부분이므로 동작을 캡슐화하는 기본 클래스를 구현할 수 있다.

```
abstract class VisitorBase implements IVisitor {
    constructor (private readonly tagType : TagType, private readonly
TagTypeToHtml : TagTypeToHtml) {}
    Visit(token: ParseElement, markdownDocument: IMarkdownDocument): void {
        markdownDocument.Add(this.TagTypeToHtml.OpeningTag(this.tagType),
token.CurrentLine,
            this.TagTypeToHtml.ClosingTag(this.tagType));
```

```
        }
    }
```

3. 방문자 구현을 추가한다. 다음과 같이 간단한 클래스다.

```
class Header1Visitor extends VisitorBase {
    constructor() {
        super(TagType.Header1, new TagTypeToHtml());
    }
}
class Header2Visitor extends VisitorBase {
    constructor() {
        super(TagType.Header2, new TagTypeToHtml());
    }
}
class Header3Visitor extends VisitorBase {
    constructor() {
        super(TagType.Header3, new TagTypeToHtml());
    }
}
class ParagraphVisitor extends VisitorBase {
    constructor() {
        super(TagType.Paragraph, new TagTypeToHtml());
    }
}
class HorizontalRuleVisitor extends VisitorBase {
    constructor() {
        super(TagType.HorizontalRule, new TagTypeToHtml());
    }
}
```

코드가 과해 보일 수 있지만, 목적에 충실하다. 예를 들어 Header1Visitor는 현재 줄을 H1 태그로 감싸 마크다운 문서에 추가하는 단일 책임을 가진 클래스다. H1 태그를 추가하기 전에 문자열이 #으로 시작하는지 확인하고 문자열 앞부분의 #을 삭제하는 책임이 추가되면, 코드가 복잡해지고 테스트하기도 힘들어지며 동작을 바꾸면 쉽게 깨질 수 있다. 게다가 처리해야 하는 태그가 늘어날수록 코드는 더 불안정해진다.

94

방문자 패턴의 다른 한 축은 IVisitable 구현이다. 예제에서 적절한 방문자는 언제나 Accept를 호출한다. 코드는 IVisitable 구현으로 하나의 방문 클래스만 구현한다. 예제를 살펴보자.

```
class Visitable implements IVisitable {
    Accept(visitor: IVisitor, token: ParseElement, markdownDocument:
IMarkdownDocument): void {
        visitor.Visit(token, markdownDocument);
    }
}
```

 예제에서는 가장 간단한 방문자 패턴을 구현했다. 방문자 패턴에는 다양한 변형 패턴이 있으므로 특정 구현에 집착하지 않고 패턴의 디자인 철학을 존중하는 구현으로 진행한다. 패턴의 매력은 방법에 대한 안내만 제공하기 때문에 요구 사항이 약간 다르면 특정 구현을 맹목적으로 따르지 않고 적절히 수정할 수 있다는 점이다.

책임 연쇄 패턴으로 적용할 태그 결정

간단한 문자열을 HTML로 인코딩된 문자열로 변경할 수 있다. 문자열에 어떤 태그를 적용할지 결정하는 방법이 필요하며, 처음부터 새로운 패턴을 적용해야 한다는 것을 알 수 있다. 새로운 패턴은 '이 태그를 처리해야 하는가?'라는 질문에 딱 맞는다. 처리하지 않는다면 다른 곳에서 태그 처리를 결정하도록 다음으로 넘어간다.

새로운 패턴인 책임 연쇄 패턴을 사용한다. 책임 연쇄 패턴은 클래스가 요청을 처리하는 메서드와 함께 다음으로 이어지는 클래스를 받도록 만들어서 여러 개의 클래스를 연결한다. 해당 클래스에서 직접 처리할지 다음 클래스로 넘길지는 요청을 처리하는 내부 로직에서 결정한다.

기반 클래스에서 시작해보자. 패턴이 어떻게 동작하고 그것을 어떻게 사용하는지 살퍼보자.

```
abstract class Handler<T> {
    protected next : Handler<T> | null = null;
    public SetNext(next : Handler<T>) : void {
        this.next = next;
    }
    public HandleRequest(request : T) : void {
        if (!this.CanHandle(request)) {
            if (this.next !== null) {
                this.next.HandleRequest(request);
            }
            return;
        }
    }
    protected abstract CanHandle(request : T) : boolean;
}
```

SetNext 함수로 다음으로 이어질 클래스를 설정한다. HandleRequest는 추상 메서드인 CanHandle 메서드를 호출해서 요청 처리 여부를 결정한다. 요청을 처리할 수 없고 this.next가 null이 아니면(공용 타입을 여기서 사용한다.) 다음 클래스로 처리를 넘긴다. this.next가 null이 될 때까지 반복한다.

Handler 클래스의 구현을 추가해보자. 다음과 같이 생성자와 멤버 변수를 추가한다.

```
class ParseChainHandler extends Handler<ParseElement> {
    private readonly visitable : IVisitable = new Visitable();
    constructor(private readonly document : IMarkdownDocument,
        private readonly tagType : string,
        private readonly visitor : IVisitor) {
        super();
    }
}
```

생성자는 마크다운 문서의 인스턴스, 태그(#과 같은)를 나타내는 문자열, 태그가 일치할 때 클래스에 방문할 방문자를 인자로 받는다. CanHandle 코드를 살펴보기 전에 살짝 다른 길로 가서 현재 문자열 파싱과 태그로 시작하는지 확인하는 데 도움을 주는 클래스를 살펴보자.

순수하게 문자열만 파싱하고 변환 대상 마크다운 태그로 시작하는지 확인하는 클래스를 만든다. Parse 메서드는 튜플을 반환한다. 튜플은 배열의 위치에 따라 각각의 타입을 갖는 크기가 고정된 배열이라고 생각하면 된다. 예제에서는 불린과 문자열 타입을 반환한다. 태그를 찾았는지 여부를 불린으로 표시하고, 시작 부분의 태그를 제외한 문자열을 반환한다. 예를 들어, 문자열이 # Hello이고 태그가 #이라면 Hello를 반환한다. 태그를 확인하는 코드는 아주 간단하다. 문자열이 태그로 시작하는지를 확인한다. 태그를 찾으면 튜플의 불린 부분을 true로 만들고, substr로 태그를 제외한 나머지 문자열을 가져온다. 코드를 살펴보자.

```typescript
class LineParser {
    public Parse(value : string, tag : string) : [boolean, string] {
        let output : [boolean, string] = [false, ""];
        output[1] = value;
        if (value === "") {
            return output;
        }
        let split = value.startsWith(`${tag}`);
        if (split) {
            output[0] = true;
            output[1] = value.substr(tag.length);
        }
        return output;
    }
}
```

LineParser 클래스를 만들었으니 CanHandle 메서드에 적용해보자.

```typescript
protected CanHandle(request: ParseElement): boolean {
    let split = new LineParser().Parse(request.CurrentLine, this.tagType);
```

```
    if (split[0]){
        request.CurrentLine = split[1];
        this.visitable.Accept(this.visitor, request, this.document);
    }
    return split[0];
}
```

파서를 사용해서 가져온 튜플의 첫 번째 인자가 태그를 찾았는지 여부를 나타내고, 두 번째 인자는 태그를 제외한 문자열이다. 문자열에 마크다운 태그가 있다면 Visitable 구현체의 Accept 메서드를 호출한다.

 엄밀하게 말하면 this.visitor.Visit(request, this.document); 같은 방식으로 직접 호출할 수도 있지만, 클래스가 방문해 실행하는 방법을 너무 많이 알게 된다. Accept를 사용하는 방식으로 접근하면 방문자가 복잡해지더라도 이 메서드를 다시 방문하지 않아도 된다.

ParseChainHandler는 다음과 같은 모양이 된다.

```
class ParseChainHandler extends Handler<ParseElement> {
    private readonly visitable : IVisitable = new Visitable();
    protected CanHandle(request: ParseElement): boolean {
        let split = new LineParser().Parse(request.CurrentLine, this.tagType);
        if (split[0]){
            request.CurrentLine = split[1];
            this.visitable.Accept(this.visitor, request, this.document);
        }
        return split[0];
    }
    constructor(private readonly document : IMarkdownDocument,
        private readonly tagType : string,
        private readonly visitor : IVisitor) {
        super();
    }
}
```

문단과 같이 연관된 태그가 없는 특수한 경우를 다뤄야 한다. 연결된 클래스에 맞는 태그가 없으면 기본적으로 문단이 된다. 문단에 대해서는 조금 다르게 처리해야 한다.

```typescript
class ParagraphHandler extends Handler<ParseElement> {
    private readonly visitable : IVisitable = new Visitable();
    private readonly visitor : IVisitor = new ParagraphVisitor()
    protected CanHandle(request: ParseElement): boolean {
        this.visitable.Accept(this.visitor, request, this.document);
        return true;
    }
    constructor(private readonly document : IMarkdownDocument) {
        super();
    }
}
```

구조를 정리했으므로 태그에 해당하는 핸들러 구현체를 만들어보자.

```typescript
class Header1ChainHandler extends ParseChainHandler {
    constructor(document : IMarkdownDocument) {
        super(document, "# ", new Header1Visitor());
    }
}

class Header2ChainHandler extends ParseChainHandler {
    constructor(document : IMarkdownDocument) {
        super(document, "## ", new Header2Visitor());
    }
}

class Header3ChainHandler extends ParseChainHandler {
    constructor(document : IMarkdownDocument) {
        super(document, "### ", new Header3Visitor());
    }
}

class HorizontalRuleHandler extends ParseChainHandler {
    constructor(document : IMarkdownDocument) {
```

```
        super(document, "---", new HorizontalRuleVisitor());
    }
}
```

이제 --- 같은 태그에 대해 적절한 방문자로 가는 경로를 알고 있다. 마지막으로 방문자 패턴과 연결 책임 권한 패턴을 연결한다. 연결을 만드는 별도의 클래스를 만들자.

```
class ChainOfResponsibilityFactory {
    Build(document : IMarkdownDocument) : ParseChainHandler {
        let header1 : Header1ChainHandler = new Header1ChainHandler(document);
        let header2 : Header2ChainHandler = new Header2ChainHandler(document);
        let header3 : Header3ChainHandler = new Header3ChainHandler(document);
        let horizontalRule : HorizontalRuleHandler = new HorizontalRuleHandler(docume
nt);
        let paragraph : ParagraphHandler = new ParagraphHandler(document);

        header1.SetNext(header2);
        header2.SetNext(header3);
        header3.SetNext(horizontalRule);

        horizontalRule.SetNext(paragraph);

        return header1;
    }
}
```

간단해 보이는 메서드지만 많은 일을 한다. 초반의 몇 줄은 연쇄적으로 처리할 클래스들을 초기화한다. 처음 두 줄은 헤더, 그 뒤로는 가로줄, 문단 핸들러를 초기화한다. 이어서 헤더와 가로줄 핸들러를 연결한다. header1은 header2를 호출하고, header2는 header3를 호출하며 이어나간다. 문단에 대한 핸들러가 마지막이므로, 문단 핸들러 이후로는 연결 설정을 하지 않는다. 사용자가 header1, header2, header3, horizontalRule에 해당하지 않는 글자를 입력하면 문단으로 취급한다.

하나로 모으기

마지막으로 작성할 클래스는 사용자가 입력한 텍스트를 라인별로 나누고 ParseElement, 연쇄 책임 핸들러, MarkdownDocument 인스턴스를 만들어 처리한다. Header1ChainHandler 부터 한 줄씩 처리해나간다. 마지막으로 문서에서 텍스트를 가져온 후 표시할 수 있는 레이블을 반환한다.

```typescript
class Markdown {
    public ToHtml(text : string) : string {
        let document : IMarkdownDocument = new MarkdownDocument();
        let header1 : Header1ChainHandler = new ChainOfResponsibilityFactory().
Build(document);
        let lines : string[] = text.split(`\n`);
        for (let index = 0; index < lines.length; index++) {
            let parseElement : ParseElement = new ParseElement();
            parseElement.CurrentLine = lines[index];
            header1.HandleRequest(parseElement);
        }
        return document.Get();
    }
}
```

이제 HTML을 만들 수 있으므로, HtmlHandler로 돌아가서 ToHtml 마크다운 메서드를 호출하도록 변경하는 작업만 남아있다. 이와 동시에 처음 구현에서 페이지를 새로고침하면 키를 누를 때까지 콘텐츠를 잃어버리는 이슈도 함께 살펴본다. 문제를 해결하기 위해 window.onload 이벤트 핸들러를 살펴보자.

```typescript
class HtmlHandler {
    private markdownChange : Markdown = new Markdown;
    public TextChangeHandler(id : string, output : string) : void {
        let markdown = <HTMLTextAreaElement>document.getElementById(id);
        let markdownOutput =<HTMLLabelElement>document.getElementById(output);
        if (markdown !== null) {
            markdown.onkeyup = (e) => {
```

```
            this.RenderHtmlContent(markdown, markdownOutput);
        }
        window.onload = (e: Event) => {
            this.RenderHtmlContent(markdown, markdownOutput);
        }
    }
}

    private RenderHtmlContent(markdown: HTMLTextAreaElement,
markdownOutput: HTMLLabelElement) {
        if (markdown.value) {
            markdownOutput.innerHTML = this.markdownChange.ToHtml(markdown.value);
        }
        else
            markdownOutput.innerHTML = "<p></p>";
    }
}
```

애플리케이션을 실행하면 페이지를 새로고침해도 HTML이 표시된다. 요구 사항 목록
에서 추려낸 핵심적인 부분을 만족하는 간단한 마크다운 에디터를 완성했다.

요구 사항이 얼마나 중요한지는 아무리 강조해도 지나치지 않다. 부족한 요구 사항 때
문에 애플리케이션의 동작을 추측하게 되는 경우가 너무나 흔하다. 추측에 따라 만들
게 되면 사용자가 원치 않는 애플리케이션을 만들게 된다. 추측해야 하는 상황이 되면
사용자에게 진짜로 원하는 것이 무엇인지 다시 한 번 정확히 확인해야 한다. 예제에서
만든 코드는 원래 만들려던 것을 만들고 있는지 확인하기 위해 요구 사항을 여러 번 참
고했다.

 요구 사항의 최종 도착지는 변경이다. 요구 사항은 애플리케이션을 작성하는 동안 발전하거나
삭제된다. 요구 사항이 변경되면 추측이 필요하지 않도록 수정해야 하고 이전 작업 내용이 변
경된 요구 사항에 맞는지 확인해야 한다. 이는 프로라면 해야 하는 일이다.

▌요약

2장에서는 사용자가 텍스트 영역에 입력하는 내용에 따라 변환된 텍스트를 갱신하는 애플리케이션을 만들었다. 텍스트 변경은 단일 책임을 가진 클래스에 의해 이뤄진다. 클래스를 만드는 데 집중한 이유는 올바른 시작, 업계의 모범 사례를 사용한 깨끗한 코드, 발생하기 쉬운 오류를 줄이는 방식을 배우는 단 한 가지 방법이기 때문이다. 한 가지 일만 하도록 잘 설계된 클래스는 여러 가지 일을 하는 클래스보다 문제가 적다.

텍스트 처리와 문자열이 HTML로 표현할 마크다운 태그를 갖고 있는지 확인하는 작업을 분리하고자 방문자 패턴과 연쇄 책임 패턴을 도입했다. 또한 다양한 소프트웨어 개발 문제에서 패턴이 등장하므로 패턴을 도입했다. 문제를 해결하는 명확한 방법뿐만 아니라 명확한 언어를 제공하므로 누군가 코드에 패턴이 필요하다고 말하면 다른 개발자가 해야 하는 작업이 명확해진다.

3장에서는 리액트를 사용한 첫 번째 애플리케이션으로 주소록 관리자를 만드는 방법을 살펴본다.

▌질문

1. 현재 애플리케이션은 사용자가 키보드로 내용을 변경하는 경우에만 반응한다. 사용자가 컨텍스트 메뉴에서 붙여넣기를 사용할 수 있는가? 사용자가 텍스트를 붙여넣는 경우에 대응하도록 `HtmlHandler` 메서드를 개선해보자.
2. 현재는 H1, H3 헤더만 지원한다. H4, H5, H6 헤더 지원을 추가해보자.
3. `CanHandle` 코드에서 `Visitable` 코드를 호출하고 있다. `Handler` 클래스에서 `Accept` 메서드를 호출하도록 변경해보자.

▌ 더 읽을거리

디자인 패턴을 사용하는 방법을 더 자세히 알고 싶다면 빌릭 베인^{Vilic Vane}의 『타입스크립트 디자인 패턴』(에이콘, 2017)을 추천한다.

리액트 부트스트랩으로 개인 주소록 만들기

3장에서는 작은 리액트 컴포넌트로 개인 주소록의 사용자 인터페이스(UI)를 만드는 방법을 살펴본다. 리액트를 배우면 현재 가장 유명한 라이브러리를 다룰 수 있게 되고, 바인딩^{binding}의 위력을 사용하는 방법과 시기를 이해해 코드가 단순해진다.

리액트를 살펴보면, 클라이언트 측의 모던 애플리케이션^{modern application} 작성법을 이해하고 요구 사항을 분석하는 데 도움이 된다.

3장에서는 애플리케이션 개발을 도와주는 다음 내용을 다룬다.

- 가상 레이아웃으로 레이아웃 확인
- 리액트 애플리케이션 작성
- tslint로 코드 분석과 코드 포매팅^{code formatting}

- 부트스트랩 지원 추가

- 리액트 컴포넌트에서 tsx 사용

- 리액트의 App 컴포넌트

- 개인별 상세 UI 표시

- 바인딩으로 업데이트 단순화

- 검증자를 만들어 검증 적용

- 리액트 컴포넌트 검증

- IndexedDB 데이터베이스 생성과 데이터 전송

▌ 기술적 요구 사항

IndexedDB를 데이터 저장소로 사용한다. 크롬(11 버전 이상)이나 파이어폭스(4 버전 이상)가 필요하다. 완성된 프로젝트는 https://github.com/PacktPublishing/Advanced-TypeScript-3-Programming-Projects/tree/master/Chapter03에서 다운로드할 수 있다. 다운로드하고 나면 npm install로 필요한 패키지를 설치해야 한다.

▌ 프로젝트 개요

리액트로 개인 주소록 데이터베이스 관리자를 만든다. 데이터는 클라이언트에 표준 IndexedDB로 저장한다. 프로젝트를 완성했을 때의 모습은 다음과 같다.

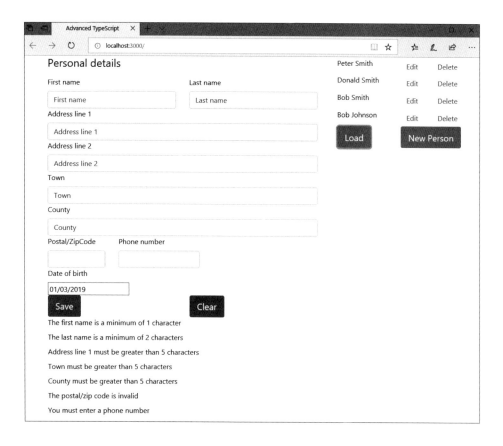

깃허브^{GitHub} 저장소의 코드로 시작하면 3장의 단계를 완료하는 데 대략 두 시간 정도 걸린다.

▌ 컴포넌트 시작

3장에서는 노드JS(Node.js)가 필요하며, https://nodejs.org/에서 설치할 수 있다. 3장을 진행하면서 다음 컴포넌트를 설치한다.

- @types/bootstrap (4.1.2 이상)

- @types/reactstrap (6.4.3 이상)

- bootstrap (4.1.3 이상)

- react (16.6.3 이상)

- react-dom (16.6.3 이상)

- react-script-ts (3.1.0 이상)

- reactstrap (6.5.0 이상)

- create-react-app (2.1.2 이상)

▎ 타입스크립트를 지원하는 리액트 부트스트랩 프로젝트 만들기

2장, '타입스크립트로 마크다운 에디터 만들기'에서 살펴본 대로 작성할 애플리케이션의 요구 사항을 수집하는 작업부터 시작하는 것은 좋은 방법이다. 3장의 요구 사항은 다음과 같다.

- 사용자는 사람에 대한 상세 정보를 만들거나 편집할 수 있다.

- 상세 정보는 클라이언트 데이터베이스에 저장된다.

- 사용자는 모든 사람의 목록을 가져올 수 있다.

- 사용자는 사람에 대한 상세 정보를 삭제할 수 있다.

- 상세 정보는 이름, 주소(컨트리country/타운town, 시도, 우편번호로 구성된), 전화번호, 생년월일로 구성된다.

- 상세 정보는 데이터베이스에 저장된다.

- 성은 한 글자 이상이고, 이름은 두 글자 이상이다.

- 주소의 첫 번째 줄인 도시 이름은 다섯 글자 이상이다.

- 우편번호는 미국 표준 우편번호를 따른다.

- 전화번호는 미국 표준 전화번호를 따른다.

- 사용자는 버튼 클릭으로 상세 정보를 초기화할 수 있다.

▌ 가상 레이아웃 만들기

요구 사항에 따라 애플리케이션의 레이아웃을 생각나는 대로 간단하게 그려보는 것은 좋은 방법이다. 애플리케이션이 클라이언트와 인터랙션^{interaction}하는 방법이므로, 웹 브라우저에 보일 레이아웃을 스케치 형태로 만들어보자. 특정 버튼의 넓이 같은 세부 사항에 얽매이지 않고 애플리케이션의 대략적인 레이아웃에 대한 아이디어를 얻을 수 있다.

https://ninjamock.com/ 같은 도구를 사용하면 사용자 인터페이스의 개략적인 스케치를 쉽게 만들 수 있다. 스케치를 고객이나 팀원에게 온라인으로 공유하고 의견을 받을 수도 있다. 다음 스케치 예제는 작업이 완료됐을 때의 인터페이스를 보여준다.

▌ 가상 레이아웃 만들기

요구 사항에 따라 애플리케이션의 레이아웃을 생각나는 대로 간단하게 그려보는 것은 좋은 방법이다. 애플리케이션이 클라이언트와 인터랙션^{interaction}하는 방법이므로, 웹 브라우저에 보일 레이아웃을 스케치 형태로 만들어보자. 특정 버튼의 넓이 같은 세부 사항에 얽매이지 않고 애플리케이션의 대략적인 레이아웃에 대한 아이디어를 얻을 수 있다.

애플리케이션 만들기

코드를 작성하기 전에 먼저 리액트를 설치해야 한다. 리액트 기반 설정을 직접 하나씩 할 수도 있지만, 대부분의 경우 create-react-app 명령어로 리액트 애플리케이션을 생성한다. 우리도 동일하게 create-react-app 명령을 사용한다. 리액트는 기본적으로 타입스크립트를 사용하지 않기 때문에 별도 옵션을 추가해 애플리케이션에서 타입스크립트 기능을 모두 사용할 수 있게 만든다. 애플리케이션 이름과 타입스크립트를 사용하는 scripts-version 옵션을 추가해 create-react-app 명령을 실행한다.

```
npx create-react-app chapter03 --scripts-version=react-scripts-ts
```

 이전에 노드JS 패키지를 설치해본 적이 있다면, npm으로 create-react-app을 실행하지 않는 모습을 보고 실수(오타)한 것으로 생각할 수 있다. 하지만 이것은 실수가 아니며, 여기서는 노드 패키지 매니저(NPM)의 개선 버전인 npx를 사용한다. npx에서는 create-react-app으로 프로세스를 시작하기 전에 npm install create-react-app으로 create-react-app을 직접 설치할 필요가 없다. npx를 사용하면 개발 과정의 속도를 높일 수 있다.

애플리케이션이 만들어지면 Chapter03 디렉터리로 이동해서 다음 명령어를 실행한다.

```
npm start
```

운영체제의 기본 브라우저가 실행되면서 애플리케이션 기본 페이지인 http://local host:3000에 접속한다. 기본 리액트 예제에 들어있는 표준 웹 페이지를 서비스한다. 이제 public/index.html 파일을 조금 수정해보자. 제목을 Advanced TypeScript - Personal Contacts Manager로 변경해보자. 파일 내용이 거의 없어 보이지만, HTML 쪽에서 필요한 모든 것(root라고 부르는 div 엘리먼트)이 들어있다. 나중에 자세히 살펴보겠지만, 리액트 코드는 root에서 시작한다. 애플리케이션 수정 사항이 실시간으로 반영되므로 변경 사항은 컴파일돼 브라우저에 자동으로 제공된다.

```html
<!DOCTYPE html>
<html lang="en">
  <head>
    <meta charset="utf-8">
    <meta name="viewport" content="width=device-width, initial-scale=1, shrink-to-
fit=no">
    <meta name="theme-color" content="#000000">
    <link rel="manifest" href="%PUBLIC_URL%/manifest.json">
    <link rel="shortcut icon" href="%PUBLIC_URL%/favicon.ico">
    <title>Advanced TypeScript - Personal Contacts Manager</title>
  </head>
  <body>
    <noscript>
      You need to enable JavaScript to run this app.
    </noscript>
    <div id="root"></div>
  </body>
</html>
```

tslint로 코드 포매팅

애플리케이션을 만들었으므로, tslint로 코드에 잠재적인 문제점이 있는지 분석해보
자. tslint는 애플리케이션을 생성할 때 자동으로 추가된다. tslint는 검사 대상 코드
에 매우 공격적인 규칙을 적용한다. 나는 tslint의 모든 규칙을 적용했지만, tslint.
json 파일을 다음과 같이 수정하면 규칙을 좀 느슨하게 바꿀 수 있다.

```json
{
  "extends": [],
  "defaultSeverity" : "warning",
  "linterOptions": {
    "exclude": [
      "config/**/*.js",
```

```
    "node_modules/**/*.ts",
    "coverage/lcov-report/*.js"
  ]
 }
}
```

부트스트랩 추가

애플리케이션에 부트스트랩을 추가해보자. 부트스트랩은 리액트와 별개이므로 다음
패키지를 추가한다.

1. 부트스트랩을 설치한다.

   ```
   npm install --save bootstrap
   ```

2. 설치가 끝나면 리액트용 부트스트랩 컴포넌트를 자유롭게 사용할 수 있다. 부
   트스트랩 4부터는 리액트 친화적이므로 reactstrap 패키지를 사용한다.

   ```
   npm install --save reactstrap react react-dom
   ```

3. reactstrap은 타입스크립트 컴포넌트가 아니므로 부트스트랩에 대한 선언 파
   일을 설치한다.

   ```
   npm install --save @types/reactstrap
   npm install --save @types/bootstrap
   ```

4. 설치가 끝나면 부트스트랩 CSS 파일을 추가한다. index.tsx 파일의 최상단에
   import문을 추가해 로컬에 설치된 부트스트랩 CSS 파일을 참조하게 한다.

   ```
   import "bootstrap/dist/css/bootstrap.min.css";
   ```

5. 작업을 마무리하기 위해 src/index.tsx 파일의 다음 항목과 해당 경로의 파일을 삭제한다.

```
import './index.css'
```

리액트에서 tsx 컴포넌트 사용

index 파일의 확장자가 .ts가 아닌 .tsx인 점이 이상해 보일 수 있다. 확장자에 대한 관점을 조금 바꿔서, 리액트에서 왜 .js가 아닌 .jsx 파일 확장자를 사용하는지 이야기해보자. .tsx는 타입스크립트 버전의 .jsx다.

확장자가 JSX인 파일은 자바스크립트로 변환된다. JSX 파일을 자바스크립트로 실행해보면, 이런 확장자가 있는 경우 런타임 오류를 만나게 된다. 전통적인 리액트에서는 JSX 파일을 표준 자바스크립트로 변환하는 과정이 있다. 타입스크립트는 무조건 컴파일 과정을 거쳐야 하므로, 리액트와 타입스크립트를 같이 사용하는 경우에는 TSX 파일을 갖고 결과적으로 동일한 자바스크립트 파일을 생성하면 된다.

결국, 왜 이런 확장자가 필요할까? index.tsx 파일을 분석해보면 답을 찾을 수 있다. 부트스트랩 CSS 파일을 추가한 index.tsx 파일은 다음과 같다.

```
import "bootstrap/dist/css/bootstrap.min.css";
import * as React from 'react';
import * as ReactDOM from 'react-dom';
import App from './App';
```

```
import registerServiceWorker from './registerServiceWorker';

ReactDOM.render(
    <App />,
    document.getElementById('root') as HTMLElement
);
registerServiceWorker();
```

친숙한 import문과 registerServiceWorker는 자원을 매번 새로 로딩하지 않고 캐시에서 제공해 애플리케이션 로딩을 빠르게 만드는 기능을 코드에 추가한다. 리액트의 주요 방침 중 하나는 가능한 한 빠르게 ReactDOM.render 메서드로 들어가는 것이다. 예제 코드를 보면 명확해진다. 예제의 index.html에서 본 것과 같이 HTML 페이지에서 root로 표시된 엘리먼트를 찾는다. 타입스크립트에게 어떤 타입인지 알려주기 위해 HTMLElement 구문을 사용한다. 파라미터는 공용체를 사용해서 엘리먼트나 null이어야 한다.

코드의 <App /> 부분에 특별한 확장자가 필요한 이유가 있다. <App />에서는 구문 안에 XML 코드를 삽입한다. 인스턴스의 render 메서드에 App.tsx 파일에 정의한 App 컴포넌트를 렌더링하라고 지시한다.

리액트가 가상 DOM에 대응하는 방법

render 메서드를 사용하는 이유를 얼버무리고 넘어갔으므로, 리액트의 비밀 병기인 가상 문서 객체 모델Document Object Model(DOM)을 살펴볼 시간이다. 웹 애플리케이션을 개발해봤다면 DOM에 대해 알고 있을 것이다. 한 번도 본 적이 없다면, DOM은 웹 페이지가 어떻게 보여줄지 설명하는 요소라고 이해하면 된다. 웹 브라우저는 DOM에 상당히 깊게 의존하고 있고 수년간 유기적으로 성장해 제어하기가 몹시 어렵다. 웹 브라우저 제작사가 DOM 속도를 올려주는 것밖에 방법이 없다. 오래된 웹 페이지를 서비스해야 한다면 전체 DOM을 지원해야만 한다.

가상 DOM은 표준 DOM의 경량 복사본이다. 경량 복사하는 이유는 화면에 그리는 기능 같은 표준 DOM의 주요 기능을 제공하지 않기 때문이다. 리액트가 render 메서드를 실행하면 .tsx(자바스크립트에서는 .jsx) 파일을 순회하면서 파일별 렌더링 코드를 실행한다. 렌더링된 코드를 이전에 마지막으로 렌더링했던 코드의 복사본과 비교해 어떤 부분이 바뀌었는지 정확히 찾아낸다. 바뀐 부분만 화면에서 갱신하면 된다. 가상 DOM은 이 비교 작업을 위해 사용한다. 갱신해야 할 엘리먼트를 찾아서 해당 엘리먼트만 업데이트하므로 훨씬 빨라진다.

리액트 App 컴포넌트

리액트 컴포넌트를 이미 사용해봤다. 기본적으로 항상 App 컴포넌트를 사용하게 된다. App 컴포넌트는 HTML의 root 엘리먼트를 그리는 컴포넌트다. 컴포넌트는 React. Component를 상속해 다음과 같은 모양이 된다.

```
import * as React from 'react';
import './App.css';

export default class App extends React.Component {

}
```

컴포넌트에는 당연히 컴포넌트를 그리는 메서드가 필요하다. 메서드 이름이 render인 것이 자연스럽다. 부트스트랩으로 UI를 표시하려면 컴포넌트가 Container div에 연결돼 있어야 한다. 이 작업을 하려면 reactstrap에서 가져온 Container 컴포넌트를 사용하고 인터페이스를 표시하는 데 사용하는 핵심 컴포넌트를 도입한다.

```
import * as React from 'react';
import './App.css';
import Container from 'reactstrap/lib/Container';
import PersonalDetails from './PersonalDetails';
```

```
export default class App extends React.Component {
  public render() {
    return (
      <Container>
        <PersonalDetails />
      </Container>
    );
  }
}
```

▌ 상세 정보 표시 인터페이스

render 메서드에서 인터페이스의 핵심 부분을 렌더링하는 PersonalDetails 클래스를
만들어보자. 인터페이스에서 다양한 부분의 레이아웃에 reactstrap을 사용한다.
render 메서드에서 어떤 일을 하는지 알아보기 전에 전체적인 모양을 살펴보자.

```
import * as React from 'react';
import Button from 'reactstrap/lib/Button';
import Col from 'reactstrap/lib/Col';
import Row from 'reactstrap/lib/Row';

export default class PersonalDetails extends React.Component {

  public render() {
    return (
      <Row>
        <Col lg="8">
          <Row>
            <Col><h4 className="mb-3">Personal details</h4></Col>
          </Row>
          <Row>
            <Col><label htmlFor="firstName">First name</label></Col>
            <Col><label htmlFor="lastName">Last name</label></Col>
          </Row>
```

```
          <Row>
            <Col>
              <input type="text" id="firstName" className="form-control" placeholder=
"First name" />
            </Col>
            <Col><input type="text" id="lastName" className="form-control" placeholder=
"Last name" /></Col>
          </Row>
    ... 중간 코드 생략
        <Col>
          <Col>
            <Row>
              <Col lg="6"><Button size="lg" color="success">Load</Button></Col>
              <Col lg="6"><Button size="lg" color="info">New Person</Button></Col>
            </Row>
          </Col>
        </Col>
      </Row>
    );
  }
}
```

메서드에서 상당히 많은 일을 하고 있다는 것을 알 수 있다. 하지만 대부분은 부트스
트랩의 행과 열 엘리먼트를 복제하는 반복적 코드다. 예를 들어, postcode와
phoneNumber 엘리먼트의 레이아웃을 살펴보면 두 개의 열을 가진 두 개의 행이 각각 놓
여 있는 것을 볼 수 있다. 부트스트랩 용어로 Col 엘리먼트 중 하나는 세 칸이고, 다른
하나는 네 칸이다(빈 열에 대해서는 부트스트랩에게 맡겨둔다).

```
<Row>
    <Col lg="3"><label htmlFor="postcode">Postal/ZipCode</label></Col>
    <Col lg="4"><label htmlFor="phoneNumber">Phone number</label></Col>
</Row>
<Row>
    <Col lg="3"><input type="text" id="postcode" className="form-control" /></Col>
    <Col lg="4"><input type="text" id="phoneNumber" className="form-control" /></Col>
</Row>
```

input 엘리먼트의 레이블을 보면 두 가지 낯선 엘리먼트가 보인다. input 엘리먼트에서 CSS 참조에 사용하는 올바른 키는 분명히 for와 class 아닌가? 변경한 이유는 for와 class는 자바스크립트 키워드이기 때문이다. 리액트는 render 안에서 코드와 마크업 언어를 섞어 사용하므로 서로 다른 키워드를 사용해야 한다. 컴파일하면 htmlFor 키워드는 for로, className 키워드는 class로 교체된다. 가상 DOM으로 돌아가보면 중요한 힌트를 주는데, HTML 엘리먼트는 엘리먼트 자체라기보다는 비슷한 목적의 복사본들이다.

값 바인딩으로 업데이트 단순화

대부분의 모던 프레임워크는 바인딩을 사용해 입력을 직접 업데이트하거나 이벤트를 발생시키지 않도록 하고 있다. UI 엘리먼트와 코드 사이의 관계를 수립하면 코드는 속성 같은 값 변경을 감지해 변경 사항을 업데이트하기 때문에 바인딩을 사용한다. 제대로 적용하면 많은 양의 지루한 코드 작성을 제거하고 오류를 줄여주므로 더 중요한 일에 집중할 수 있다.

바인딩에 대한 state 제공

리액트의 바인딩 아이디어는 바인딩하는 state에 기반한다. 화면에 표시할 데이터를 만들 경우, 속성을 설명하는 인터페이스를 사용하면 state가 매우 간단해진다. 주소록 하나를 state로 변경해보자.

```
export interface IPersonState {
  FirstName: string,
  LastName: string,
  Address1: string,
  Address2: StringOrNull,
  Town: string,
  County: string,
  PhoneNumber: string;
```

```
  Postcode: string,
  DateOfBirth: StringOrNull,
  PersonId : string
}
```

편의를 위해 `StringOrNull` 공용체를 만들어보자. Types.tsx 파일에 다음과 같이 추가한다.

```
export type StringOrNull = string | null;
```

컴포넌트에 state를 사용한다고 알려주자. 우선 클래스 정의를 다음과 같이 수정하자.

```
export default class PersonalDetails extends React.Component<IProps, IPersonState>
```

클래스의 속성은 부모로부터 전달받고 state는 컴포넌트 내부에 있는 관례를 따른다. 속성과 state의 분리는 컴포넌트가 부모와 서로 통신하는 방법을 제공하기 때문에 중요하다. 컴포넌트가 원하는 state로 데이터와 동작을 관리할 수 있게 된다.

IProps 인터페이스에 속성을 정의했다. 리액트에 어떤 state의 shape가 내부가 될지를 전달했다. 리액트와 타입스크립트는 ReadOnly<IPersonState> 속성을 사용한다. 그러므로 올바른 state를 사용한다고 보장하는 것은 중요하다. 타입스크립트는 state에 잘못된 타입을 사용하는 경우 알려준다.

 위 문장은 주의해야 한다. 정확히 같은 모양을 가진 두 개의 인터페이스가 있다면, 타입스크립트는 두 개가 동일한 것처럼 다룬다. 타입스크립트가 IState를 기대했더라도 동일한 속성을 가진 IMyOtherState를 전달하면 타입스크립트는 아무런 이상 없이 사용하게 해준다. 당연히 왜 처음에 있던 인터페이스를 복사하지 않는지 궁금할 것이다. 다양한 경우를 생각하지 못하므로, 올바른 상태를 사용하는 아이디어는 우리가 마주하게 되는 대부분의 경우에 정확하게 들어맞는다.

app.tsx 파일에 기본 state를 만들고 컴포넌트에 속성으로 전달한다. 기본 state는 사용자가 현재 항목을 초기화하거나 '새 주소'로 새로운 사람을 추가할 때 사용한다. IProps 인터페이스는 다음과 같이 생겼다.

```
interface IProps {
    DefaultState : IPersonState
}
```

 처음에 약간 혼란스러워 보이는 것은 이전 상태의 속성과 state가 다르다는 잠재적 모순점 때문이다. state는 컴포넌트 내부에 존재하고 속성의 일부를 state로 전달한다. state를 나타낸다는 사실을 강조하고자 의도적으로 이름의 일부에 state를 사용했다. 우리가 전달하는 값은 무엇으로도 부를 수 있으며, 어떤 상태도 나타내지 않는다. 컴포넌트가 부모에게서 어떤 응답을 받기 위해 호출하는 단순한 함수다. 컴포넌트는 속성을 받아 state에서 필요한 부분을 변환하는 책임을 가진다.

기본 state를 만들어 PersonalDetails 컴포넌트에 전달하도록 App.tsx 파일을 변경할 준비가 됐다. 다음 예제에서 보듯이 IProps 인터페이스 속성은 <PersonalDetails... 부분이 된다. 속성 인터페이스에 항목을 추가하려면 이 부분에 파라미터를 추가해야 한다.

```
import * as React from 'react';
import Container from 'reactstrap/lib/Container';
import './App.css';
import PersonalDetails from './PersonalDetails';
import { IPersonState } from "./State";

export default class App extends React.Component {
  private defaultPerson : IPersonState = {
    Address1: "",
    Address2: null,
    County: "",
    DateOfBirth : new Date().toISOString().substring(0,10),
    FirstName: "",
```

```
      LastName: "",
      PersonId : "",
      PhoneNumber: "",
      Postcode: "",
      Town: ""
  }
  public render() {
    return (
      <Container>
        <PersonalDetails DefaultState={this.defaultPerson} />
      </Container>
    );
  }
}
```

> 날짜 선택 컴포넌트에 날짜를 연결하려 할 때 자바스크립트에서 날짜 다루기는 몹시 번거로
> 운 일이다. 날짜 선택 컴포넌트는 날짜 형식으로 YYYY–MM–DD를 기대한다. new Date().
> toISOString().substring(0,10) 구문으로 시간 컴포넌트를 사용해 오늘 날짜를 YYYY–
> MM–DD 형식으로 가져온다. 날짜 선택 컴포넌트는 날짜 형식이 YYYY–MM–DD 형식일
> 것이라고 예상하지만, 화면에도 같은 형식으로 표시한다는 뜻은 아니다. 화면에는 사용자 지
> 역 설정에 따른 형식으로 표시돼야 한다.

이전에 바인딩 액션에서 본 속성 전달을 지원하도록 변경하는 방법을 살펴보자.
render 메서드에서 바인딩을 사용해 Default={this.defaultPerson}으로 설정했다. { }
를 사용하면 리액트에게 속성이나 이벤트 같은 항목을 바인딩할 것이라고 알려준다.
리액트에서는 이런 바인딩 구문을 자주 만날 수 있다.

App.tsx에서 받은 속성을 지원하도록 PersonalDetails.tsx에 생성자를 추가해보자.

```
private defaultState: Readonly<IPersonState>;
  constructor(props: IProps) {
    super(props);
    this.defaultState = props.DefaultState;
```

```
    this.state = props.DefaultState;
}
```

두 가지 작업을 추가했다. 첫 번째로는 부모에게 받은 속성으로 필요할 때 돌아갈 기본 state를 설정했다. 두 번째로는 페이지의 state를 설정했다. React.Component에서 제공하는 코드에 state 속성을 선언할 필요는 없다. 부모의 속성을 state와 연결하는 작업은 마지막에 배우게 된다.

 state 변경은 부모 속성에는 반영되지 않는다. 부모 컴포넌트에도 값을 적용하고 싶다면 props.DefaultState를 변경해 이벤트를 발생시켜야 한다. 직접적인 변경은 추천하지 않는 방식이므로 가급적 피해야 한다.

성과 이름 엘리먼트를 state와 연결해보자. 코드에서 성이나 이름을 변경하면 UI가 자동으로 갱신되도록 한다. 필요한 항목을 변경해보자.

```
<Row>
  <Col><input type="text" id="firstName" className="form-control"
value={this.state.FirstName} placeholder="First name" /></Col>
  <Col><input type="text" id="lastName" className="form-control"
value={this.state.LastName} placeholder="Last name" /></Col>
</Row>
```

애플리케이션을 실행하면 상태에 바인딩된 항목이 나온다. 하지만 한 가지 문제점이 있다. 텍스트 상자에 타이핑을 해도 아무것도 바뀌지 않는다. 입력하는 내용이 반영되지 않는데, 잘못 만들었다기보다는 전체에서 일부분만 만든 상태라서 그렇다. 먼저, 리액트가 제공하는 읽기 전용 state를 이해해야 한다. UI에 변경된 state를 반영하려면 변경에 대응해 명시적으로 적절한 state를 설정해야 한다. 텍스트가 변경될 때, state를 설정하는 이벤트 핸들러를 작성해보자.

```
private updateBinding = (event: any) => {
  switch (event.target.id) {
    case `firstName`:
      this.setState({ FirstName: event.target.value });
      break;
    case `lastName`:
      this.setState({ LastName: event.target.value });
      break;
    }
}
```

사용자 입력이 들어올 때 업데이트하도록 onChange 속성에 연결해보자. onChange 이벤트에 연결하는 코드는 다음과 같다.

```
<Row>
  <Col>
    <input type="text" id="firstName" className="form-control"
value={this.state.FirstName} onChange={this.updateBinding}
placeholder="First name" />
  </Col>
  <Col><input type="text" id="lastName" className="form-control"
value={this.state.LastName} onChange={this.updateBinding} placeholder="Last
name" /></Col>
</Row>
```

예제를 통해 this.state로 state에 접근하고, this.setState로 컴포넌트를 설정하고 변경할 수 있음을 확인했다. this.setState 구문은 타입스크립트에서 자주 접한 키-값 구조와 비슷해 보인다. 이 단계에서는 컴포넌트의 나머지 항목에 대해서도 양방향 바인딩을 지원하도록 수정한다. updateBinding 코드를 살펴보자.

```
private updateBinding = (event: any) => {
  switch (event.target.id) {
    case `firstName`:
      this.setState({ FirstName: event.target.value });
```

```
      break;
    case `lastName`:
      this.setState({ LastName: event.target.value });
      break;
    case `addr1`:
      this.setState({ Address1: event.target.value });
      break;
    case `addr2`:
      this.setState({ Address2: event.target.value });
      break;
    case `town`:
      this.setState({ Town: event.target.value });
      break;
    case `county`:
      this.setState({ County: event.target.value });
      break;
    case `postcode`:
      this.setState({ Postcode: event.target.value });
      break;
    case `phoneNumber`:
      this.setState({ PhoneNumber: event.target.value });
      break;
    case `dateOfBirth`:
      this.setState({ DateOfBirth: event.target.value });
      break;
  }
}
```

실제 입력에 필요한 모든 변경을 살펴보지는 않는다. 값에 맞는 state 엘리먼트 업데이트가 필요하고, 각 케이스별로 동일한 onChange 핸들러도 필요하다.

 Address2는 null 값을 가질 수 있다. 바인딩에 ! 연산자를 사용해 코드가 조금 다르다. value={this.state.Address2!}

124

▌사용자 입력 검증과 검증자 사용법

이 절에서는 사용자 입력을 검증하는 방법을 살펴본다. 코드에 두 가지 검증 방법을 도입한다. 하나는 최소 길이 검증이며, 어떤 항목이 가져야 할 최소 개수 이상의 항목을 갖고 있는지 확인한다. 다른 하나는 정규식을 통한 검증이며, 입력이 정해진 규칙에 맞는지 확인한다. 정규식이 처음이라면 표현식이 복잡해 보일 수 있으므로 규칙을 잘게 쪼개서 어떤 규칙을 적용하는지 하나씩 살펴본다.

입력값 검증 방법은 세 부분으로 구성된다.

1. 정규식 적용 같은 검증 기능을 제공하는 클래스를 검증자로 사용한다.
2. 검증할 항목을 state의 다른 부분에 적용하는 클래스
3. 항목 검증을 호출하고 검증에 실패하면 실패 이유를 UI에 업데이트하는 컴포넌트. FormValidation.tsx 컴포넌트에서 호출한다.

필요한 모든 것을 적용할 수 있도록 제네릭 파라미터를 받는 IValidator 인터페이스를 만들어보자. 검증은 입력이 올바른지만 알려주면 되므로, 입력값과 결과 불린 값을 돌려주는 IsValid 메서드 하나만 있으면 된다.

```
interface IValidator<T> {
  IsValid(input : T) : boolean;
}
```

문자열 길이가 최소 길이 이상인지 확인하는 클래스를 먼저 만들어보자. 최소 길이는 생성자를 통해 입력받는다. 사용자가 입력을 제공하지 않는 경우에 대비해 IsValid는 null이 입력되면 false를 반환하도록 한다.

```
export class MinLengthValidator implements IValidator<StringOrNull> {
  private minLength : number;
  constructor(minLength : number) {
```

```
      this.minLength = minLength;
  }
  public IsValid(input : StringOrNull) : boolean {
    if (!input) {
      return false;
    }
    return input.length >= this.minLength;
  }
}
```

생성자에서 정규식 문자열을 받는 좀 더 복잡한 검증 방법을 만들어보자. 정규식은 입력을 정해진 규칙으로 확인하는 데 특화된 작은 언어다. 생성자는 정규식을 입력받아 자바스크립트 정규식 엔진(RegExp) 인스턴스를 만든다. 최소 길이 검증에서 입력이 없는 경우에 대해 false를 반환하는 방법에도 비슷한 방식을 사용할 수 있다. 입력값이 있으면, 정규식 확인 결과를 반환한다.

```
import { StringOrNull } from 'src/Types';

export class RegularExpressionValidator implements IValidator<StringOrNull>
{
  private regex : RegExp;
  constructor(expression : string) {
    this.regex = new RegExp(expression);
  }
  public IsValid (input : StringOrNull) : boolean {
    if (!input) {
      return false;
    }
    return this.regex.test(input);
  }
}
```

준비한 검증 방법을 어떻게 적용하는지 살펴보자. 먼저 검증할 항목에 대한 계약을 정의하는 인터페이스를 정의하는 것이 이제는 낯설지 않을 것이다. Validate 메서드는 컴포넌트에서 IPersonState를 받아 입력 항목들의 값을 검증하고 검증 실패 항목을 담은 배열을 반환한다.

```
export interface IValidation {
  Validate(state : IPersonState, errors : string[]) : void;
}
```

세 가지 항목에 대한 검증 과정을 살펴본다.

1. 주소 검증
2. 이름 검증
3. 전화번호 검증

주소 검증

MinLengthValidator와 RegularExpressionValidator로 주소를 검증해보자.

```
export class AddressValidation implements IValidation {
  private readonly minLengthValidator : MinLengthValidator = new MinLengthValidator(5);
  private readonly zipCodeValidator : RegularExpressionValidator
    = new RegularExpressionValidator("^[0-9]{5}(?:-[0-9]{4})?$");
}
```

최소 길이 검증은 간단하지만, 정규식 구문을 처음 본다면 정규식 검증은 혼란스러울 수 있다. 검증하는 코드를 보기 전에 예제의 정규식을 하나씩 살펴보자.

첫 번째 글자는 ^으로, 문자열의 시작 부분을 검증할 때 사용한다. ^ 글자가 없다면, 문장 전체에서 일치하는 부분을 찾는다. [0-9]는 숫자만 찾고 싶다는 뜻이다. 엄밀하게 말하면 미국 우편번호는 다섯 자리 숫자로 시작한다. 숫자가 다섯 자리인지 확인하고 싶다면, 정규식을 [0-9]{5}로 사용해 다섯 자리 숫자가 맞는지 확인할 수 있다. 10023

과 같은 주요 지역 코드만 확인하려면 이것만으로 충분하다. 하지만 미국 우편번호는 하이픈(–)으로 분리된 네 자리 우편번호를 추가로 가질 수 있다. 따라서 정규식에 추가 요소에 대한 부분을 넣어야 한다.

우편번호에 추가되는 부분이 하이픈 이후 네 자리 숫자 형식이라는 것을 알고 있다. 정규식 테스트의 다음 부분에서는 추가되는 부분에 대한 테스트를 고려해야 한다. 추가되는 부분이므로 하이픈과 숫자로 구분된 부분에 대한 테스트를 할 수 없다. –1234 형식이 있을 수도 있고 없을 수도 있기 때문이다. 함께 테스트하려면 테스트하는 부분을 그룹으로 나눠야 한다. 하나의 정규식 안에서 그룹을 나누려면 괄호를 사용한다. 이전 정규식에 추가 부분에 대한 정규식 (-[0-9]{4})를 덧붙인다. 첫 번째 부분은 우리가 원하는 것에 아주 가깝다. 첫 번째 글자가 하이픈이고 네 자리로 구성된 숫자 그룹에 해당하는 규칙이다. 표현을 두 부분으로 나눠야 한다. 첫 번째 부분은 추가 옵션에 해당하지 않는 부분이다. 예를 들어 우편번호가 10012–1234라면, 10012는 유효하지 않다. 두 번째 문제는 표현식에 캡처 그룹을 만드는 일인데, 필요하지 않다.

 캡처 그룹은 일치하는 번호로 표현되는 숫자가 붙은 그룹이다. 문서의 여러 곳에서 같은 텍스트를 캡처할 때 유용하지만, 하나만 있을 때는 생략할 수 있다.

추가 부분 검증에 대한 두 가지 문제를 해결해보자. 첫 번째 문제는 캡처 그룹으로 해결했다. ?: 연산자로 정규식 엔진에 이 그룹은 캡처하지 않는 그룹임을 알려준다. 두 번째 문제는 일치하는 것이 없거나 한 번만 나온다는 의미의 ? 연산자를 적용해 추가 부분에 대한 테스트를 만들었다. 이제 10012와 10012–1234 모두 테스트를 통과한다. 하지만 한 가지 문제가 더 남아있다. 입력 문자열이 정규식과 정확히 일치하는지 확인해야 한다. 즉, 입력값 끝에 정규식 이외의 문자가 들어오지 않아야 한다. 그렇지 않을 경우, 사용자가 10012–12345 같은 값을 입력하면 올바른 우편번호로 인식하게 된다. 정규식에 문자열이 특정 값으로 끝나는지 확인하는 $ 연산자를 추가하자. 정규식은 ^[0-9]{5}(?:-[0-9]{4})?$가 된다. 이제 우편번호 검증을 적용할 수 있다.

TIP 정규식에 [0-9]를 사용해 숫자만 허용하도록 명시적으로 표시했다. 정규식을 처음 접하는 사람도 0부터 9 사이의 숫자를 표현한다는 것을 알 수 있는 명확한 식별자이기 때문이다. 동일한 표현으로 한 자리 숫자를 표현하는 축약 표현인 \d로 변경할 수도 있다. 그렇게 하면 정규식은 ^\d{5}(?:-\d{4})?$가 된다. \d는 미국정보교환표준부호(ASCII, American Standard Code for Information Interchange)로 된 한 자리 숫자를 의미한다.

주소 검증 예제로 돌아가보자. 시간을 들여 검증자를 만들었으므로 실제 검증은 매우 간단하다. 주소의 첫 줄, 컨트리, 타운에 최소 길이 검증을 적용하고 우편번호에는 정규식 검증을 적용한다. 각 검증별로 실패한 이유를 오류 리스트에 추가한다.

```
public Validate(state: IPersonState, errors: string[]): void {
  if (!this.minLengthValidator.IsValid(state.Address1)) {
    errors.push("Address line 1 must be greater than 5 characters");
  }
  if (!this.minLengthValidator.IsValid(state.Town)) {
    errors.push("Town must be greater than 5 characters");
  }
  if (!this.minLengthValidator.IsValid(state.County)) {
    errors.push("County must be greater than 5 characters");
  }
  if (!this.zipCodeValidator.IsValid(state.Postcode)) {
    errors.push("The postal/zip code is invalid");
  }
}
```

이름 검증

가장 간단한 검증인 이름 검증을 만들어보자. 이름 검증은 이름이 한 글자 이상이고, 성이 두 글자 이상이면 된다.

```
export class PersonValidation implements IValidation {
  private readonly firstNameValidator : MinLengthValidator = new MinLengthValidator(1);
  private readonly lastNameValidator : MinLengthValidator = new MinLengthValidator(2);
  public Validate(state: IPersonState, errors: string[]): void {
    if (!this.firstNameValidator.IsValid(state.FirstName)) {
      errors.push("The first name is a minimum of 1 character");
    }
    if (!this.lastNameValidator.IsValid(state.FirstName)) {
      errors.push("The last name is a minimum of 2 characters");
    }
  }
}
```

전화번호 검증

전화번호 검증은 두 가지로 구성된다. 전화번호 항목에 값이 있는지를 검증하고, 이어서 정규식에 맞는지를 검증한다. 정규식을 사용하기 전에 검증자 클래스 모양을 살펴보자.

```
export class PhoneValidation implements IValidation {

  private readonly regexValidator : RegularExpressionValidator = new
RegularExpressionValidator(`^(?:\\((?:[0-9]{3})\\)|(?:[0-9]{3}))[-.]?(?:[0-9]{3})[-.
]?(?:[0-9]{4})$`);
  private readonly minLengthValidator : MinLengthValidator = new MinLengthValidator(1);
  public Validate(state : IPersonState, errors : string[]) : void {
    if (!this.minLengthValidator.IsValid(state.PhoneNumber)) {
      errors.push("You must enter a phone number")
    } else if (!this.regexValidator.IsValid(state.PhoneNumber)) {
      errors.push("The phone number format is invalid");
    }
  }
}
```

우편번호 검증 때보다 정규식이 훨씬 복잡해졌지만, 하나씩 살펴보면 익숙한 요소들이 많이 보인다. ^ 연산자로 문장 처음 부분을 확인하고 $ 연산자로 끝부분을 확인한다. ?: 연산자로 캡처 그룹을 만들고 [0-9]{3}으로 세 자리 숫자인지 확인한다. 한 부분씩 살펴보면, 간단한 조각들로 나눠 전화번호를 검증한다.

전화번호의 첫 부분은 (555)나 555 형식이고, 추가로 하이픈, 점, 공백 등이 추가된다. 언뜻 보기에는 (?:\\((?:[0-9]{3})\\)|(?:[0-9]{3}))[-.]?이 가장 어려운 부분으로 보인다. 알다시피 (555)나 555로 시작해야 하며, 확인하는 정규식을 갖고 있다. 앞서 (또는) 같은 괄호 기호에는 특별한 의미가 있는 것을 확인했다. 따라서 실제 괄호를 표현할 수 있는 별도의 방법이 필요하다. \\ 연산자로 실제 괄호를 구별할 수 있다.

 정규식에서 ₩ 연산자는 다음 문자를 이스케이프(escape)해 정규식을 구성하는 문자가 아닌 일반 문자로 취급한다. 추가로 타입스크립트에서는 ₩를 이미 이스케이프 문자로 취급하므로, 이스케이프 연산자를 이스케이프해야 표현식 엔진이 올바른 값으로 인식한다.

정규식으로 둘 중 하나에 해당하는지 알고 싶을 때는 정규식을 | 연산자로 연결할 수 있다. 전화번호 정규식에서는 처음에 (nnn) 형태인지 확인하고, nnn 형태를 추가로 확인한다.

하이픈, 점, 공백이 올 수 있으므로 [-.]으로 문자가 해당하는지 확인한다. 특수 문자는 없을 수도 있으므로 마지막에 ? 연산자를 추가한다.

이제까지 익힌 정규식 지식을 기반으로 다음 정규식을 살펴보자. (?:[0-9]{3})[-.]?은 세 개의 숫자를 찾고 뒤에 하이픈, 점, 공백이 추가돼 있는지 확인한다. 마지막의 (?:[0-9]{4})는 반드시 네 개의 숫자로 구성돼 있어야 한다. 이제 (555) 123-4567, 123.456.7890, (555) 543 9876 같은 번호는 정규식과 일치한다는 것을 알 수 있다.

간단한 우편번호와 전화번호는 목적에 맞게 완벽하게 동작한다. 하지만 대규모 애플리케이션 에서는 이런 검증 방식을 사용할 수 없다. 특정 형식에 대한 데이터만 테스트하기 때문에 입 력한 내용이 실제 사용하는 주소나 전화번호인지 확인할 수 없으므로, 애플리케이션이 실제 존재하는 주소나 전화번호인지 확인해야 할 정도의 규모가 되면 확인해주는 서비스와 연동해 야 한다.

▌ 검증 작업을 리액트 컴포넌트에 연결

가상 레이아웃에서는 입력값 검증 내용이 Save와 Clear 버튼 아래에 나타나도록 했다. 메인 컴포넌트에서 할 수도 있지만, 검증 과정은 각 컴포넌트에게 맡기자. 각 컴포넌 트는 메인 컴포넌트의 현재 state를 받아 state가 바뀔 때마다 검증 작업을 수행하고 데이터를 저장할 수 있는지를 반환한다.

PersonalDetails 컴포넌트를 만드는 방법과 비슷하게 컴포넌트에 전달할 속성을 만든다.

```
interface IValidationProps {
  CurrentState : IPersonState;
  CanSave : (canSave : boolean) => void;
}
```

FormValidation.tsx에 각기 다른 IValidation 클래스를 적용할 컴포넌트를 만든다. 생성자에 검증자 배열을 추가하고 배열을 돌며 검증 작업을 적용한다.

```
export default class FormValidation extends
React.Component<IValidationProps> {
  private failures : string[];
  private validation : IValidation[];

constructor(props : IValidationProps) {
    super(props);
```

```
    this.validation = new Array<IValidation>();
    this.validation.push(new PersonValidation());
    this.validation.push(new AddressValidation());
    this.validation.push(new PhoneValidation());
  }

  private Validate() {
    this.failures = new Array<string>();
    this.validation.forEach(validation => {
      validation.Validate(this.props.CurrentState, this.failures);
    });

    this.props.CanSave(this.failures.length === 0);
  }
}
```

Validate 메서드에서는 CanSave 메서드를 호출하기 전에 forEach로 검증자를 순서대로 호출해 적용한다.

render 메서드를 호출하기 전에 PersonalDetails에 방문해 FormValidation 컴포넌트를 추가한다.

```
<Row><FormValidation CurrentState={this.state} CanSave={this.userCanSave} /></Row>
```

userCanSave 메서드는 다음과 같다.

```
private userCanSave = (hasErrors : boolean) => {
  this.canSave = hasErrors;
}
```

검증 내용이 업데이트될 때마다 Validate 메서드는 속성으로 전달받은 userCanSave를 호출한다.

마지막으로 할 일은 부모의 state가 변경될 때마다 렌더링 주기가 돌아오므로 render

메서드에서 `Validate` 메서드를 통해 검증 과정을 호출하는 것이다. 검증에 실패하면 인터페이스에서 렌더링하려던 DOM 엘리먼트에 실패한 이유를 추가한다. 간단한 방법은 모든 실패 이유에 대한 맵을 만들고 맵을 돌면서 `Row`를 갱신하는 인터페이스 함수를 제공하는 것이다.

```
public render() {
  this.Validate();
  const errors = this.failures.map(function it(failure) {
    return (<Row key={failure}><Col><label>{failure}</label></Col></Row>);
  });
  return (<Col>{errors}</Col>)
}
```

애플리케이션 내부에서 상태를 변경하면 검증 함수가 자동으로 실행되고, 검증에 실패하면 브라우저의 `label` 태그에 이유가 표시된다.

▌ IndexedDB 데이터베이스를 생성해 데이터 전송

애플리케이션을 다시 실행했을 때, 주소록이 저장되지 않은 상태라면 사용성이 몹시 떨어질 것이다. 최신 브라우저는 웹 브라우저 기반의 IndexedDB 기능을 제공한다. IndexedDB를 사용해 데이터를 저장하면, 페이지를 다시 열었을 때 이전 데이터를 그대로 사용할 수 있다.

데이터베이스를 사용할 때 필요한 두 가지는 명심해야 한다. 데이터베이스 테이블을 만드는 코드와 데이터베이스에 데이터를 저장하는 코드가 필요하다. 데이터베이스 테이블을 만들기 전에 데이터베이스를 만드는 데 사용할 데이터베이스 모양에 대한 설명을 추가해보자.

`ITable`이 노출하는 정보를 추가하기 위한 플루언트 인터페이스^{fluent interface}를 만들어보자.

```
export interface ITableBuilder {
  WithDatabase(databaseName : string) : ITableBuilder;
  WithVersion(version : number) : ITableBuilder;
  WithTableName(tableName : string) : ITableBuilder;
  WithPrimaryField(primaryField : string) : ITableBuilder;
  WithIndexName(indexName : string) : ITableBuilder;
}
```

플루언트 인터페이스를 사용하면 체인 메서드$^{chain\ method}$를 사용해 더 읽기 쉽게 만들 수 있다. 여러 메서드를 함께 사용하면 작업이 한데 모여 있으므로 인스턴스에서 무슨 일을 하는지 알기 쉬워진다. 메서드에서 ITableBuilder를 반환하기 때문에 인터페이스는 플루언트가 된다. 메서드 구현에서는 return this;를 반환해 작업을 연이어 수행할 수 있다.

 플루언트 인터페이스에서 모든 메서드가 플루언트일 필요는 없다. 연속 호출의 마지막인 경우에는 플루언트하지 않게 만든다. 또한 특정 속성을 설정하고 인스턴스를 만들어야 하는 클래스에 사용하기도 한다.

테이블 만들기의 다른 작업은 빌더에서 값을 가져오는 일이다. 추가된 항목을 다루면서 순수한 플루언트 인터페이스를 유지하려면, 값을 가져오는 부분과 IndexedDB 데이터베이스를 만드는 부분의 인터페이스를 분리해야 한다.

```
export interface ITable {
  Database() : string;
  Version() : number;
  TableName() : string;
  IndexName() : string;
  Build(database : IDBDatabase) : void;
}
```

두 인터페이스는 서로 다른 목적으로 사용되고 클래스에서 다른 방식으로 사용하지만 같은 기반 코드를 참조한다. 인터페이스를 노출하는 클래스를 만들 때 호출하는 코드가 보는 인터페이스에 따라 동작을 분리할 수 있으므로 같은 클래스에서 두 가지 인터페이스를 모두 구현한다. 테이블 작성 클래스 정의는 다음과 같다.

```
export class TableBuilder implements ITableBuilder, ITable {
}
```

인터페이스를 구현하지 않았으므로 당연히 빌드는 실패한다. 클래스의 `ITableBuilder` 부분에 대한 코드는 다음과 같다.

```
private database : StringOrNull;
private tableName : StringOrNull;
private primaryField : StringOrNull;
private indexName : StringOrNull;
private version : number = 1;
public WithDatabase(databaseName : string) : ITableBuilder {
  this.database = databaseName;
  return this;
}

public WithVersion(versionNumber : number) : ITableBuilder {
  this.version = versionNumber;
  return this;
}
public WithTableName(tableName : string) : ITableBuilder {
  this.tableName = tableName;
  return this;
}
public WithPrimaryField(primaryField : string) : ITableBuild
  this.primaryField = primaryField;
  return this;
}
public WithIndexName(indexName : string) : ITableBuilder {
  this.indexName = indexName;
```

```
  return this;
}
```

대부분의 코드는 간단하다. 상세 주소를 담기 위한 여러 가지 멤버 변수를 선언하고, 각 메서드는 하나의 값을 할당하는 책임을 진다. 흥미로운 부분은 함수의 return문이다. this를 반환해서 각 메서드를 연결할 수 있도록 했다. ITable 지원을 추가하기 전에 주소록 테이블 정의를 추가하는 클래스를 만들어서 플루언트 인터페이스를 어떻게 사용하는지 살펴보자.

```
export class PersonalDetailsTableBuilder {
  public Build() : TableBuilder {
    const tableBuilder : TableBuilder = new TableBuilder();
    tableBuilder
      .WithDatabase("packt-advanced-typescript-ch3")
      .WithTableName("People")
      .WithPrimaryField("PersonId")
      .WithIndexName("personId")
      .WithVersion(1);
    return tableBuilder;
  }
}
```

예제 코드는 테이블 빌더^{table builder}를 생성한다. 테이블 빌더가 생성하는 데이터베이스 이름은 packtadvanced-typescript-ch3이고, 데이터베이스에 People 테이블을 추가한다. People 테이블의 primary 필드는 PersonId이고 personId로 인덱스를 만든다.

이전에 살펴본 플루언트 인터페이스로 빠져 있던 ITable 메서드를 추가해서 TableBuilder 클래스를 완성해보자.

```
public Database() : string {
  return this.database;
}
```

```
public Version() : number {
  return this.version;
}

public TableName() : string {
  return this.tableName;
}

public IndexName() : string {
  return this.indexName;
}

public Build(database : IDBDatabase) : void {
  const parameters : IDBObjectStoreParameters = { keyPath : this.primaryField };
  const objectStore = database.createObjectStore(this.tableName, parameters);
  objectStore!.createIndex(this.indexName, this.primaryField);
}
```

코드에서 Build 메서드는 가장 흥미로운 부분이다. IndexedDB 데이터베이스의 메서드를 사용해 물리적 테이블을 생성한다. IDBDatabase는 핵심 데이터 기능을 작성할 때 다시 사용할 실제 IndexedDB 데이터베이스에 접속한다. IDBDatabase로 주소 정보를 저장하는 저장 객체를 만든다. keyPath를 설정해 검색하고 싶은 필드의 저장 객체를 가져올 수 있으므로 필드와 이름을 일치시켜야 한다. 인덱스를 추가할 때는 검색 가능한 필드를 저장소에 알려줄 수 있다.

state에 액티브 레코드 추가

실제 데이터베이스 코드를 다루기 전에 저장 객체를 살펴보자. state를 사용할 때 주소 상태를 표현하기 위해 IPersonState를 사용했고 PersonalDetails 컴포넌트가 있다면 충분하다. 데이터베이스 작업을 할 때 state를 확장하고 싶다. 화면에 보여지는 주소 정보를 결정하는 IsActive 파라미터를 새로 추가하자. 교차 타입을 사용하면 되므로 IPersonState 구현을 수정할 필요는 없다. 액티브 플래그를 가진 클래스를 추가한

다음 교차 타입을 만들자.

```typescript
export interface IRecordState {
  IsActive : boolean;
}

export class RecordState implements IRecordState {
  public IsActive: boolean;
}

export type PersonRecord = RecordState & IPersonState;
```

데이터베이스 작업

테이블을 만들고 테이블에 저장하고 싶은 상태를 표현하는 방법을 익혔다. 이제 데이터베이스에 접속해 실제 데이터를 조작하는 방법을 살펴보자. 첫 번째 할 일은 RecordState 클래스를 상속한 클래스 타입을 다룰 수 있는 제네릭 타입 클래스를 정의하는 것이다.

```typescript
export class Database<T extends RecordState> {
}
```

RecordState를 상속한 클래스 타입만 특정해서 받아야 하는 이유는 대부분의 메서드가 이 타입의 인스턴스를 파라미터로 받거나 이 타입으로 작업한 인스턴스를 반환하기 때문이다.

IndexedDB는 클라이언트 측 표준 데이터베이스이므로 window 객체에서 직접 접근할 수 있다. 타입스크립트는 데이터베이스 지원 인터페이스인 IDBFactory를 제공한다. 이는 데이터베이스 열기 같은 중요한 기능을 제공해주며, 코드에서 실제로 데이터를 다루는 시작점이 된다.

이름과 버전으로 언제든 데이터베이스를 열 수 있다. 데이터베이스 이름이 존재하지 않거나 새 버전을 열려면 애플리케이션에서 데이터베이스 업그레이드를 해야 한다. 여기서 TableBuilder 코드가 등장한다. 값을 읽는 기능과 기본 데이터베이스를 생성하는 기능을 제공하기 위한 ITable 인터페이스를 TableBuilder로 구현해 사용한다(테이블 인스턴스가 생성자에 전달되는 것을 곧 보게 된다).

IndexedDB 작업은 이벤트 핸들러를 상당히 많이 사용하므로 처음에는 조금 이상해 보일 수 있다. 예를 들어, 데이터베이스를 열 때 업그레이드가 필요하다면 upgradeneeded 이벤트가 발생돼 onupgradeneeded로 처리해야 한다. 이벤트를 사용해 작업이 끝날 때까지 기다리지 않고 실행을 이어가도록 비동기로 동작하는 코드로 작성할 수 있다. 이벤트가 발생하면 이벤트 핸들러가 처리를 넘겨받는다. 이 클래스에 데이터 메서드를 추가할 때 상당히 자주 보일 것이다.

이 점을 염두에 두고 Version 메서드의 값으로 데이터베이스를 여는 OpenDatabase 메서드를 작성해보자. 코드의 첫 부분을 보면 데이터베이스 테이블을 작성한다. 심지어 새로운 테이블이더라도 upgradeneeded 이벤트가 발생돼 업그레이드로 취급한다. 테이블을 어떻게 만들지를 신경 쓰지 않고 데이터베이스 코드를 유지할 수 있으므로 Personal DetailsTableBuilder 클래스에서 데이터베이스를 만들 때의 장점을 볼 수 있다. 다른 타입의 데이터베이스가 필요할 때는 클래스를 재사용할 수 있다. 데이터베이스를 열면 onsuccess 이벤트 핸들러가 작동해 나중에 사용할 인스턴스 내부의 database 멤버 변수를 설정한다.

```
private OpenDatabase(): void {
    const open = this.indexDb.open(this.table.Database(), this.table.Version());
    open.onupgradeneeded = (e: any) => {
        this.UpgradeDatabase(e.target.result);
    }
    open.onsuccess = (e: any) => {
        this.database = e.target.result;
    }
```

```
}

private UpgradeDatabase(database: IDBDatabase) {
    this.database = database;
    this.table.Build(this.database);
}
```

이제 테이블을 만들고 열 수 있다. 테이블을 만들 때 사용할 ITable 인스턴스를 받는
생성자를 만들어보자.

```
private readonly indexDb: IDBFactory;
private database: IDBDatabase | null = null;
private readonly table: ITable;

constructor(table: ITable) {
    this.indexDb = window.indexedDB;
    this.table = table;
    this.OpenDatabase();
}
```

데이터를 다루는 코드를 작성하기 전에 클래스 작성을 위한 마지막 헬퍼 메서드가 남
아있다. 데이터베이스에 데이터를 추가하려면 트랜잭션을 만들고 저장 객체 인스턴스
를 가져와야 한다. 저장 객체는 데이터베이스의 단일 테이블을 표현한다. 데이터를 읽
고 쓰려면 저장 객체가 필요하다. 이는 매우 흔한 일로, 저장 객체를 반환하는 GetObje
ctStore 메서드를 만들자. 편의를 위해 읽고 쓰는 모든 작업을 트랜잭션으로 만든다.

```
private GetObjectStore(): IDBObjectStore | null {
    try {
        const transaction: IDBTransaction = this.database!.transaction(this.table.
TableName(), "readwrite");
        const dbStore: IDBObjectStore = transaction.objectStore(this.table.
TableName());
        return dbStore;
    } catch (Error) {
```

```
        return null;
    }
}
```

 코드를 보면 Create, Read, Update, Delete로 이름 붙인 메서드가 있다. 일반적으로 Load, Save 같은 이름을 붙이지만 데이터베이스의 데이터를 다룰 때는 Create, Read, Update, Delete의 약자인 CRUD를 사용하기 때문에 의도적으로 이름을 바꿔 붙였다. 이와 같이 이름 규칙을 적용해 연관성을 강화하길 바란다.

처음으로 만들(그리고 가장 간단한) 메서드는 데이터베이스에 데이터를 추가하는 메서드다. Create 메서드는 레코드 하나를 받아 저장 객체를 가져온 후 데이터베이스에 추가한다.

```
public Create(state: T): void {
    const dbStore = this.GetObjectStore();
    dbStore!.add(state);
}
```

3장의 원래 코드에서 Read, Write 메서드를 콜백으로 사용했다. 콜백 메서드의 기본 개념은 success 이벤트 핸들러가 호출될 때 메서드가 호출할 함수를 받는 것이다. IndexedDB 예제에서 자주 봤듯이, 타입 변환을 자주 받는다. 최종본을 보기 전에 원래 Read가 어떻게 생겼는지 살펴보자.

```
public Read(callback: (value: T[]) => void) {
    const dbStore = this.GetObjectStore();
    const items : T[] = new Array<T>();
    const request: IDBRequest = dbStore!.openCursor();
    request.onsuccess = (e: any) => {
        const cursor: IDBCursorWithValue = e.target.result;
        if (cursor) {
            const result: T = cursor.value;
```

```
            if (result.IsActive) {
                items.push(result);
            }
            cursor.continue();
        } else {
            // 커서가 null이면 콜백을 호출하고 종료한다
            callback(items);
        }
    }
  }
}
```

메서드는 저장 객체를 가져와서 열고 커서를 여는 데 사용한다. 커서는 레코드를 읽고 다음 항목으로 이동하는 기능을 제공한다. success 이벤트가 발생하면 onsuccess 이벤트 핸들러가 실행된다. 비동기로 일어나기 때문에 Read 메서드가 완료되고 실제 값을 호출한 클래스로 옮기려면 콜백을 사용해야 한다. 좀 이상해 보이는 callback: (value: T[]) => void 구문은 호출 코드에 T 항목의 배열을 반환하기 위해 사용하는 실제 콜백 이다.

success 이벤트 핸들러 안에서 이벤트로부터 가져온 결과는 커서가 된다. 커서가 null 이 아니라면 커서에서 결과를 가져온 후 상태가 활성화된 레코드만 배열에 추가하므로 클래스에 제네릭을 사용했고 IsActive 속성에 접근할 수 있다. 커서에서 continue 메서드를 호출하면 다음 레코드로 이동한다. continue 메서드 결과는 success 이벤트 를 발생시키고, onsuccess 핸들러가 실행된다. 레코드를 이동할 때마다 같은 동작이 반 복된다. 레코드가 더 이상 없으면 커서는 null이 돼서 코드는 항목 배열을 갖고 콜백을 호출한다.

처음 구현에서 언급했듯이 콜백은 유용하지만 타입스크립트의 장점을 활용하지는 못 한다. 타입스크립트에서는 프로미스를 사용할 수 있다. 프로미스를 사용하면 모든 레 코드를 모아서 호출 코드에 반환할 수 있다. success 핸들러 구조를 조금만 바꿔보자.

```
public Read() : Promise<T[]> {
    return new Promise((response) => {
        const dbStore = this.GetObjectStore();
        const items : T[] = new Array<T>();
        const request: IDBRequest = dbStore!.openCursor();
        request.onsuccess = (e: any) => {
            const cursor: IDBCursorWithValue = e.target.result;
            if (cursor) {
                const result: T = cursor.value;
                if (result.IsActive) {
                    items.push(result);
                }
                cursor.continue();
            } else {
                // 커서가 null이면 콜백을 호출하고 종료한다
                response(items);
            }
        }
    });
}
```

프로미스를 반환하므로, 메서드 시그니처에서 콜백을 제거하고 T 배열에 대한 프로미스를 반환한다. 여기서는 결과 저장에 사용하는 배열의 범위가 success 이벤트 핸들러 바깥쪽이라는 점에 주의해야 한다. 그렇지 않으면 onsuccess가 호출될 때마다 배열이 초기화된다. 코드의 흥미로운 점은 콜백 버전과 상당히 비슷하다는 것이다. 변경된 부분은 반환 타입을 바꾸고 메서드 시그니처에서 콜백 함수를 제거한 것뿐이다. 프로미스의 response 부분으로 콜백을 대체했다.

 일반적으로 콜백을 받는 코드는 프로미스를 반환하고 메서드 시그니처에서 콜백을 제거하고 프로미스를 반환하도록 바꿀 수 있다.

커서에 대한 로직은 모두 커서에 값이 있는지 확인해서 값이 있으면 배열에 추가하는 동작이다. 더 이상 레코드가 없으면 프로미스의 response를 호출한다. 호출 코드는 프로미스의 then 부분에서 필요한 작업을 한다. PersonalDetails의 loadPeople을 살펴보자.

```
private loadPeople = () => {
    this.people = new Array<PersonRecord>();
    this.dataLayer.Read().then(people => {
        this.people = people;
        this.setState(this.state);
    });
}
```

Read 메서드는 CRUD 동작에서 가장 복잡한 부분이다. 이어서 살펴볼 메서드는 값을 갱신할 때 사용하는 Update 메서드다. 레코드가 갱신되면 리스트에 레코드를 다시 로드해 화면의 이름을 변경한다. 저장 객체는 put 메서드로 레코드를 갱신한다. 성공적으로 갱신되면 success 이벤트가 발생되고, 코드는 프로미스의 resolve 속성을 호출한다. Promise<void> 타입을 반환하면 async/await 구문을 이용할 수 있다.

```
public Update(state: T) : Promise<void> {
    return new Promise((resolve) =>
    {
        const dbStore = this.GetObjectStore();
        const innerRequest : IDBRequest = dbStore!.put(state);
        innerRequest.onsuccess = () => {
            resolve();
        }
    });
}
```

마지막 데이터베이스 메서드는 Delete다. Delete 메서드 구문은 데이터베이스에서 지울 항목에 대한 인덱스만 받는다는 점을 제외하면 Update와 상당히 비슷하다.

```
public Delete(idx: number | string) : Promise<void> {
    return new Promise((resolve) =>
    {
        const dbStore = this.GetObjectStore();
        const innerRequest : IDBRequest = dbStore!.delete(idx.toString());
        innerRequest.onsuccess = () => {
            resolve();
        }
    });
}
```

데이터베이스에서 상세 주소 가져오기

이제 PersonalDetails 클래스로 데이터베이스를 사용할 수 있다. 멤버 변수를 추가하고 생성자에 데이터베이스 지원을 추가해 화면에 보여지는 주소록을 저장해보자.

1. 다음 멤버 변수를 추가하자.

    ```
    private readonly dataLayer: Database<PersonRecord>;
    private people: IPersonState[];
    ```

2. 데이터베이스에 접속해서 PersonalDetailsTableBuilder로 TableBuilder를 만들도록 생성자를 업데이트하자.

    ```
    const tableBuilder : PersonalDetailsTableBuilder = new
    PersonalDetailsTableBuilder();
    this.dataLayer = new Database(tableBuilder.Build());
    ```

3. render 메서드에 상세 주소를 보여주는 작업을 추가하자. map으로 검증하던 방법과 비슷하게 map에 people 배열을 적용한다.

    ```
    let people = null;
    ```

```
if (this.people) {
  const copyThis = this;
  people = this.people.map(function it(p) {
  return (<Row key={p.PersonId}><Col lg="6"><label >{p.FirstName} {p.
LastName}</label></Col>
    <Col lg="3">
      <Button value={p.PersonId} color="link" onClick={copyThis.
setActive}>Edit</Button>
    </Col>
    <Col lg="3">
      <Button value={p.PersonId} color="link" onClick={copyThis.delete}>Delete</
Button>
    </Col></Row>)
  }, this);
}
```

4. 다음과 같이 렌더링한다.

```
<Col>
  <Col>
  <Row>
    <Col>{people}</Col>
  </Row>
  <Row>
    <Col lg="6"><Button size="lg" color="success" onClick={this.
loadPeople}>Load</Button></Col>
      <Col lg="6"><Button size="lg" color="info" onClick={this.clear}>New
Person</Button></Col>
  </Row>
  </Col>
</Col>
```

Load 버튼은 클래스에서 loadPeople 메서드를 호출하는 데 위치하고 있다. 레코드를
갱신하거나 삭제할 때 사용한다.

데이터베이스 코드 작업을 할 때는 삭제하려는 레코드를 가리키고 있는 다른 레코드
가 있는 경우 데이터를 삭제하면 참조하는 다른 레코드도 함께 못쓰게 되므로 데이터

를 삭제해도 데이터베이스에서 물리적으로 삭제하지 않는 경우가 흔하다. 혹은 감사 목적으로 데이터를 유지해야 할 수도 있다. 또 다른 경우는 소프트 삭제다(하드 삭제는 데이터베이스에서 레코드를 삭제한다). 소프트 삭제를 실행하는 경우에는 데이터베이스의 특정 필드에 데이터의 활성화 여부를 표시한다. IPersonState는 필드를 제공하지 않지만, PersonRecord 타입은 IPersonState 타입과 RecordState 타입의 교차 타입이므로 활성화 여부를 제공한다. delete 메서드는 IsActive를 false로 변경하고 데이터베이스의 값을 변경한다. 코드에서는 읽어들인 주소 정보의 IsActive가 true인 경우에만 실제 유효한 데이터라는 것을 이미 알고 있다. IsActive가 false인 경우는 리스트를 다시 읽어들이면 사라질 내용이다. 즉, 데이터베이스에서 삭제 메서드를 구현할 때 실제로 삭제할 필요는 없다. 편리한 참조가 있고 하드 삭제를 위해 코드를 변경하고 싶을 수도 있지만, 우리 목적에는 맞지 않다.

Delete 버튼은 삭제 작업을 수행한다. 리스트에는 여러 개의 항목이 있을 수 있으며 사용자가 삭제하기 전에 삭제 대상을 선택했다고 확신할 수 없다. 삭제하기 전에 주소록에 선택한 사람이 있는지 확인해야 한다. 되돌아가서 코드를 살펴보면, 주소 정보의 ID가 이벤트 핸들러로 전달되는 것을 볼 수 있다. 데이터베이스에서 주소를 비동기로 삭제하는 메서드를 만들어보자. 먼저 배열에서 find 메서드로 대상을 찾아보자.

```
private async DeletePerson(person : string) {
  const foundPerson = this.people.find((element : IPersonState) => {
    return element.PersonId === person;
  });
  if (!foundPerson) {
    return;
  }
}
```

배열에서 항목을 찾았다면 항목의 상태에서 IsActive를 false로 설정한다. RecordState 인스턴스를 만드는 것으로 시작해보자.

```
const personState : IRecordState = new RecordState();
personState.IsActive = false;
```

Person과 Record의 교차 타입인 PersonRecord의 인스턴스를 만들었다. foundPerson과 personState로 PersonRecord 타입의 값을 채운다. 레코드가 준비되면 Update 데이터베이스 메서드를 호출한다. 작업이 끝나고 데이터베이스 갱신이 완료되면, 리스트를 다시 읽어서 삭제한 항목의 편집창을 초기화한다. 방금 삭제한 항목에 대해 IsActive만 true로 설정하면 되므로 레코드 복구는 지원하지 않는다. 작업을 이어가기 전에 프로미스로 레코드가 갱신될 때까지 기다리고자 코드에 await을 사용한다.

```
const state : PersonRecord = {...foundPerson, ...personState};
await this.dataLayer.Update(state);
this.loadPeople();
this.clear();
```

clear 메서드는 현재 상태를 기본 상태로 변경하기 위해 호출하므로 컴포넌트에 기본값을 전달한다. 기본값을 전달하는 것만으로 간단하게 값을 비우고 기본 상태로 돌아갈 수 있다.

```
private clear = () => {
    this.setState(this.defaultState);
}
```

delete 이벤트 핸들러의 전체 코드는 다음과 같다.

```
private delete = (event : any) => {
  const person : string = event.target.value;
  this.DeletePerson(person);
}

private async DeletePerson(person : string) {
```

```
  const foundPerson = this.people.find((element : IPersonState) => {
    return element.PersonId === person;
  });
  if (!foundPerson) {
    return;
  }
  const personState : IRecordState = new RecordState();
  personState.IsActive = false;
  const state : PersonRecord = {...foundPerson, ...personState};
  await this.dataLayer.Update(state);
  this.loadPeople();
  this.clear();
}
```

마지막 데이터베이스 작업은 **Save** 버튼으로 실행한다. PersonId를 확인해 새 레코드인지, 이전에 저장한 레코드인지에 따라 저장 작업이 달라진다. 레코드를 저장하기 전에 항목을 검증해 저장 가능한지 확인해야 한다. 검증에 실패하면 사용자에게 경고하고 레코드를 저장하지 않는다.

```
private savePerson = () => {
  if (!this.canSave) {
    alert(`Cannot save this record with missing or incorrect items`);
    return;
  }
}
```

삭제하는 방법과 비슷하게, RecordState 타입으로 PersonRecord 타입을 만든다. 이번에는 IsActive를 true로 설정해 사용하는 데이터임을 표시한다.

```
const personState : IRecordState = new RecordState();
personState.IsActive = true;
const state : PersonRecord = {...this.state, ...personState};
```

레코드를 추가할 때 PersonId를 할당해야 한다. 간단하게 현재 날짜와 시간을 사용하

150

자. 주소를 데이터베이스에 추가할 때 사용자가 Save 버튼을 다시 눌러도 중복 저장되지 않도록 주소록을 다시 읽어오고 현재 에디터를 초기화해야 한다.

```
if (state.PersonId === "") {
  state.PersonId = Date.now().toString();
  this.dataLayer.Create(state);
  this.loadPeople();
  this.clear();
}
```

상세 주소를 갱신하는 코드는 프로미스의 기능을 이용해서 저장이 끝난 이후에 주소록 목록이 갱신되게 한다. 이 경우에는 사용자가 Save 버튼을 다시 누르더라도 새로운 레코드를 만드는 것이 아니므로 현재 레코드를 초기화하지 않아도 되지만, 단순하게 현재 항목을 갱신하자.

```
else {
  this.dataLayer.Update(state).then(rsn => this.loadPeople());
}
```

저장 작업의 전체 코드는 다음과 같다.

```
private savePerson = () => {
  if (!this.canSave) {
    alert(`Cannot save this record with missing or incorrect items`);
    return;
  }
  if (state.PersonId === "") {
    state.PersonId = Date.now().toString();
    this.dataLayer.Create(state);
    this.loadPeople();
    this.clear();
  }
  else {
    this.dataLayer.Update(state).then(rsn => this.loadPeople());
```

```
      }
}
```

마지막 메서드 하나만 남았다. **Edit** 버튼을 눌렀을 때 텍스트박스에 선택한 사용자를 표시할 방법이 없다는 점은 알아챘을 것이다. 버튼을 눌렀을 때의 로직은 이벤트를 발생시키고 목록의 어느 항목인지를 찾도록 이벤트 핸들러에 PersonId를 전달한다. **Delete** 버튼을 사용할 때 이런 유형의 동작을 살펴봤으므로, 코드의 선택 부분이 어떻게 생겼는지 이미 알고 있다. 상세 정보가 있을 경우, setState를 호출해 state를 갱신하면 바인딩된 화면이 갱신된다.

```
private setActive = (event : any) => {
  const person : string = event.target.value;
  const state = this.people.find((element : IPersonState) => {
    return element.PersonId === person;
  });
  if (state) {
    this.setState(state);
  }
}
```

리액트로 주소록을 만드는 데 필요한 모든 코드를 만들었다. 3장 도입부에서 설정한 요구 사항을 만족하고 가상 레이아웃에 상당히 근접한 화면을 만들었다.

▌ 개선

Create 메서드는 즉시 성공한다는 가정하에 success 이벤트 핸들러를 갖고 있지 않으므로 잠재적인 문제점을 갖고 있다. 추가로 문제가 되는 부분은 add 작업의 complete 이벤트다. 레코드가 디스크에 기록되기 전에 success 이벤트가 발생할 수도 있어 트랜잭션이 실패한다면 complete 이벤트가 발생하지 않는다. Create 메서드를 프로미스를 사용하도록 변경하고 success 이벤트가 발생한 이후에 진행하도록 변경하자. 그다음에 는 컴포넌트의 레코드를 추가하는 부분을 수정해 추가 작업이 완료된 이후 다시 읽어 들이도록 한다.

사용자가 삭제하는 레코드가 아닌 다른 레코드를 편집 중이더라도, 삭제 작업을 실행 하면 편집창을 초기화한다. 삭제 코드를 개선해 편집 중인 레코드가 삭제된 레코드와 동일한 경우에만 편집창을 초기화하도록 고쳐보자.

▌요약

3장에서는 널리 쓰이는 리액트 프레임워크를 도입하고, 리액트와 타입스크립트로 클 라이언트 측 모던 애플리케이션을 만드는 방법을 살펴봤다. 요구 사항을 정의하고 가 상 레이아웃을 만드는 것으로 시작해서 create-react-app과 react-scripts-ts로 기본 구현을 생성했다. 또한 reactstrap으로 리액트 친화적이 된 부트스트랩 4를 추가했다.

리액트가 특별한 포맷인 JSX와 TSX를 사용해 렌더링 방식을 제어하는 방법을 살펴본 후 App 컴포넌트를 고치고 우리의 TSX 컴포넌트를 추가했다. 여러 컴포넌트로 양방향 바인딩을 사용해 속성을 전달하고 state를 설정하는 방법을 살펴봤다. 바인딩과 함께 사용자 입력을 재사용 가능한 검증 클래스로 검증하는 방법도 살펴봤다. 검증 방법에 두 가지 정규식 표현을 추가하고, 정규식을 분석하면서 이해하고 만드는 방법을 익혔다.

끝으로 개인정보를 IndexedDB 데이터베이스에 저장하는 방법을 설명했다. 데이터베 이스 작업 방법을 보완해주는 테이블 빌더를 사용해 데이터베이스와 테이블을 만드는 방법에서 시작했다. 비동기 지원을 콜백 기반의 메서드에서 프로미스 API로 전환하는 방법을 소개하고, 소프트 삭제와 하드 삭제의 차이점도 살펴봤다.

4장에서는 MEAN 스택으로 알려진 앵귤러, 몽고DB, 익스프레스, 노드JS로 사진 갤러 리 애플리케이션을 만들어본다.

▎질문

1. 리액트가 render 메서드에서 시각 요소와 코드를 섞어주는 역할을 할 수 있게 해주는 것은 무엇인가?

2. 리액트에서 className과 htmlFor을 사용하는 이유는 무엇인가?

3. 전화번호 검증 정규식으로 ^(?:\\((?:[0-9]{3})\\)|(?:[0-9]{3}))[-.]?(?:[0-9]{3})[-.]?(?:[0-9]{4})$를 살펴봤다. 한 자리 숫자를 표시하는 다른 방법도 살펴봤다. 다른 표현과 동일한 결과를 얻으려면 정규식을 어떻게 변경해야 하는가?

4. 검증 코드와 검증자를 분리하는 이유는 무엇인가?

5. 소프트 삭제와 하드 삭제의 차이점은 무엇인가?

▎더 읽을거리

-   리액트는 큰 주제이므로, 리액트에 대한 아이디어를 더 찾아보려면 『React and React Native – Second Edition』(Packt, 2018)을 추천한다.

-   타입스크립트로 리액트를 사용하는 방법을 더 자세히 알고 싶다면 칼 리폰[Carl Rippon]의 『Learn React with TypeScript 3』(Packt, 2018)를 추천한다.

-   정규식을 더 많이 알고 싶다면, 로이앤 그로너[Loiane Groner]와 가브리엘 맨릭스[Gabriel Manricks]가 저술한 훌륭한 책인 『JavaScript Regular Expressions』(Packt, 2015)를 추천한다.

04

MEAN 스택으로
사진 갤러리 만들기

요즘 노드JS로 애플리케이션을 작성하고 있다면, MEAN 스택을 한 번쯤은 들어봤을 것이다. MEAN 스택은 영구적인 서버 측 스토리지로 웹 애플리케이션을 만들 때 클라이언트와 서버 측에서 모두 사용하는 일반적인 기술 세트를 설명하는 약자다. MEAN 스택은 몽고DB, 익스프레스(Express 혹은 Express.js), 앵귤러, 노드JS로 구성된다.

3장에서 익힌 개발 지식에 기반해 사진 갤러리 애플리케이션을 MEAN 스택으로 만들 준비가 됐다. 3장과 달리 4장에서는 부트스트랩 대신 앵귤러 머티리얼을 사용한다.

4장에서 다루는 내용은 다음과 같다.

- MEAN 스택 컴포넌트
- 애플리케이션 만들기

- 앵귤러 머티리얼로 UI 만들기
- 머티리얼 내비게이션 추가
- 파일 업로드 컴포넌트 만들기
- 서비스로 파일 읽기
- 익스프레스 도입
- 익스프레스 라우팅 지원
- 몽고DB 도입
- 이미지 표시
- RxJS로 이미지 변경 감지
- HttpClient로 데이터 전송

▌ 기술적 요구 사항

프로젝트 완성본은 https://github.com/PacktPublishing/Advanced-TypeScript-3-Programming-Projects/tree/master/Chapter04에서 다운로드할 수 있다.

프로젝트를 다운로드하고 나면 npm install로 필요한 패키지를 설치해야 한다.

▌ MEAN 스택

MEAN 스택이란 용어를 사용할 때는 웹 애플리케이션의 클라이언트와 서버 측을 모두 만드는 각각의 자바스크립트 기술 집합을 이야기한다. MEAN은 각 핵심 기술의 약자를 모은 것이다.

- **몽고DB**^{MongoDB}: 문서 데이터베이스라고도 하며, JSON 형식으로 데이터를 저장한다. 문서 데이터베이스는 관계형 데이터베이스와 다르므로, 이전에 SQL

서버나 오라클 같은 데이터베이스만 사용했다면 문서 데이터베이스 동작 방식에 적응하는 데 약간의 시간이 필요할 수 있다.

- **익스프레스**Express: 노드JS 백엔드 웹 애플리케이션 프레임워크 세계에서 최고의 자리를 차지하고 있다. 익스프레스를 사용하면 노드JS가 서버 측에서 제공해야 하는 기능을 쉽게 만들 수 있다. 익스프레스에서 제공하는 모든 기능을 노드JS로도 제공할 수 있지만, 쿠키를 추가하거나 요청을 라우팅routing하는 작업을 하려면 코드가 복잡해진다. 익스프레스는 손쉽게 기능을 추가해 개발 시간을 줄여준다.

- **앵귤러**Angular: 앵귤러는 클라이언트에서 구동되는 클라이언트 측 프레임워크다. 일반적으로 앵귤러는 페이지 이동 이벤트가 발생할 때 전체 페이지를 새로고침하지 않고 클라이언트의 작은 부분만 갱신하는 단일 페이지 애플리케이션Single-Page Application(SPA)을 만들 때 사용한다.

- **노드JS**Node.js: 노드JS는 애플리케이션의 서버 측 실행 환경이다. 웹 서버라고 생각하면 된다.

아래 그림은 MEAN 스택에서 각 컴포넌트가 애플리케이션 아키텍처의 어느 지점에 존재하는지 보여준다. 애플리케이션에서 우리가 마주하게 되는 부분은 프런트엔드로 알려진 부분이며 그림에서는 클라이언트에 해당한다. 애플리케이션의 나머지 부분은 보통 백엔드라 부르고, 그림에서는 웹 서버와 데이터베이스에 해당한다.

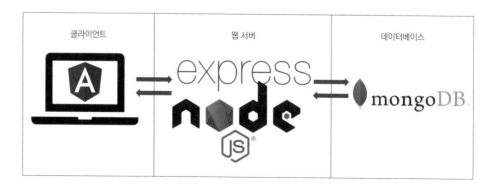

앵귤러 대신 리액트를 사용하는 경우 MERN 스택이라고 부른다.

▌프로젝트 개요

4장에서 만들 프로젝트는 서버 측 애플리케이션을 만들고, 클라이언트에는 유명 프레임워크인 앵귤러를 도입한다. 사진을 업로드하고 서버 데이터베이스에 저장해서 사진을 다시 볼 수 있는 사진 갤러리 애플리케이션을 만든다.

깃허브 저장소 코드로 작업하면 4장의 단계를 완료하는 데 대략 세 시간 정도 걸린다. 프로젝트를 완성했을 때의 모습은 다음과 같다.

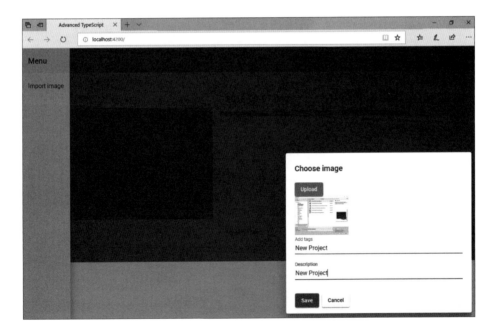

> 4장에서는 MEAN 스택의 모든 부분을 상세하게 설명하지 않는다. 4장을 마칠 무렵이면, 각 부분이 제공하는 것들의 차이를 아주 간략히만 살펴보게 된다. 많은 주제를 다루지만, 정보가 지나치게 많으므로 타입스크립트의 고급 기능에 집중한다. 하지만 명시적으로 언급하지 않더라도 제네릭 제약, 플루언트 같은 기능들은 계속 다룬다.

❚ 시작하기

3장과 마찬가지로 4장에서도 노드JS를 사용하며, https://nodejs.org/에서 다운로드 할 수 있다. 추가로 다음 컴포넌트가 필요하다.

- 앵귤러 명령행 도구^{Command-Line Interface}(CLI) (7.2.2 버전을 사용한다.)

- cors (2.8.5 이상)

- body-parser (1.18.3 이상)

- express (4.16.4 이상)

- mongoose (5.4.8 이상)

- @types/cors (2.4.8 이상)

- @types/body-parser (1.17.0 이상)

- @types/express (4.16.0 이상)

- @types/mongodb (3.1.19 이상)

- @types/mongoose (5.3.11 이상)

몽고DB를 사용하며, 커뮤니티 에디션은 https://www.mongodb.com/download-center/community에서 다운로드할 수 있다. 몽고DB는 몽고DB 데이터베이스의 조회, 쿼리, 편집을 쉽게 해주는 GUI를 제공한다.

▌ MEAN 스택으로 앵귤러 사진 갤러리 만들기

3장에서 했던 것처럼, 애플리케이션 요구 사항을 정의하면서 시작하자.

- 사용자는 서버로 보낼 사진을 선택할 수 있어야 한다.
- 사용자는 사진 설명과 같은 사진에 대한 메타데이터를 제공할 수 있다.
- 업로드한 사진은 메타데이터와 함께 데이터베이스에 저장된다.
- 사용자는 자동으로 업로드한 사진을 볼 수 있다.

앵귤러 이해하기

앵귤러는 HTML과 타입스크립트를 조합해 클라이언트 측 애플리케이션을 만드는 플랫폼이다. 이전에 앵귤러JS^{Angular.js}로 알려졌을 때는 자바스크립트로 만들었지만, 타입스크립트로 다시 작성하고 앵귤러로 이름을 변경했다. 앵귤러의 아키텍처는 애플리케이션에 포함시키거나 직접 작성하는 일련의 모듈을 중심으로 구성된다. 모듈에는 클라이언트 측 코드를 만들 때 사용할 수 있는 서비스나 컴포넌트가 포함된다.

원래 앵귤러를 주도하던 아이디어 중 하나는 페이지 전체를 다시 로딩하는 것은 낭비라는 생각에서 비롯됐다. 수많은 웹 사이트가 동일한 내비게이션, 헤더, 푸터^{footer}, 사이드바^{sidebar}를 사용하고 있는데, 사용자가 다른 페이지로 이동할 때마다 실제 변경되지 않은 항목을 매번 다시 로딩하는 것은 시간 낭비가 된다. 앵귤러는 SPA로 알려진 아키텍처를 유명하게 만들었고, 페이지에서 실제로 갱신이 필요한 작은 부분만 갱신한다. 웹 페이지에서 사용하는 트래픽 양을 감소시켰고, 클라이언트 애플리케이션의 반응성을 증가시켰다.

다음 그림은 전형적인 SPA를 보여준다. 페이지의 거의 대부분은 정적이라 다시 보낼 필요가 없지만, 가운데의 Junk Email 부분만은 동적으로 갱신이 필요한 부분이다. 이는 SPA의 아름다움을 보여준다.

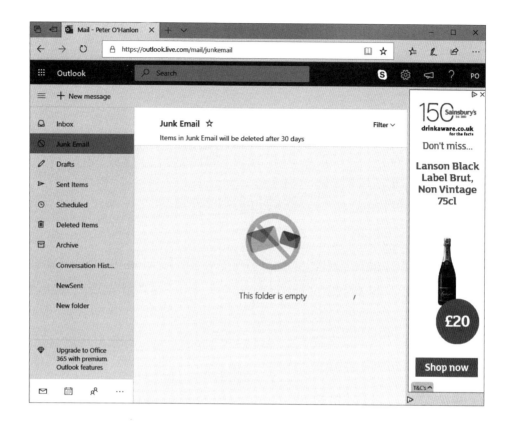

앵귤러에 대해 알았으므로, 클라이언트 작성에 앵귤러를 사용해보자.

애플리케이션 만들기

최근에 앵귤러를 설치하지 않았다면 npm으로 설치해야 한다. 이 절에서는 앵귤러 CLI
를 사용한다. 명령행에서 애플리케이션 생성, 컴포넌트 추가, 애플리케이션 스캐폴딩

^{scaffolding} 등의 작업에 필요한 모든 것을 제공한다.

```
npm install -g @angular/cli
```

> 클라이언트와 서버 양측 모두 개발할 때는 코드를 함께 관리하는 것이 좋다. 공통 디렉터리 아래에 Client와 Server 폴더를 만들어 사용한다. 앵귤러 명령어는 모두 Client 폴더에서 실행한다. 클라이언트와 서버가 코드를 공유하는 일은 비교적 흔하므로 이런 디렉터리 배치는 애플리케이션을 함께 관리하고 쉽게 공유하는 간단한 방법이다.

앵귤러 애플리케이션을 만들려면 앵귤러 CLI에 포함돼 있는 ng new 명령을 사용하면 된다. 명령어에 추가로 CSS 생성에 SCSS를 사용하는 옵션을 넣고 컴포넌트에 붙일 접두사를 지정한다.

```
ng new Chapter04 --style scss --prefix atp
```

> 이름 규칙의 apt는 '고급 타입스크립트 프로젝트(Advanced TypeScript Projects)'의 머리글자이며 책 제목을 반영했다. 4장에서는 CSS를 많이 사용하지 않지만, 믹스인 같은 구문을 사용하기 위해 CSS를 직접 사용하지 않고 CSS 전처리기로 내가 기본으로 사용하는 SCSS를 사용한다. apt를 접두사로 사용하는 것은 컴포넌트 선택자를 유일하게 만들기 위해서다. 만약 컴포넌트 이름을 label로 붙이면 HTML의 label과 충돌하게 된다. 충돌을 피하고자 컴포넌트 선택자에 apt를 접두사로 붙인다. HTML 엘리먼트에서는 절대로 대시(–)를 사용하지 않으므로 기존 선택자와 충돌하지 않는다.

기본 설치를 사용하므로 앵귤러 라우팅 지원을 묻는 부분에서는 엔터 키를 입력한다. 설치가 끝나면 앵귤러 서버를 시작한다. 파일이 변경되면 즉시 애플리케이션을 다시 빌드한다. 보통 이 부분을 시작하기 전에 필요한 모든 컴포넌트를 설치하지만, 앵귤러가 제공하는 시작점이 정확히 어디인지 알려주고 실시간으로 변경을 확인할 수 있다는 점에서 유용하다.

```
ng serve --open
```

리액트와 달리 기본 웹 주소는 http://localhost:4200이다. 웹 브라우저로 접속하면 앵귤러 기본 예제 페이지가 나타난다. 기본 페이지에서 많은 것을 제거하겠지만, 필요한 기능들을 추가하는 동안 잠시 이 페이지를 유지한다.

앵귤러는 상당히 많은 파일을 생성하기 때문에 가장 많이 작업하는 파일이 무엇인지, 어떤 목적으로 사용하는지 알아둘 필요가 있다.

App.Modules.ts

대형 앵귤러 애플리케이션을 개발하는 과정에서는 우리가 한 애플리케이션의 각기 다른 기능을 개발하는 팀이라면 각 기능을 모듈로 분리하는 것이 일반적이다. app.modules.ts 파일은 모듈을 어떻게 구성했는지 알려주는 진입점으로 볼 수 있다. 이를 위해 @NgModule이 다루는 모듈 정의의 두 부분을 살펴보자.

첫 번째는 우리가 개발한 컴포넌트가 어떤 것인지 앵귤러에게 알려주는 declarations 섹션이다. 예제 애플리케이션에서는 AppComponent(기본으로 추가), FileuploadComponent, PageBodyComponent라는 세 개의 컴포넌트를 만든다. 앵귤러 CLI를 사용해 컴포넌트를 생성하면 declarations 섹션에 자동으로 추가된다.

두 번째는 애플리케이션이 어떤 외부 모듈을 가져와서 사용하는지 알려주는 imports 섹션이다. 애플리케이션에서 외부 모듈의 기능만 참조할 수는 없다. 앵귤러에게 어느 모듈에서 제공하는 기능인지 알려줘야 한다. 앵귤러는 애플리케이션을 배포할 때 실제 사용하는 모듈만 배포하므로 의존성 최소화에 강하다.

4장에서는 앵귤러 머티리얼 지원과 같은 기능을 사용하고자 두 번째 섹션에 항목을 추가한다.

앵귤러 머티리얼로 UI 만들기

갤러리 애플리케이션 프론트엔드에서는 부트스트랩 대신 앵귤러 머티리얼을 사용한다. 앵귤러 애플리케이션에서는 주로 머티리얼을 사용하므로 머티리얼을 살펴본다. 앵귤러로 상용 애플리케이션을 개발한다면 경력 관리 측면에서 언젠가는 좋은 기회가 될 수도 있다.

앵귤러 팀은 머티리얼 디자인 컴포넌트를 앵귤러에 도입하기 위해 앵귤러 머티리얼을 만들었다. 앵귤러 개발 과정에서 표준 HTML 컴포넌트를 사용한 것과 차이를 느끼지 못할 정도로 자연스럽게 통합하려는 의도다. 디자인 컴포넌트는 단일 표준 컨트롤을 넘어선 기능으로 내비게이션과 같이 복잡한 레이아웃을 쉽게 만들 수 있게 해준다.

머티리얼 컴포넌트는 보이는 모양과 동작을 함께 제공하므로, 사용하는 즉시 최소한의 노력으로 전문가가 만든 것 같은 애플리케이션을 만들 수 있다. 어느 정도까지는 부트스트랩을 사용하는 경우와 비슷하게 느껴질 것이다. 4장에서는 부트스트랩 대신 머티리얼을 사용하는 데 집중한다.

이 절 초반부에서 앵귤러 머티리얼이 앵귤러에 머티리얼 디자인을 도입한다고 했는데, 이 내용은 머티리얼 디자인을 이해하기 전까지는 반복해서 접하게 될 것이다. 구글에서 검색해보면, 머티리얼 디자인은 구글의 디자인 언어라는 많은 글을 찾아볼 수 있다.

머티리얼은 안드로이드와 근본적으로 연결돼 있으므로 안드로이드 개발에서는 자주 나오는 용어다. 머티리얼의 배경에는 인터페이스 엘리먼트를 일관된 방식으로 제공하는 것이 사용자에게 가장 이익이 된다는 생각이 있다. 애플리케이션에 머티리얼을 도입하면, G메일 같은 애플리케이션 사용자에게는 익숙한 UI로 보일 것이다.

디자인 언어라는 말은 너무 모호하다. 도대체 무슨 뜻일까? 왜 이런 매력적인 용어가 있을까? 우리가 사용하는 언어를 단어와 문장 부호로 분리하고 구성하듯이, 시각적 요소를 색과 깊이 같은 요소로 분리하고 구성한다. 예를 들어, 언어는 색상의 의미를 알려줄 수 있다. 그러므로 애플리케이션 화면에서 어떤 색상으로 된 버튼을 보면, 애플리케이션의 다른 화면에서도 동일한 의미를 가져야 한다. 한 다이얼로그에서는 '확인'의 의미로 녹색 버튼을 사용하고, 다른 다이얼로그에서는 '취소'의 의미로 녹색 버튼을 사용하면 안 된다.

앵귤러 머티리얼 설치는 간단하다. 다음 명령어로 앵귤러 머티리얼, 컴포넌트 디자인 툴킷(CDK), 플렉서블 레이아웃^{flexible layout}, 애니메이션 지원을 추가할 수 있다.

```
ng add @angular/material @angular/cdk @angular/animation @angular/flexlayout
```

라이브러리를 설치하는 과정에서 어떤 테마를 사용할지 묻는다. 테마에서 가장 시각적 차이가 생기는 부분은 색상 구성이 변경되는 점이다.

다음 테마를 선택할 수 있다(테마 예제가 제공된다).

- Indigo/Pink (https://material.angular.io?theme=indigo-pink)
- DeepPurple/Amber (https://material.angular.io?theme=deeppurple-amber)
- Pink/BlueGrey (https://material.angular.io?theme=pink-bluegrey)
- Purple/Green (https://material.angular.io?theme=purple-green)
- 사용자 설정

예제에서는 Indigo/Pink 테마를 사용한다.

더불어 HammerJS를 사용할 것인지 묻는다. HammerJS는 애플리케이션에서 터치 또는 마우스로 입력하는 패닝이나 로테이션 같은 제스처를 인식할 수 있게 해준다. 끝으로 앵귤러 머티리얼용 브라우저 애니메이션을 설정할지 묻는다.

 CDK는 머티리얼의 일반적인 기능이 어떻게 동작하는지 알려주는 추상화지만 모양에 대해서는 알려주지 않는다. CDK를 설치하지 않으면 머티리얼 라이브러리의 많은 기능이 동작하지 않으므로 @angular/material과 함께 설치해야 한다.

머티리얼로 내비게이션 추가

이제 우리가 계속 보게 될 것은 애플리케이션에 기능을 추가하기 위해 app.module.ts 파일을 수정하는 작업이다. 머티리얼도 마찬가지로 다음 import문을 추가하는 것으로 시작한다.

```
import { LayoutModule } from '@angular/cdk/layout';
import { MatToolbarModule, MatButtonModule, MatSidenavModule,
MatIconModule, MatListModule } from '@angular/material';
```

모듈을 사용할 수 있으므로 NgModule의 import 구문에서 추가한 모듈을 참조해야 한다. 목록에 있는 모든 모듈은 애플리케이션의 템플릿에서 사용할 수 있다. 예를 들어, 측면 내비게이션 지원을 추가할 때는 import 목록의 MatSidenavModule에 의존한다.

```
imports: [
  ...
  LayoutModule,
  MatToolbarModule,
  MatButtonModule,
  MatSidenavModule,
  MatIconModule,
  MatListModule,
]
```

애플리케이션에서 측면 내비게이션(화면 옆에 내려오면서 나타나는 메뉴)을 사용하도록 설정해보자. 구조상 측면 내비게이션을 사용하려면 세 개의 엘리먼트를 추가해야 한다.

- mat-sidenav-container 측면 내비게이션을 감싸는 엘리먼트
- mat-sidenav 측면 내비게이션을 표시하는 엘리먼트
- mat-sidenav-content 화면에 표시할 내용을 추가하는 엘리먼트

app.component.html 페이지에 다음 태그를 추가하자.

```
<mat-sidenav-container class="sidenav-container">
  <mat-sidenav #drawer class="sidenav" fixedInViewport="true" [opened]="false">
  </mat-sidenav>
  <mat-sidenav-content>
  </mat-sidenav-content>
</mat-sidenav-container>
```

mat-sidenav에서 앞으로 사용하게 될 몇 가지 동작을 설정한다. 내비게이션이 고정 뷰 포트를 갖도록 하고, ID는 #drawer로 설정한다. 내비게이션을 열고 닫을 때 ID를 사용한다.

아마도 가장 흥미로운 부분은 애플리케이션에서 처음으로 바인딩을 사용하는 부분인 [opened]="false"일 것이다. [ ]는 어떤 속성에 바인딩하는지를 알려준다. 예제에서는 opened에 false를 바인딩했다. 4장을 통해 앵귤러의 풍부한 바인딩 구문을 만나보게 될 것이다.

내비게이션을 담아두는 컨테이너가 있으므로, 측면 네이비게이션의 내용을 추가해보자. 툴바에 Menu를 추가하고 내비게이션 메뉴에 Import Image를 추가한다.

```
<mat-toolbar>Menu</mat-toolbar>
<mat-nav-list>
  <a mat-list-item>Import Image</a>
</mat-nav-list>
```

표준 링크 태그에 mat-list-item을 사용해 머티리얼 엔진에게 링크를 목록으로 배치한다고 알려준다. 실제로 이 섹션은 머티리얼 스타일을 이용한 링크의 순서 없는 목록으로 표시된다.

내비게이션 바^{navigation bar}를 열고 닫는 토글 기능을 추가해보자. 내비게이션의 콘텐츠 영역에 측면 내비게이션을 여는 버튼을 갖는 툴바를 추가해보자. mat-sidenav-content 섹션은 다음과 같다.

```
<mat-toolbar color="primary">
  <button type="button" aria-label="Toggle sidenav" mat-icon-button (click)="drawer.
toggle()">
  <mat-icon aria-label="Side nav toggle icon">menu</mat-icon>
  </button>
</mat-toolbar>
```

버튼에도 바인딩 예제가 등장했다. 이 경우에는 클릭 이벤트가 발생하면 drawer 아이디로 mat-sidenav 항목에 대해 토글 작업을 실행한다. 바인딩 명령에 [이벤트이름] 대신 (이벤트이름)을 사용했으며, 버튼 안에서 내비게이션 토글을 표현하고자 mat-icon을 사용했다. 머티리얼 디자인 철학은 애플리케이션을 보여주는 데 일반적인 방식을 사용한다. 앵귤러 머티리얼은 메뉴와 같은 다양한 표준 아이콘을 제공한다.

머티리얼 폰트는 우리가 사용하는 home, menu 같은 특정 단어를 리가추어[ligature]라고 부르는 특정 이미지로 표현한다. 리가추어는 표준 타이포그래피 용어이며, 이미지로 나타낼 수 있는 글자, 숫자, 기호의 잘 알려진 조합을 말한다. 예를 들어, home이란 글자를 아이콘으로 표현하는 mat-icon이 있다.

첫 번째 컴포넌트 만들기 – 파일 업로드 컴포넌트

내비게이션의 Import Image 링크를 누르면 실제로 무언가 동작해야 하므로, 다이얼로그를 보여주는 컴포넌트를 작성해보자. 파일을 업로드할 예정이므로 이름은 FileUpload로 하자. 앵귤러 CLI를 실행해 간단하게 만들 수 있다.

```
ng generate component components/fileupload
```

 앵귤러 명령어는 축약형으로 쓸 수 있다. ng generate component 대신 ng g c로 사용할 수 있다.

명령을 실행하면 다음 네 개의 파일이 생성된다.

- fileupload.component.html: 컴포넌트용 HTML 템플릿

- fileupload.component.html: 컴포넌트에 CSS로 들어가야 하는 모든 내용

- fileupload.component.spec.ts: spec.ts 파일은 앵귤러 애플리케이션의 단위 테스트에 사용한다. 제대로 만드는 웹 애플리케이션 테스트는 그 자체만으로도 별도의 책 한 권 분량이 필요하므로 그에 대한 자세한 내용은 이 책의 범위를 벗어난다.

- fileupload.component.ts: 컴포넌트 로직이 들어갈 파일

 ng 명령어로 컴포넌트를 생성하면 app.module.ts 파일의 declarations 섹션에도 추가된다.

fileupload.component.ts 파일을 열어보면 대략의 구조는 다음과 같다(파일 맨 위쪽의 import 구문은 무시하자).

```
@Component({
  selector: 'atp-fileupload',
  templateUrl: './fileupload.component.html',
  styleUrls: ['./fileupload.component.scss']
})
export class FileuploadComponent implements OnInit {
  ngOnInit() {
  }
}
```

앵귤러가 이전에 살펴본 타입스크립트의 기능을 최대한 활용하고 있는 것을 볼 수 있다. 예제에서 FileuploadComponent는 Component 데코레이터로 HTML에서 FileuploadComponent 인스턴스를 사용하려면 atp-fileupload를 사용하라고 앵귤러에게 알려준다. 각

기 분리된 HTML 템플릿과 스타일을 사용하므로 @Component 데코레이터로 컴포넌트의 다른 요소를 식별할 수 있게 해준다. 클래스 파일에서 스타일과 템플릿을 직접 정의할 수 있지만, 일반적으로는 별도의 파일로 분리하는 것이 낫다.

 애플리케이션의 이름 규약은 atp로 명시하고 있으며, 의미가 있는 이름을 지어야 한다. 팀에서 일할 때는 팀에서 사용하는 표준을 찾아서 따라야 하고, 만약 표준이 없다면 이름을 짓는 규칙에 대해 팀의 동의를 구해야 한다.

다이얼로그의 기능 중 하나는 사용자가 선택한 이미지를 미리 보여주는 기능이다. 컴포넌트에서 이미지를 읽어오는 부분의 로직을 분리해 관심사 분리를 깔끔하게 유지하자.

서비스로 파일 미리보기

뷰에 있으면 안 되는 로직이 뷰 안쪽으로 들어가려는 경향은 UI 애플리케이션 개발을 어렵게 만드는 요인 중 하나다. 뷰에서 호출하는 로직이므로 ts 뷰에 로직을 넣으면 편리하지만, 클라이언트에게 보이는 것과는 별 관계가 없다.

예를 들어 UI에서 서버로 어떤 값을 쓰고 싶다면, 데이터가 뷰와 연관된 유일한 부분이다. 실제로 서버에 값을 쓰는 것은 책임이 완전히 다른 문제다. 필요한 클래스를 주입할 수 있는 외부 클래스를 만드는 간단한 방법이 있다면, 인스턴스를 만드는 방법을 고민하지 않아도 되므로 유용할 것이다. 필요하면 언제든 사용할 수 있도록 앵귤러 제작자들은 미리 서비스를 만들어뒀다.

서비스는 @Injectable 데코레이터를 사용하는 간단한 클래스로, 모듈의 declarations 섹션의 항목이다. 요구 사항 외에 필요한 것이 없으므로 필요하다면 쉽게 수작업으로도 서비스 클래스를 만들 수 있다. 앵귤러의 다음 명령으로 서비스를 만들 수 있기 때문에 실제로 수작업을 할 필요는 없다.

```
ng generate service <<servicename>>
```

서비스를 만드는 명령어가 자동으로 이름 끝에 service를 추가해주므로 이름 끝에 service를 추가하지 않아도 된다. 동작하는 방식을 살펴보면, 우리가 만드는 서비스는 선택한 파일을 읽어서 이미지 업로드 다이얼로그와 메인 화면에 보여줄 수 있고, 데이터베이스에 보내서 저장할 수도 있다. 다음 명령어로 시작해보자.

```
ng generate service Services/FilePreviewService
```

 나는 서비스를 Services 폴더 아래에 생성하는 편이다. 파일 이름에 경로를 넣으면 Services 폴더에 생성된다.

ng generate service 명령은 다음과 같은 파일을 생성한다.

```
import { Injectable } from '@angular/core';
@Injectable({
providedIn: 'root'
})
export class FilePreviewService {
}
```

파일을 읽는 작업은 시간이 걸리므로, 비동기로 동작하게 하자. 앞 장에서 살펴본 것처럼 콜백을 사용할 수도 있지만 프로미스를 사용하는 편이 낫다. 서비스에 다음 메서드를 추가하자.

```
public async Preview(files: any): Promise<IPictureModel> {
}
```

파일을 읽어들이는 부분이므로, 애플리케이션 데이터를 전달하는 데 사용하는 모델을
만들자. 모델은 다음과 같이 생겼다.

```
export interface IPictureModel {
  Image: string;
  Name: string;
  Description: string;
  Tags: string;
}
export class PictureModel implements IPictureModel {
  Image: string;
  Name: string;
  Description: string;
  Tags: string;
}
```

Image에는 읽어들일 실제 이미지를 담고, Name에는 파일명을 담는다. 파일명이 있을 때
부터 파일 자체를 다루기 때문에 먼저 모델의 값을 채운다. Description과 Tags 문자열
은 이미지 업로드 컴포넌트에서 추가한다. 교차 타입으로 만들 수도 있지만, 예제와
같이 간단한 모델이라면 단일 모델로도 충분하다.

프로미스를 사용하고 있으므로 Preview 메서드에서는 적절한 프로미스 타입을 반환해
야 한다.

```
return await new Promise((resolve, reject) => {});
```

프로미스 안에서 모델 인스턴스를 만든다. 이미지 파일임을 보장하는 방어 코드를 추
가하는 것은 좋은 습관이다. 만약 이미지 파일이 아니라면 다음과 같은 코드로 우아하
게 파일을 거부하자.

```
if (files.length === 0) {
  return;
```

```
}
const file = files[0];
if (file.type.match(/image\/*/) === null) {
  reject(`The file is not an image file.`);
  return;
}
const imageModel: IPictureModel = new PictureModel();
```

여기까지 오면 올바른 파일을 갖고 있으므로, 모델의 이름에 파일명을 사용하고 File Reader의 readAsDataURL 메서드로 이미지를 읽는다. 파일을 다 읽으면 onload 이벤트가 발생하고 모델에 이미지 데이터를 추가할 수 있다. 이제 프로미스의 resolve를 호출할 수 있다.

```
const reader = new FileReader();
reader.onload = (evt) => {
  imageModel.Image = reader.result;
  resolve(imageModel);
};
reader.readAsDataURL(file);
```

다이얼로그에서 서비스 사용

동작하는 미리보기 서비스를 만들었으므로 다이얼로그에서 사용해보자. 서비스를 사용하려면 생성자로 전달해야 한다. 서비스는 주입 가능하므로 앵귤러가 주입을 관리하도록 생성자에서 추가한 적절한 참조를 추가하자. 동시에 다이얼로그에도 참조를 추가하고, 다이얼로그에 해당하는 HTML 템플릿에도 선언을 추가하자.

```
protected imageSource: IPictureModel | null;
protected message: any;
protected description: string;
protected tags: string;
```

```
constructor(
  private dialog: MatDialogRef<FileuploadComponent>,
  private preview: FilePreviewService) { }
```

 앵귤러에서 new로 명시적으로 인스턴스를 생성하지 않고 의존성을 가진 생성자를 자동으로 만들어주는 기술은 의존성 주입이다. 이 매력적인 용어의 의미는 앵귤러에게 필요한 클래스를 알려주고 객체 생성은 앵귤러에게 넘겨준다는 것이며, 앵귤러가 필요한 것들을 어떻게 만들지는 고려하지 않고 알려준다. 클래스를 만드는 작업은 매우 복잡한 내부 체계로 이어질 수 있으므로 코드가 의존하는 클래스는 의존성 주입 엔진이 만들게 해야 한다.

참조를 갖고 파일 업로드 컴포넌트에서 선택한 파일을 받아 Preview 메서드를 호출하는 메서드를 만든다. catch는 서비스의 방어 코드로 사용자가 이미지가 아닌 파일을 선택하는 상황을 방지한다. 만약 올바른 파일이 아니면 다이얼로그는 안내 메시지를 보여준다.

```
public OnImageSelected(files: any): void {
  this.preview.Preview(files).then(r => {
    this.imageSource = r;
  }).catch(r => {
    this.message = r;
  });
}
```

다이얼로그 코드에 마지막으로 해야 할 일은 사용자가 닫을 수 있게 하고 선택한 값을 호출한 코드로 전달하는 것이다. 이미지에 대한 설명과 태그를 적절한 값으로 설정한다. close 메서드는 현재 다이얼로그를 닫고 호출한 코드에 imageSource를 반환한다.

```
public Save(): void {
  this.imageSource.Description = this.description;
  this.imageSource.Tags = this.tags;
  this.dialog.close(this.imageSource);
```

```
}
```

파일 업로드 컴포넌트 템플릿

컴포넌트 작업의 마지막은 fileupload.component.html 파일의 실제 HTML 템플릿이다. 머티리얼 다이얼로그로 변경하므로 다수의 머티리얼 태그를 사용한다. 가장 간단한 태그는 표준 헤더 태그를 mat-dialog-title 속성과 함께 다이얼로그 제목을 추가하는 데 사용한다. 제목을 다이얼로그 최상단에 고정하고자 이 속성을 사용한다. 만약 스크롤하더라도 제목은 고정된 위치에 있게 된다.

```
<h2 mat-dialog-title>Choose image</h2>
```

제목을 상단에 고정해서 콘텐츠와 동작 버튼을 추가할 준비가 됐다. mat-dialog-content 태그로 콘텐츠를 추가하자.

```
<mat-dialog-content>
  ...
</mat-dialog-content>
```

콘텐츠 내부의 첫 번째 엘리먼트는 컴포넌트 코드에 메시지가 설정된 경우 표시되는 메시지다. 메시지가 있는지 확인해 표시하려면 앵귤러 바인딩 *ngIf를 사용한다. 앵귤러 바인딩 엔진은 표현식을 평가해 평가식 값이 true인 경우에만 값을 렌더링한다. 예제에서는 메시지가 존재하는지를 확인한다. 우습게 생긴 {{}} 코드도 바인딩이라는 사실을 알면 별로 놀랍지 않을 것이다. 이는 바인딩된 항목의 텍스트를 표시하는 데 사용하며 예제에서는 메시지가 된다.

```
<h3 *ngIf="message">{{message}}</h3>
```

다음으로 바꿀 부분은 애플리케이션에서 가장 좋아하는 부분 중 하나다. 머티리얼 버전이 없는 표준 HTML 파일 컴포넌트이므로, 만약 최신 모양처럼 보이려면 파일 입력을 컴포넌트로 숨기고 사용자가 머티리얼 버튼을 눌렀다고 생각하도록 약간의 속임수를 써야 한다. 파일 업로드 아이디는 `fileUpload`를 사용하고, 버튼이 눌리면 `(click)=
"fileUpload.click()"`을 실행한다. 사용자가 파일을 선택하면 change 이벤트가 발생해 조금 전에 작성한 `OnImageSelected` 코드가 실행된다.

```
<button class="mat-raised-button mat-accent" md-button (click)="fileUpload.
click()">Upload</button>
<input hidden #fileUpload type="file" accept="image/*" (change)="OnImageSelected(fileUp
load.files)" />
```

이미지 미리보기 추가는 이미지를 성공적으로 읽었을 때 만든 미리보기 이미지를 바인딩한 img 태그를 추가하는 것만큼이나 간단하다.

```
<div>
  <img src="{{imageSource.Image}}" height="100" *ngIf="imageSource" />
</div>
```

끝으로, 태그와 설명을 읽어올 필드를 추가해야 한다. `mat-form-field` 섹션에 추가한다. `matInput`은 템플릿 엔진에게 텍스트 입력에 적용할 스타일을 알려준다. 가장 흥미로운 부분은 `[(ngModel)]="..."`을 사용한 부분이다. 모델 바인딩을 적용해 바인딩 엔진에게 타입스크립트 컴포넌트 코드에서 사용할 필드를 알려준다.

```
<mat-form-field>
  <input type="text" matInput placeholder="Add tags" [(ngModel)]="tags" />
</mat-form-field>
<mat-form-field>
  <input matInput placeholder="Description" [(ngModel)]="description" />
</mat-form-field>
```

mat-form-field에 관련된 스타일을 수정해야 한다. 필드에 스타일을 주기 위해 fileupload.component.scss 파일에 .mat-form-field { display: block; } 항목을 추가하면 새로운 줄에 나타난다. 이 부분을 빼놓으면 입력 필드가 나란히 나오게 된다.

다이얼로그를 닫지 못하거나 호출 코드로 값을 돌려줄 수 없다면 좋은 일이 아니다. 우리가 따라야 할 관례는 mat-dialog-actions 섹션에 Save와 Cancel 같은 기능을 위한 버튼을 넣는 것이다. Cancel 버튼은 mat-dialog-close에 연결돼 아무런 동작 없이 다이 얼로그를 닫는다. Save 버튼은 이제는 익숙한 패턴을 따라 버튼이 눌리면 컴포넌트의 Save 메서드를 호출한다.

```
<mat-dialog-actions>
  <button class="mat-raised-button mat-primary" (click)="Save()">Save</button>
  <button class="mat-raised-button" mat-dialog-close>Cancel</button>
</mat-dialog-actions>
```

사용자가 이미지를 선택했을 때 이미지를 어디에 저장하고 어떻게 찾을지 고려해야 할 지점에 다다랐다. 3장에서는 클라이언트 측 데이터베이스에 데이터를 저장했다. 이 번에는 서버 측에 저장해보자. 데이터는 몽고DB 데이터베이스에 저장하고, 노드JS와 익스프레스에서 몽고DB 데이터베이스에 연결하는 방법을 살펴보자.

익스프레스 도입

노드JS로 클라이언트/서버 애플리케이션을 개발할 때 서버 측 개발에 프레임워크를 사용할 수 있으면 매우 편리해진다. 특히 데이터베이스 연결, 로컬 파일 시스템 같은 기능을 담당해주는 추가 기능 생태계가 풍부한 프레임워크라면 더욱 그렇다. 노드JS와 딱 맞는 미들웨어 프레임워크인 익스프레스를 도입해보자.

서버 측 코드를 밑바닥부터 만들어보자. 기본 tsconfig.json과 package.json에서 시작한다. 익스프레스를 지원하기 위해 Server 폴더에서 익스프레스와 타입스크립트 익스프레스 선언 파일을 임포트하도록 다음 명령어를 실행하자.

```
tsc --init
npm init -y
npm install express @types/express parser @types/body-parser --save
```

tsconfig.json 파일에 불필요한 옵션이 들어있다. 기본적인 옵션만 필요하므로 설정 파일을 다음과 같이 설정한다.

```
{
  "compilerOptions": {
    "target": "es2015",
    "module": "commonjs",
    "outDir": "./dist",
    "strict": true,
    "allowSyntheticDefaultImports": true,
    "esModuleInterop": true
  },
}
```

서버 측 코드는 Server 클래스로 시작한다. Server 클래스는 익스프레스를 임포트한다.

```
import express from "express";
```

익스프레스 애플리케이션 인스턴스를 만들기 위해 생성자에서 프라이빗 인스턴스인 app을 만들고 express()를 할당해 익스프레스 프레임워크를 초기화해준다.

생성자에서는 애플리케이션이 Start 메서드에서 대기할 때 사용할 포트 번호도 함께 받는다. 웹 요청에 응답해야 하므로 애플리케이션이 /에 대한 get 요청을 받았을 때, send를 사용해서 웹 페이지에 메시지를 보내는 방식으로 응답한다. 예제에서 http://localhost:3000/ 페이지를 방문하면 메서드가 받은 웹 페이지 URL은 루트(/)가 되고, 호출된 함수가 Hello from the server 메시지를 클라이언트에 응답으로 보낸다. 만약 / 이외의 페이지를 방문하면 서버는 404로 응답한다.

```typescript
export class Server {
  constructor(private port : number = 3000, private app : any = express()) {
  }

  public Start() : void {
    this.OnStart();
    this.app.listen(this.port, () => console.log(`Express server running on
    port ${this.port}`));
  }

  protected OnStart() : void {
    this.app.get(`/`, (request : any, response : any) => res.send(`Hello from the
server`));
  }
}
```

서버를 시작하려면 반드시 포트를 지정하고 Start를 호출해야 한다.

```typescript
new Server(3000).Start();
```

 인터넷에 있는 대부분의 노드JS/익스프레스 예제의 접근 방식을 따르지 않고 Server 클래스로 시작하는 이유는 책의 다른 장에서 재사용 가능한 기반을 만드는 방법을 살펴보기 위해서다. 4장에서는 Server 클래스로 시작하고, 이후 다른 장에서 서버의 기능을 확장해나간다.

현재 서버는 앵귤러에서 보내는 요청을 전혀 받을 수 없는 상태다. 클라이언트에서 오는 요청을 받을 수 있도록 서버를 개선해보자. 클라이언트가 데이터를 보낼 때 요청은 JSON 형태로 온다. 즉, 서버는 요청을 받아서 요청의 본문을 꺼내야 한다.

라우팅을 다룰 때 request.Body 전체를 다루는 예제를 보게 된다. 사진은 많은 용량을 차지하므로 앵귤러에서 크기가 큰 요청을 보낼 수 있다. 기본적으로 본문 파서는 100KB로 제한되므로 크기가 부족하다. 사진 갤러리에 들어올 대부분의 이미지를 모두 받을 수 있도록 요청의 본문 크기 제한을 100MB까지로 늘려보자.

```
public Start(): void {
  this.app.use(bodyParser.json({ limit: `100mb` }));
  this.app.use(bodyParser.urlencoded({ limit: `100mb`, extended: true }));
  this.OnStart();
  this.app.listen(this.port, () => console.log(`Express server running on port ${this.port}`));
}
```

이제 앵귤러에서 보내는 데이터를 받을 수 있으므로, 애플리케이션이 들어오는 요청을 받을지 말지 결정해야 한다. 서버가 어떤 요청을 기반으로 작업을 실행할지 결정하는 방법을 다루기 전에 CORS^{Cross-Origin Request Sharing} 문제를 해결해야 한다.

CORS로 외부 주소에서 애플리케이션으로 오는 요청을 제한할 수 있다. 앵귤러와 서버가 각기 다른 웹 서버(localhost:4200과 localhost:3000)에서 실행되고 있을 때 서버에서 업로드를 받으려면 CORS 지원을 활성화해야 한다. 그렇지 않으면 앵귤러에서 보내는 요청에 대해 아무것도 반환하지 않는다. 미들웨어인 노드JS 서버에 cors를 추가해야 한다.

```
npm install cors @types/cors --save
```

애플리케이션에 CORS를 사용한다고 알려주기만 하면 CORS 지원을 추가하게 된다.

```
public WithCorsSupport(): Server {
  this.app.use(cors());
  return this;
}
```

 TIP CORS 지원은 사용하지 않는 기능에 대한 미세 조정을 제공한다. 예를 들어 특정 메서드 타입 요청만 받고 싶다면 Access-Control-Allow-Methods를 사용하면 된다.

이제 앵귤러에서 오는 요청을 받을 수 있으므로 요청을 적절한 핸들러로 라우팅해주는 방법이 필요하다.

라우팅 지원

웹 서버로 요청이 오면 어떤 응답을 반환할지 결정해야 한다. REST API를 만든 것과 비슷한 방식으로 업로드를 포함한 다른 요청에 대한 응답을 만들어보자. 들어오는 요청에 어떻게 응답할지 결정하는 것을 라우팅이라고 한다. 애플리케이션에서는 세 가지 유형의 요청을 처리한다.

- add URL(http://localhost:3000/add/)로 들어오는 POST 요청. 요청을 받으면 이미지와 관련 정보를 데이터베이스에 저장한다.

- get URL(http://localhost:3000/get/)로 들어오는 GET 요청. 요청을 받으면 저장된 모든 이미지의 ID를 배열 형태로 응답한다.

- /id/ URL에 대한 GET 요청. URL에 추가돼 있는 ID 정보에 해당하는 이미지를 클라이언트에 반환한다.

각각의 이미지가 상당히 크므로 ID 배열을 반환한다. 만약 모든 이미지를 한 번에 반환한다면 로드할 때 한 번에 모두 표시하려 들기 때문에 클라이언트 측의 이미지 표시가 매우 느려진다. 또한 응답 크기 제한 범위를 벗어날 수도 있다. 따라서 많은 데이터를 전송하는 경우에는 각각의 요청 전송을 최소화하는 방법을 찾는 것이 좋다.

각 요청의 목적지는 요청을 처리하는 특정 동작에 대응한다. 라우팅에서는 기능 동작 서비스만 제공하는 하나의 클래스에서 요청을 처리할 수 있다는 힌트를 얻을 수 있다. 하나의 동작으로 처리하도록 라우팅 클래스가 사용할 인터페이스를 정의한다.

```
export interface IRouter {
  AddRoute(route: any): void;
}
```

응답 가능한 라우터 인스턴스를 만들어주는 헬퍼 클래스^{helper class}를 추가하자. 클래스는 라우팅 인스턴스를 담을 IRouter 배열을 생성함으로써 간단하게 시작한다.

```
export class RoutingEngine {
  constructor(private routing: IRouter[] = new Array<IRouter>()) {
  }
}
```

인스턴스를 추가하는 데 사용하는 메서드에 주목해보자. 타입스크립트 기능을 사용해 제네릭 타입을 받고 new가 호출되면 타입 인스턴스를 반환하는 방식으로 제네릭 타입을 파라미터로 받아 타입 인스턴스를 만든다.

IRouter 구현 타입만 받도록 제네릭으로 타입을 제한한다.

```
public Add<T1 extends IRouter>(routing: (new () => T1), route: any) {
  const routed = new routing();
  routed.AddRoute(route);
```

```
  this.routing.push(routed);
}
```

 메서드의 route 변수는 익스프레스에서 전달해준다. 애플리케이션에서 사용하는 인스턴스는
라우팅 인스턴스다.

라우팅을 지원할 준비가 됐으므로 이전에 인식한 요청을 라우팅하는 클래스를 만들어
보자. add 요청을 받는 클래스를 살펴보자.

```
export class AddPictureRouter implements IRouter {
  public AddRoute(route: any): void {
    route.post('/add/', (request: Request, response: Response) => {
    }
  }
}
```

메서드는 /add/ 요청을 받는 것으로 시작한다. 요청을 받아 처리하고 응답을 보낸다.
요청이 왔을 때 어떤 작업을 할지는 메서드 안에서 결정하지만, 메서드 자체의 실행
여부는 라우팅에서 요청이 일치하는지를 보고 결정한다. 이 메서드에서는 서버 측 이
미지 표현을 만들고 데이터베이스에 저장한다.

애플리케이션의 목적에 맞게 익스프레스 라우팅을 도입하자. 앵귤러는 자체 라우팅
엔진을 갖고 있지만, 우리가 코드에 넣고 싶은 목적에는 적합하지 않다. 앵귤러 라우
팅은 5장, '그래프QL과 아폴로로 만드는 앵귤러 할 일 관리 애플리케이션'에서 도입
한다.

몽고DB 도입

몽고DB를 사용하려면 몽구스^{Mongoose} 같은 패키지를 추가해야 한다. mongoose와 @types

/mongoose 패키지를 설치한다.

```
npm install mongoose @types/mongoose --save-dev
```

데이터베이스 관련 작업을 하기 전에 데이터베이스에 저장할 객체를 표현하는 스키마를 만들어야 한다. 스키마는 앵귤러 쪽에서 만드는 모델을 피상적으로 표현해 모델과 일치하지 않기 때문에 다시 작성해야 한다. 이는 MEAN으로 애플리케이션을 개발할 때 좀 지루해질 수 있는 부분이다.

여기서 더 중요한 사실은 앵귤러 모델을 변경할 때 몽고DB 스키마도 다시 생성해 변경 사항을 함께 수정해야만 한다는 점이다.

```
export const PictureSchema = new Schema({
  Image: String,
  Name: String,
  Description: String,
  Tags: String,
});
```

 애플리케이션의 목적을 위해 이미지를 데이터베이스의 Image 필드에 저장해야 한다. 준비해야 하는 인프라를 간단하게 만들 수 있기 때문이다. 상용 애플리케이션에서는 실제 이미지를 데이터베이스와 분리해 저장하고 Image 필드에는 이미지의 물리적 위치를 저장해야 한다. 이미지의 위치는 웹 애플리케이션에서 접근 가능해야 하며, 이미지를 안전하게 백업하고 쉽게 복원하는 정책이 있어야 한다.

스키마가 준비되면 스키마를 표현하는 모델을 만들어야 한다. 좋은 방법은 모델과 스키마의 상호작용을 고려하는 것이다. 스키마는 어떤 데이터를 보고 싶은지에 집중하고, 모델은 데이터를 어떻게 조작할지에 집중한다.

```
export const Picture = mongoose.model('picture', PictureSchema);
```

모델이 준비됐으므로 데이터베이스에 접속하는 방법을 살펴보자. 몽고DB 데이터베이스는 자체 프로토콜이 있으므로 접속 주소는 mongodb://로 시작한다. 애플리케이션의 목적을 고려해 몽고DB를 서버 측 코드와 같은 서버에서 실행한다. 애플리케이션이 커지면 당연히 별도 서버로 분리해야 하지만, 일단은 localhost:27017로 몽고DB가 실행된 27017 포트에 접속한다.

몽고DB에서 데이터베이스 여러 개를 사용하려면 사용할 데이터베이스 이름을 접속 문자열의 부분으로 추가한다. 만약 데이터베이스가 존재하지 않으면 생성한다. 예제에서 사용할 데이터베이스는 packt_atp_chapter_04다.

```
export class Mongo {
  constructor(private url : string = "mongodb://localhost:27017/packt_atp_chapter_04")
{
  }
  public Connect(): void {
    mongoose.connect(this.url, (e:any) => {
      if (e) {
        console.log(`Unable to connect ` + e);
      } else {
        console.log(`Connected to the database`);
      }
    });
  }
}
```

데이터베이스 작업을 하기 전에 데이터베이스는 사용 가능한 상태여야 하고 Connect가 호출돼 있어야 한다. 내부적으로 Connect는 접속 주소로 mongoose.connect를 호출한다.

라우팅으로 돌아가기

Picture 모델을 만들었으므로 add 경로에서 바로 만들 수 있다. 요청 본문에는 스키마와 동일한 파라미터가 있기 때문에 자동으로 매핑된다. 값을 만들고 나면 save 메서드를 호출할 수 있다. 만약 오류가 발생하면 클라이언트에 오류를 반환한다. picture나 오류 중 하나를 반환한다.

```
const picture = new Picture(request.body);
picture.save((err, picture) => {
  if (err) {
    response.send(err);
  }
  response.json(picture);
});
```

 상용 애플리케이션에서는 애플리케이션 내부의 오류를 클라이언트에 노출하지 않는다. 내부적으로만 사용하는 작은 애플리케이션에서는 문제가 적고 브라우저 콘솔 창에서 오류 내용을 간단하게 볼 수 있으므로 애플리케이션에서 어디가 잘못됐는지 확인하는 데 유용한 방법이다. 실무에서는 오류를 제거하고 표준 HTTP 응답 중 하나를 보내는 방법을 추천한다.

get 요청에 대한 핸들러는 복잡하지 않으며, add와 비슷한 방식으로 시작한다.

```
export class GetPicturesRouter implements IRouter {
  public AddRoute(route: any): void {
    route.get('/get/', (request: Request, response: Response) => {
    });
  }
}
```

Request와 Response 타입은 익스프레스에서 보내주기 때문에 imports로 해당 클래스를 추가해둬야 한다.

get의 호출 목적은 사용자가 업로드한 이미지 목록을 가져오는 것이다. 내부적으로 각 스키마는 _id 필드가 추가돼 Picture.distinct 메서드로 전체 ID 목록을 가져올 수 있다. 가져온 목록을 클라이언트에 반환한다.

```
Picture.distinct("_id", (err, picture) => {
  if (err) {
    response.send(err);
  }
  response.send(pic);
});
```

마지막으로 특정 ID 요청에 대해 데이터베이스에서 해당 항목을 가져오는 기능을 추가한다. 클라이언트에 데이터를 보내기 전에 스키마에서 _id 필드를 제외하도록 조작하는 부분 때문에 다른 클래스에 비해 조금 복잡해진다.

_id 필드를 제외하지 않으면 클라이언트에서 예상하는 데이터와 타입이 맞지 않아 클라이언트에서 자동으로 인스턴스를 만들 수 없으므로 클라이언트에서 수동으로 데이터를 맞추지 않는 한 데이터를 표시할 수 없다.

```
export class FindByIdRouter implements IRouter {
  public AddRoute(route: any): void {
    route.get('/id/:id', (request: Request, response: Response) => {
    });
  }
}
```

:id 구문은 id라는 파라미터를 받는다는 의미다. request의 params 객체를 통해 id 파라미
터를 가져올 수 있다.

id 파라미터의 값이 고유 id이므로 데이터베이스에서 Picture.findOne 메서드로 해당
항목을 가져올 수 있다. 결과에서 _id 필드를 제외하고 클라이언트에 반환하려면 -_id
를 사용해 파라미터에서 제거할 수 있다.

```
Picture.findOne({ _id: request.params.id }, '-_id', (err, picture) => {
  if (err) {
    response.send(err);
  }
  response.json(picture);
});
```

Server 클래스에는 추가적인 몇 가지 주의 사항이 있다. RoutingEngine과 Mongo 클래스
를 만들었지만 Server 클래스 어디서도 추가한 클래스를 부르지 않는다. 생성자를 확
장하면 쉽게 인스턴스를 추가할 수 있다. 또한 Start를 호출해 데이터베이스에 접속하
는 부분도 추가해야 한다. 만약 Server 클래스를 추상 클래스로 변경하고 AddRouting
메서드를 추가하면 서버 인스턴스를 직접 만들지 않아도 된다.

우리가 만드는 애플리케이션은 이 클래스를 상속해 RoutingEngine 클래스에 클래스별
라우팅 구현을 추가한다. 서버를 작은 단위로 나눠 책임을 분리한다. Start 메서드의
큰 변화는 한번 라우팅을 추가하면 애플리케이션에게 라우팅 엔진이 사용하는 것과
동일한 express.Router()를 사용한다고 알려줘서 모든 요청이 자동으로 연결된다는 것
이다.

```
constructor(private port: number = 3000, private app: any = express(),
private mongo: Mongo = new Mongo(), private routingEngine: RoutingEngine = new
RoutingEngine()) {}
```

```
protected abstract AddRouting(routingEngine: RoutingEngine, router: any): void;

public Start() : void {
  ...
  this.mongo.connect();
  this.router = express.Router();
  this.AddRouting(this.routingEngine, this.router);
  this.app.use(this.router);
  this.OnStart();
  this.app.listen(this.port, () => console.log(`Express server running on port ${this.
port}`));
}
```

준비가 끝나면, Server 클래스를 상속하는 구상 클래스를 만들고 우리가 만들었던 라우팅을 추가할 수 있다. 이 클래스로 애플리케이션을 실행한다.

```
export class AdvancedTypeScriptProjectsChapter4 extends Server {
  protected AddRouting(routingEngine: RoutingEngine, router: any): void {
    routingEngine.Add(AddPictureRouter, router);
    routingEngine.Add(GetPicturesRouter, router);
    routingEngine.Add(FindByIdRouter, router);
  }
}

new AdvancedTypeScriptProjectsChapter4(3000).WithCorsSupport().Start();
```

 이전에 서버를 시작하던 new Server(3000).Start(); 코드를 반드시 삭제해야 한다.

서버 측 코드가 마무리됐다. 더 추가할 기능이 없으므로 클라이언트 측 코드로 돌아가자.

이미지 표시

서버 측 코드를 작성하고 사용자가 이미지를 선택해 업로드하는 작업을 마무리했으니, 실제로 이미지를 보여주는 작업을 해야 한다. 메인 내비게이션에 엘리먼트를 추가하고 보여주는 PageBody 컴포넌트를 만들자. 다시 앵귤러가 열심히 일하고 인프라를 만들게 하자.

```
ng g c components/PageBody
```

컴포넌트를 만들고 PageBody 컴포넌트를 사용하도록 app.component.html 파일을 수정한다.

```
...
    <span>Advanced TypeScript</span>
  </mat-toolbar>
  <atp-page-body></atp-page-body>
  </mat-sidenav-content>
</mat-sidenav-container>
```

머티리얼 지원을 추가했을 때 앵귤러에서 플렉서블 레이아웃을 제공하는 Flex 레이아웃 기능도 추가했다. 애플리케이션에서는 이 기능을 사용해 카드 레이아웃을 세 개의 행으로 초기화하고 필요하면 다음 줄로 확장하도록 설정한다. 내부적으로 레이아웃 엔진은 Flexbox를 사용한다.

엔진이 화면의 실제 크기를 이용해 딱 맞도록 넓이와 높이를 조정할 수 있음을 이용한다. Flexbox를 이용한 동작은 부트스트랩 설정 방식과 비슷해서 익숙할 것이다. Flexbox의 기본 동작은 항목들을 한 줄에 배치한다. 행 간격에 1% 여유를 두는 div 태그를 만들어보자.

```
<div fxLayout="row wrap" fxLayout.xs="column" fxLayoutWrap fxLayoutGap="1%"
```

```
fxLayoutAlign="left">
</div>
```

레이아웃 컨테이너가 준비되면 이미지와 관련 정보를 담는 카드를 설정해야 한다. 카드 수는 매번 달라질 수 있기 때문에 앵귤러는 카드를 템플릿으로 정의하고 각각의 엘리먼트를 넣을 수 있어야 한다. 카드는 mat-card로 추가하고 약간의 앵귤러 마법(앵귤러의 또 다른 바인딩)으로 이미지를 반복할 수 있다.

```
<mat-card class="picture-card-layout" *ngFor="let picture of Pictures">
</mat-card>
```

예제에서는 Pictures 배열을 돌면서 효과적으로 카드 본문에 사용하는 변수를 만드는 앵귤러 지시자 ngFor를 사용해 카드를 설정했다. picture.Name으로 카드 제목을 설정하고, picture.Image로 이미지 소스를 설정했다. picture.Description으로 이미지 아래에 설명을 추가한다.

```
<mat-card-title fxLayout.gt-xs="row" fxLayout.xs="column">
  <span fxFlex="80%">{{picture.Name}}</span>
</mat-card-title>
<img mat-card-image [src]="picture.Image" />
<p>{{picture.Description}}</p>
```

picture-card-layout에 대한 스타일을 추가해 마무리하자.

```
.picture-card-layout {
  width: 25%;
  margin-top: 2%;
  margin-bottom: 2%;
}
```

카드 스타일이 어떻게 표시되는지 살펴보자.

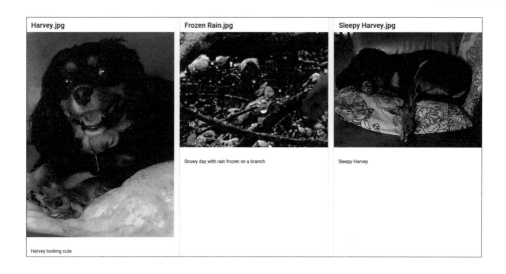

페이지 body에 HTML을 추가했지만, 카드에 연동할 데이터를 실제로 제공하는 타입스크립트 코드를 뒤쪽에 넣어야 한다. Pictures 배열이 반드시 있어야 한다.

```
export class PageBodyComponent implements OnInit {
  Pictures: Array<IPictureModel>;
  constructor(private addImage: AddImageService, private loadImage: LoadImageService,
    private transfer: TransferDataService) {
    this.Pictures = new Array<IPictureModel>();
  }

  ngOnInit() {
  }
}
```

아직 만나지 않은 여러 개의 서비스가 남아있다. 애플리케이션이 IPictureModel 인스턴스가 사용 가능해지는 순간을 어떻게 알아채는지 살펴보는 것으로 시작하자.

RxJS로 이미지 변경 감지

애플리케이션이 다이얼로그를 통해 이미지를 선택할 수 있거나 로드 프로세스 중에

서버에서 가져오더라도 페이지 본문에 표시할 수 없다면 아무 소용없는 일이 된다. 우리가 만드는 애플리케이션의 특징은 서로 간의 느슨한 결합이므로 문제가 발생했을 때 이벤트를 통해 제어하는 방법은 맞지 않는다. 이벤트를 도입하면 페이지 본문 컴포넌트나 로드 서비스 같은 구성 요소 사이에 강한 결합이 생긴다.

우리에게는 데이터 로딩 같은 상호작용을 다루는 코드, 페이지 본문을 다루는 코드, 어떤 일이 일어났을 때 한쪽에서 다른 쪽으로 그 내용을 전달하는 코드 사이에 존재하는 서비스가 필요하다. 앵귤러에서는 해결책으로 자바스크립트 반응형 확장인 RxJS$^{Reactive Extensions for JavaScript}$를 제공한다.

반응형 확장은 옵저버 패턴$^{observer pattern}$(패턴이 다시 등장했다.)의 구현체다. 옵저버 패턴은 이해하기 간단한 패턴이며, 자신도 모르는 사이에 이 패턴을 이미 사용해본 적이 있을 것이다. 옵저버 패턴에는 Subject 타입의 클래스가 있다. Subject 타입은 내부적으로 의존성 목록을 관리하면서 무언가 해야 할 때, 반응해야 하는 것과 반응해야 하는 상태를 의존성 목록의 항목들에게 알린다.

이벤트의 역할이 떠오를 것이다. 그렇다면 왜 우리가 옵저버 패턴에 관심을 가져야 하는가? 올바르게 이해해야 한다. 이벤트는 옵저버 패턴에 특화돼 있지만, 몇 가지 약점이 있고 RxJS처럼 약점을 극복하기 위한 방안이 있다. 실시간 주식 거래 애플리케이션을 가정해보자, 매초마다 수만 개의 거래가 들어온다. 당연히 클라이언트가 모든 거래를 다루면 안 되므로 이벤트 핸들러 내부에서 알림^{notification}을 필터링하는 코드를 작성해야 한다. 작성해야 하는 코드량은 상당히 많고 다른 이벤트에서도 복사될 확률이 높다. 이벤트를 사용할 때 클래스 사이에 강한 결합이 생겨서 이벤트를 처리하려면 한 클래스가 다른 클래스를 알아야만 한다.

애플리케이션이 점점 더 크고 복잡해지면서 주식 거래를 가져오는 클래스와 표시하는 클래스 사이에는 많은 차이가 있을 수 있다. 결국 복잡한 이벤트 구조를 만들게 돼서 클래스 A는 클래스 B의 이벤트를 받고, 클래스 B에서 이벤트가 발생하면 이벤트가 다시 발생해 클래스 C에서 대응하게 된다. 내부적으로 코드가 더 분산될수록 이런 강한 결합은 권장하지 않는다.

RxJS 같은 라이브러리를 사용하면 이런 문제(그리고 이를 비롯한 다양한 문제)를 이벤트에서 분리해 해결할 수 있다. RxJS를 사용해 대응해야 하는 알림 개수를 제한하거나, 선택한 데이터만 구독하거나, 특정 조건에서만 변경하는 것 같은 정교한 구독 구조를 만들 수 있다. 새로운 컴포넌트가 런타임에 추가되면 구독 가능한 클래스를 조회해 이미 받은 데이터로 화면을 미리 채우기 위해 사용 가능한 값을 확인할 수 있다. 이 기능들은 애플리케이션에서 필요한 것보다 많지만, 이후 장에서 사용하기 때문에 사용 가능한 기능들을 알고 있어야 한다.

애플리케이션은 두 가지에 대해 반응한다.

- 페이지가 로드될 때, 이미지는 서버에서 로드하므로 각 이미지가 로드될 때 반응해야 한다.
- 사용자가 다이얼로그에서 이미지를 선택했을 때, 사용자가 Save를 선택해 다이얼로그가 닫힌 후에는 데이터베이스 저장을 실행하고 저장한 이미지를 페이지에 표시해야 한다.

두 가지 요구 사항을 만족하기 위해 서비스를 만드는 것이 이제는 익숙할 것이다. 두 가지 모두 내부적으로는 같은 일을 한다. 차이점은 구독자가 한 번만 반응하면 된다는 것이다. 서비스가 상속할 간단한 기반 클래스를 만드는 것으로 시작하자.

```
export class ContextServiceBase {
}
```

시작 지점인 이 클래스는 Observable이 사용할 Subject를 정의한다. 언급했던 대로 RxJS에는 다양한 목적에 특화된 Subject가 있다. Subject가 다른 클래스에 최신 값을 알려주려면 BehaviorSubject를 사용하고 현재 값은 null로 설정한다.

```
private source = new BehaviorSubject(null);
```

Subject를 외부 클래스에는 노출시키고 싶지 않으므로 source 변수를 사용해 새로운 Observable을 만든다. 필요하다면 구독 로직을 수정할 수도 있다. 예를 들어, 알림 개수 제한이 필요하다면 구독 로직을 수정해야 한다.

```
context: this.source.asObservable();
```

 변경에 대한 컨텍스트를 전달하기 때문에 이 속성을 컨텍스트 속성이라고 부른다.

이제 외부 클래스는 Observable 소스에 접근할 수 있으므로, 외부 클래스가 반응해야 할 때 반응하라고 알림을 보낼 수 있다. 실행하려는 작업은 사용자가 추가한 IPicture Model이나 데이터 로드로 추가한 모델에 기반한다. add 메서드는 모델 인스턴스를 받아 구독 중인 코드에 보낸다.

```
public add(image: IPictureModel) : void {
  this.source.next(image);
}
```

IPictureModel을 받았을 때 각기 다른 방식으로 처리하는 두 개의 서비스가 필요하다. 첫 번째 서비스는 AddImageService이고 예상대로 앵귤러를 사용해 생성할 수 있다.

```
ng generate service services/AddImage
```

Observable에 대한 로직을 이미 작성해서 서비스는 간단하게 다음과 같은 모양이 된다.

```
export class AddImageService extends ContextServiceBase {
}
```

두 번째 서비스는 LoadImageService다.

```
ng generate service services/LoadImage
```

마찬가지로 ContextServiceBase 클래스를 상속한다.

```
export class LoadImageService extends ContextServiceBase {
}
```

 이 지점에서 왜 같은 일을 하는 두 개의 서비스를 만드는지 궁금할 것이며, 이 두 서비스는 이론적으로 완전히 동일하게 동작한다. 두 가지 버전으로 구현하기로 결정한 이유 중 하나는 AddImageService를 통해 알림을 발생시켜서 이미지를 표시하는 기능과 저장하는 기능이 동시에 동작하도록 했기 때문이다. 하지만 페이지가 로드될 때도 AddImageService를 사용한다고 가정해보자. 만약 그렇다면 페이지가 로드될 때마다 저장도 동작하기 때문에 이미지가 중복으로 저장된다. 중복이 일어나지 않도록 필터링을 도입할 수도 있지만, RxJS를 처음 방문할 때 두 개의 분리된 클래스를 사용해 간단하게 작성하는 방법을 택했다. 이어지는 다른 장들에서는 더 복잡한 구독을 만드는 방법을 살펴본다.

데이터 전송

클라이언트/서버 간 상호작용의 한쪽 면을 마무리했다. 이어서 다른 한쪽 면을 살펴보자. 서버가 노출하는 경로를 실제로 호출하는 코드를 살펴볼 시간이다. 통신을 담당하는 서비스를 추가하는 것이 이제 자연스럽게 느껴질 것이다. 서비스 생성 명령으로 시작한다.

```
ng g service services/TransferData
```

서비스는 세 가지를 이용한다. 첫 번째는 get과 post 동작에 HttpClient 인스턴스를 이용한다. 방금 만든 AddImageService, LoadImageService 클래스도 가져온다.

```
export class TransferDataService {
  constructor(private client: HttpClient, private addImage:
AddImageService,
    private loadImage: LoadImageService) {
  }
}
```

서버와 클라이언트가 처음 마주하는 지점은 사용자가 다이얼로그를 통해 이미지를 선택했을 때 사용하는 코드다. **Save**를 클릭하면 데이터를 서버에 저장하는 연속 작업을 시작한다. HTTP 헤더의 콘텐츠 타입을 JSON으로 설정한다.

```
private SubscribeToAddImageContextChanges() {
  const httpOptions = {
    headers: new HttpHeaders({
      'Content-Type': 'application/json',
    })
  };
}
```

RxJS 클래스를 다시 돌이켜보자. 사용 가능한 구독을 두 가지로 분리했었다. 하나는 AddImageService에 반응하는 데 사용하고 싶기 때문에 SubscribeToAddImageContextChanges를 추가한다.

```
this.addImage.context.subscribe(message => {
});
```

구독 중 메시지를 받으면 서버에 전송해서 데이터를 데이터베이스에 저장한다.

```
if (message === null) {
  return;
}
this.client.post<IPictureModel>('http://localhost:3000/add/', message, httpOptions)
  .subscribe(callback => { });
```

post 형식은 메시지, HTTP 옵션과 함께 이전에 작성한 서버 측 코드인 URL 주소를 전
달한다. 메시지 내용은 서버 측에서 받는 모델과 의미상으로 동일하기 때문에 자동으
로 디코딩된다. 서버에서 내용을 다시 받을 수 있으므로, 익스프레스 코드에서 받은
메시지를 디코딩하는 데 사용할 수 있는 구독을 갖고 있다. 코드를 합치면 다음과 같다.

```
private SubscribeToAddImageContextChanges() {
  const httpOptions = {
    headers: new HttpHeaders({
      'Content-Type': 'application/json',
    })
  };
  this.addImage.context.subscribe(message => {
    if (message === null) {
      return;
    }
    this.client.post<IPictureModel>('http://localhost:3000/add/', message, httpOptions)
      .subscribe(callback => {
    });
  });
}
```

전송 서비스의 또 다른 책임은 서버에서 이미지를 받아오는 일이다. 익스프레스 코드
에서 데이터를 두 단계로 받았던 것을 떠올려보자. 첫 번째 단계는 사용 가능한 이미
지의 ID 배열을 받는 것이었다. 배열을 가져오려면 HttpClient의 get을 호출해 /get/
에서 문자열 배열을 가져올 것이라고 알려줘야 한다.

```
private LoadImagesWithSubscription() {
  const httpOptions = {
    headers: new HttpHeaders({
      'Content-Type': 'application/text',
    })
  };
  this.client.get<string[]>('http://localhost:3000/get/', httpOptions).subscribe(pic =>
{
  });
}
```

ID 배열을 가져오면 엘리먼트를 하나씩 꺼내서 get을 다시 호출한다. /id/...을 추가
해 어떤 항목에 흥미가 있는지 서버에 알려주자. 항목에 대한 데이터가 오면 LoadImage
Service의 add 메서드에 IPictureModel을 전달해 호출한다. 페이지 본문에 연결돼 금세
볼 수 있다.

```
pic.forEach(img => {
  this.client.get<IPictureModel>('http://localhost:3000/id/' + img).subscribe(pic1 => {
    if (pic1 !== null) {
      this.loadImage.add(pic1);
    }
  });
});
```

끝으로, 서비스를 초기화하는 Initialize 메서드를 추가한다.

```
public Initialize(): void {
  this.SubscribeToAddImageContextChanges();
  this.LoadImagesWithSubscription();
}
```

페이지 본문 컴포넌트로 돌아가기

세 개의 서비스 LoadImageService, AddImageService, TransferDataService를 작성했으며, ngOnInit의 PageBodyComponent 초기화 코드에서 컴포넌트를 초기화할 때 사용할 수 있다. 먼저 TransferDataService의 Initialize 함수를 호출해야 한다.

```
ngOnInit() {
  this.transfer.Initialize();
}
```

컴포넌트를 끝마치고 실제 Pictures 배열을 만들려면 RxJS 서비스 양쪽의 컨텍스트에 연결해야 한다.

```
this.addImage.context.subscribe(message => {
  if (!message) {
    return;
  }
  this.Pictures.push(message);
});
this.loadImage.context.subscribe(message => {
  if (!message) {
    return;
  }
  this.Pictures.push(message);
});
```

보이는 다이얼로그 감싸기

지금까지 사용자가 다이얼로그를 닫을 때 다이얼로그를 표시하거나 AddImageService를 구동하는 코드를 실제로 넣지 않았었다. app.component.ts에 코드를 추가하고 연관 HTML을 약간 수정해보자.

200

머티리얼 다이얼로그와 AddImageService를 받는 생성자를 추가하자.

```
constructor(private dialog: MatDialog, private addImage: AddImageService) {
}
```

HTML 템플릿을 바인딩하는 퍼블릭 메서드를 추가해야 한다. 이름은 ImportImage로 한다.

```
public ImportImage(): void {
}
```

HTML 템플릿 관련 변경은 app.component.html의 메뉴 목록에서 (click) 이벤트 바인딩을 통해 click 이벤트 응답에 ImportImage 호출을 추가하는 것이다. 다시 앵귤러 바인딩이 작동하는 것을 볼 수 있다.

```
<a mat-list-item (click)="ImportImage()">Import image</a>
```

다이얼로그의 몇몇 동작을 설정할 수 있다. 사용자가 Esc 키로 다이얼로그를 자동으로 닫을 수 없도록 하고, 다이얼로그가 자동으로 포커스를 가져가면서 넓이는 500픽셀이 되도록 하려면 다음과 같이 설정한다.

```
const config = new MatDialogConfig();
config.disableClose = true;
config.autoFocus = true;
config.width = '500px';
```

이 설정으로 다이얼로그를 표시할 수 있다.

```
this.dialogRef = this.dialog.open(FileuploadComponent, config);
```

다이얼로그가 닫혔을 때를 인식해서 자동으로 add 메서드를 통해 이미지 추가 서비스를 호출함으로써 데이터 전송 서비스에게 데이터를 클라이언트로 보내라고 지시하고 페이지 본문은 새로운 이미지를 표시하라고 지시하려면 다음과 같이 수정한다.

```
this.dialogRef.afterClosed().subscribe(r => {
  if (r) {
    this.addImage.add(r);
  }
});
```

클라이언트 코드는 머티리얼 다이얼로그와 함께 동작하는 서비스와 컴포넌트를 깔끔하게 분리했다. 다이얼로그를 사용하면 그림과 같은 모양이 된다.

앵귤러 안에 다이얼로그 코드를 작성했다. 이미지를 데이터베이스에 저장할 수 있는

기능을 모두 제공하는 애플리케이션을 완성했다.

▎요약

4장에서는 MEAN 스택을 사용해 사용자가 디스크에서 이미지를 가져오고 이미지 관련 정보를 추가해 클라이언트에서 서버로 데이터를 전송하는 애플리케이션을 개발했다. 또한 요청에 응답하고 데이터를 데이터베이스에 저장하는 기능과 데이터베이스에서 데이터를 가져오는 기능을 가진 서버를 생성하는 코드를 작성했다. 머티리얼 디자인을 사용하는 방법과 앵귤러 머티리얼로 내비게이션 항목과 함께 화면에 배치하는 방법도 살펴봤다.

5장에서는 앵귤러에 대한 지식을 확장하고 그래프QL로 데이터를 시각화하는 할 일 관리 애플리케이션을 만들어본다.

▎질문

1. MEAN 스택으로 애플리케이션을 개발한다고 말할 때 MEAN 스택은 주로 어떤 것들로 구성되는가?

2. 앵귤러 클라이언트를 만들 때 접두사를 사용하는 이유는?

3. 앵귤러 애플리케이션을 시작하는 방법은?

4. 머티리얼이 디자인 언어라고 하는 것은 어떤 의미인가?

5. 앵귤러로 서비스를 만드는 방법은?

6. 익스프레스 라우팅이란?

7. RxJS는 어떤 패턴을 구현했는가?

8. CORS는 무엇이며 언제 필요한가?

▌더 읽을거리

- MEAN 스택을 더 알아보고 싶다면 폴 올루예게[Paul Oluyege]의 『MongoDB, Express, Angular, and Node.js Fundamentals』(Packt, 2019)를 참고하라.

- 자바스크립트로 하는 반응형 코딩을 더 알아보고 싶다면 에리히 드 수자 올리베이라[Erich de Souza Oliveira]의 『Mastering Reactive JavaScript』(Packt, 2017)를 참고하라.

그래프QL과 아폴로로 만드는
앵귤러 할 일 관리 애플리케이션

클라이언트와 서버가 데이터를 주고받는 다양한 통신 방법이 있다. 5장에서는 그래프QL을 사용해 서버에서 데이터를 가져오는 방법과 앵귤러 클라이언트에서 데이터를 변경하고 보내는 방법을 살펴본다. 그래프QL에서 계산한 데이터를 가져오는 방법도 다룬다. 4장에서 만든 내용을 기반으로 앵귤러 라우팅으로 각기 다른 내용을 서비스하는 방법을 살펴보고자 다시 한 번 앵귤러와 머티리얼을 사용해 사용자 인터페이스를 구성한다.

5장에서 다루는 내용은 다음과 같다.

- 그래프QL과 REST 사이의 관계
- 재사용 가능한 데이터베이스 클래스 만들기
- 미리 채운 데이터와 싱글톤^{singleton} 사용

- 그래프QL 스키마 만들기

- `type-graphql`로 그래프QL 타입 설정

- 쿼리와 변경으로 그래프QL 리졸버 만들기

- 아폴로^{Apollo} 서버를 애플리케이션 서버로 사용하기

- 그래프QL 앵귤러 클라이언트 만들기

- 클라이언트에 아폴로 지원 추가

- 앵귤러 라우팅 사용법

- 앵귤러 입력 검증 제어

- 클라이언트에서 서버로 그래프QL 변경 전송

- 클라이언트에서 서버로 그래프QL 쿼리 전송

- 읽기 전용과 편집 템플릿 전환

▌ 기술적 요구 사항

프로젝트 완성본은 https://github.com/PacktPublishing/Advanced−TypeScript−3−Programming−Projects/tree/master/Chapter05에서 다운로드할 수 있다.

프로젝트를 다운로드하고 나면 `npm install`로 필요한 패키지를 설치해야 한다.

▌ 그래프QL과 REST 사이의 관계

웹 기반 기술은 갑자기 나타나는 일반적인 문제를 푸는 데 다양한 방법을 사용할 수 있다는 점에서도 훌륭하다. REST는 클라이언트에서 서버로 통신하는 간단하면서도 강력한 방법이다. 하지만 방법이 하나만 있는 것은 아니다. REST는 많은 문제를 해결했지만 새로운 기술이 갖는 새로운 문제가 발생했다. 세 가지 문제를 해결해야 한다.

- 복잡한 정보를 만들려면 여러 개의 REST 서버에 대해 REST 호출을 해야 한다. 예를 들어 쇼핑 애플리케이션을 보면 사람의 이름을 가져오고자 하나의 REST를 호출하고 주소를 가져오고자 또 하나를 호출하며, 장바구니 정보를 가져오기 위해 또 한 번의 호출을 해야 한다.

- 시간이 흐르면 REST API의 여러 가지 버전을 살펴봐야 한다. 클라이언트에서 API 버전을 맞추는 일은 제한적일 수 있으며, API를 시작할 때 버전을 맞추는 작업을 정의해야 한다. API가 동일한 표준 버전을 따르지 않으면 난잡한 코드가 될 수 있다.

- REST 호출은 실제 필요한 것 이상의 정보를 갖고 온다. 장바구니 호출에서 실제 필요한 정보는 3~4개의 항목뿐이더라도 20~30개의 정보를 갖고 온다.

REST에 대해 알아야 할 것 중 하나는 REST가 실제 기술이 아니라는 것이다. REST는 거의 모든 전송 방식을 통신 수단으로 사용할 수 있도록 합의된 아키텍처 표준에 가깝다고 이해하는 것이 좋다. 알기 쉽게 설명하고자 표준이라고 했지만, 실제로 REST의 원래 개념을 따르는 사람은 극소수에 불과하므로 개발자의 의도를 이해해야 한다. 예를 들어, REST로 업데이트해야 할 때는 HTTP의 PUT과 POST 중 어떤 것을 사용하는가? 서드파티 API를 사용하려면 이 정도 수준의 상세 정보를 알아야만 한다.

그래프QL은 원래 페이스북에서 개발했지만 지금은 그래프QL 재단(https://foundation. graphql.org/)에서 관리하고 있다. 그래프QL은 이런 문제를 해결하는 훌륭한 방법이다. 순수 REST와 다르게 그래프QL은 도구를 지원하는 단순한 쿼리 언어다. 그래프QL을 둘러싸고 있는 아이디어는 프로그램 코드가 필드와 상호작용하고 필드를 가져올 방법이 있다면 복잡한 쿼리를 직접 작성해 한 번에 여러 곳에서 데이터를 가져올 수 있고 데이터를 변경해 갱신할 수 있다는 것이다. 정확하게 설계한 그래프QL 시스템은 필드와 마찬가지로 버전 요구 사항을 관리해주므로 필요에 따라 추가하거나 사용하지 않을 수 있다.

그래프QL을 사용해 필요한 정보만 쿼리로 가져올 수 있으므로 클라이언트 단계에서 불필요한 정보를 가져오는 일을 막을 수 있다. 마찬가지로 쿼리는 여러 곳에서 결과를 함께 가져올 수 있으므로 여러 번 왔다 갔다 하지 않아도 된다. 클라이언트에서 쿼리를 보내고 그래프QL 서버에서 관련된 데이터 항목을 가져올 수 있다. 더불어 클라이언트 코드에서는 REST 주소를 신경 쓸 필요가 없다. 단지 그래프QL 서버와 통신하고 쿼리가 데이터를 처리하게 하면 된다.

5장에서는 아폴로 그래프QL 엔진(https://www.apollographql.com/)과 타입스크립트에서 그래프QL을 쉽게 사용하도록 해주는 매우 유용한 라이브러리인 TypeGraphQL(https://typegraphql.ml/)을 사용하는 방법을 살펴본다. 아폴로를 사용하면 그래프QL 동작으로 완전히 관리 가능한 프론트엔드에서 백엔드까지의 인프라를 갖게 된다. 클라이언트 측 라이브러리와 더불어 서버에서는 아폴로를 사용할 수 있고 iOS와 안드로이드 애플리케이션에서도 사용할 수 있다.

 그래프QL이 RESTful 서비스를 완전히 대체하는 것은 아니다. REST와 그래프QL을 함께 사용하는 많은 사례가 있다. 예를 들어 그래프QL 구현과 통신하고 정보를 캐싱하는 REST 서비스가 있을 수 있다. 하지만 5장에서는 순수 GraphQL 구현에 집중한다.

▌ 프로젝트 개요

5장에서 만드는 프로젝트는 서버와 클라이언트 양측에서 그래프QL 애플리케이션을 작성하는 방법을 소개한다. 더불어 타입스크립트 3 버전에 도입된 기능을 조사해 할 일 관리 애플리케이션을 만든다. 상황에 따라 다른 내용을 보여주고 페이지를 효과적으로 이동하도록 4장에서 소개한 앵귤러의 클라이언트 측 라우팅 콘셉트를 확장한다. 앵귤러 값 검증도 함께 사용한다.

깃허브 저장소 코드로 작업하면 5장의 단계를 완료하는 데 대략 네 시간 정도 걸린다.

완성했을 때의 모습은 다음과 같다.

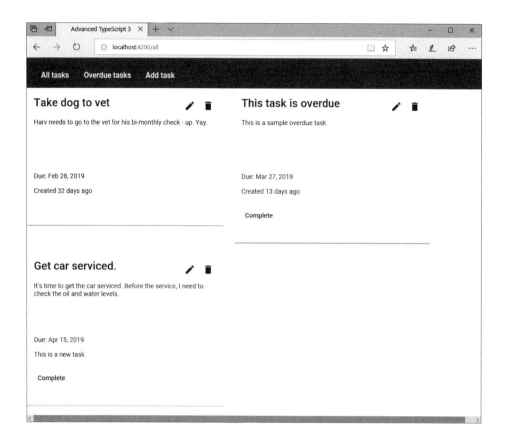

시작하기

4장과 마찬가지로 5장에서도 노드JS를 사용한다(https://nodejs.org/에서 다운로드할 수 있다). 추가로 다음 컴포넌트가 필요하다.

- 앵귤러 명령행 도구(CLI) (7.2.2 버전을 사용한다.)

- express (4.16.4 이상)

- mongoose (5.4.8 이상)

- @types/cors (2.4.8 이상)

- @types/body-parser (1.17.0 이상)

- @types/express (4.16.0 이상)

- @types/mongodb (3.1.19 이상)

- @types/mongoose (5.3.11 이상)

- type-graphql (0.16.0 이상)

- @types/graphql (14.0.7 이상)

- apollo-server (2.4.0 이상)

- apollo-server-express (2.4.0 이상)

- guid-typescript (1.0.9 이상)

- reflect-metadata (0.1.13 이상)

- graphql (14.1.1 이상)

- apollo-angular (1.5.0 이상)

- apollo-angular-link-http (1.5.0 이상)

- apollo-cache-inmemory (1.4.3 이상)

- apollo-client (2.4.13 이상)

- graphql (14.1.1 이상)

- graphql-tag (2.10.1 이상)

몽고DB를 사용해 아폴로 서버가 그래프QL 데이터를 서비스한다.

▌ 그래프QL과 앵귤러로 할 일 관리 애플리케이션 만들기

이제는 습관처럼 요구 사항을 정의하는 것으로 시작하자.

- 사용자는 제목, 내용, 마감일을 필수로 정의해 할 일을 추가할 수 있어야 한다.

210

- 할 일의 모든 항목이 들어있는지 검증해야 하고, 또한 마감일은 오늘 날짜보다 이전으로 설정하지 못하도록 검증해야 한다.
- 사용자는 모든 할 일 목록을 볼 수 있다.
- 사용자는 할 일을 삭제할 수 있다.
- 사용자는 마감일이 지난 항목(마감일이 지나고 미완료 상태일 때)을 볼 수 있다.
- 사용자는 할 일 항목을 편집할 수 있다.
- 데이터는 그래프QL을 사용해 서버로 전송되거나 서버에서 받는다.
- 전달된 데이터는 몽고DB 데이터베이스에 저장된다.

애플리케이션 만들기

할 일 관리 애플리케이션의 서버 구현부터 시작해보자. 4장과 마찬가지로 클라이언트와 서버 폴더를 분리하자. 노드JS 코드는 서버 코드에 추가된다.

데이터베이스 코드와 함께 그래프QL 서버를 만들면서 시작한다. 클라이언트에서 사용하는 모든 데이터는 데이터베이스에서 가져오므로 필요한 모든 것을 넣어두는 것이 좋다. 4장에서처럼 몽고DB를 사용하기 위해 mongoose 패키지를 설치한다.

```
npm install mongoose @types/mongoose --save-dev
```

 패키지를 설치할 때 --save와 --save-dev 중 어떤 명령어를 사용할지 주의해야 한다. 두 가지 명령 모두 패키지를 설치하지만 약간의 차이가 있으므로, 애플리케이션을 어떻게 배포할지에 따라 달라진다. --save를 사용하면 애플리케이션이 동작할 때 필수적인 패키지로 다른 컴퓨터에 애플리케이션을 설치하더라도 다운로드해야 한다. 만약 배포하려는 장비에 알맞은 버전의 패키지가 전역으로 이미 설치돼 있다면 중복 설치로 인해 낭비가 될 수 있다. 대안으로 --save-dev를 사용하면 개발 의존성 패키지로 다운로드하고 설치한다. 다시 말해 패키지는 개발자 로컬 환경에만 설치된다.

패키지 설치가 끝나면 4장에서 도입한 Mongo 클래스를 변경해보자. 4장의 구현체를 그대로 사용하지 않는 이유는 일반적인 데이터베이스 프레임워크를 추가하기 전에 타입스크립트 3 버전 특화 기능을 도입하기 때문이다.

클래스에서 크게 달라지는 부분은 mongoose.connect 메서드 시그니처다. 한 가지 변경 사항은 몽구스에서 새로운 URL 파서를 사용한다고 알려준다. 나머지 다른 변경 사항은 콜백으로 사용하는 이벤트 시그니처와 연결된다.

```
public Connect(): void {
  mongoose.connect(this.url, {useNewUrlParser: true}, (e:unknown) => {
    if (e) {
      console.log(`Unable to connect ` + e);
    } else {
      console.log(`Connected to the database`);
    }
  });
}
```

4장에서 콜백 시그니처가 e:any를 갖고 있던 것을 기억하고 있어야 한다. 이제는 e:unknown으로 변경한다. unknown은 타입스크립트 3 버전에서 새로 도입된 타입으로 한 차원 높은 수준의 타입 안정성을 추가한다. 모든 타입을 할당할 수 있어서 unknown 타입이 any 타입과 대체로 비슷하다고 생각할 수 있지만 unknown 타입은 타입 추론 없이 다른 타입을 할당할 수 없다. 코드 전체적으로 any 타입을 unknown 타입으로 옮기자.

지금까지 타입의 모양을 제공하기 위한 수많은 인터페이스를 사용했다. 몽고DB 스키마에도 동일한 기술을 적용할 수 있으므로 할 일의 스키마 모양을 표준 타입스크립트 인터페이스로 나타낼 수 있고 스키마에 매핑할 수 있다. 인터페이스는 다음과 같다.

```
export interface ITodoSchema extends mongoose.Document {
  Id: string,
  Title: string,
  Description: string,
```

```
  DueDate: Date,
  CreationDate: Date,
  Completed: boolean,
}
```

데이터베이스에 매핑되는 mongoose 스키마를 만들자. 스키마는 몽고DB가 예상하는 타입으로 어떤 정보를 저장할지 나타낸다. 예를 들어 ITodoSchema는 Id를 string으로 노출하지만, 몽고DB가 예상하는 타입은 아니다(몽고DB는 String을 예상한다). 이것을 알면 다음과 같이 ITodoSchema에서 TodoSchema로의 매핑을 만들기가 간단해진다.

```
export const TodoSchema = new Schema({
  Id: String,
  Title: String,
  Description: String,
  DueDate: Date,
  CreationDate: Date,
  Completed: Boolean,
});
```

쿼리, 업데이트를 비롯한 더 많은 기능에 사용할 수 있는 스키마 모델을 만들었다. 물론 몽고DB는 스키마를 하나로 제한하지 않는다. 더 많이 사용하고 싶다면 얼마든지 가능하다.

스키마가 무엇을 포함하는지 명심해야 한다. Title과 Description 필드는 할 일 항목의 상세 정보를 알기 쉽게 포함하고 있다. DueDate는 항목의 마감일을 쉽게 알 수 있도록 해주고 CreationDate는 항목을 만든 날짜를 기록한다. Completed 항목으로 사용자가 할 일을 끝냈음을 표시할 수 있다.

흥미로운 부분은 Id 필드다. 이 필드는 내부적으로 생성된다는 점에서 몽고DB의 Id와는 다르다. Id 필드에는 유일한 식별자 문자열로 전역 고유 식별자$^{Globally\ Unique\ Identifier}$ (GUID)라는 값을 할당한다. UI에서 Id 필드가 필요한 이유는 데이터베이스 쿼리에서 알려진 필드로 사용하고 데이터가 오가기 전에 클라이언트가 Id 값을 알아야 하기 때문이다. 앵귤러 쪽을 살펴볼 때 이 필드의 값을 채우는 방법을 다룰 것이다.

mongoose에 매핑되는 데이터베이스 모델을 만들어야 한다. ITodoSchema의 Document 인스턴스를 TodoSchema로 만든다. mongoose.model을 사용하면 쉬운 작업이다.

```
export const TodoModel = mongoose.model<ITodoSchema>('todo', TodoSchema, 'todoitems', false);
```

 mongoose.model을 만들 때 대소문자는 매우 중요하다. mongoose.model과 마찬가지로 new 구문으로 인스턴스화하는 mongoose.Model도 사용할 수 있다.

비교적 일반적인 데이터베이스 클래스를 작성할 때다. 제약 조건으로 스키마에 Id 필드가 있어야 한다. 이 제약 조건은 예제 애플리케이션의 로직에 집중하도록 편리함을 제공한다.

우선 mongoose.Document 타입을 받는 제네릭 기반 클래스를 만들어야 한다. 최종적으로 사용할 타입이 ITodoSchema라는 점은 익숙할 것이다. 생성자는 다양한 데이터베이스 작업에 사용할 모델을 받는다. ToTodoModel로 사용할 모델은 이미 만들었다.

```
export abstract class DataAccessBase<T extends mongoose.Document> {
  private model: Model;
  constructor(model: Model) {
    this.model = model;
  }
}
```

이 클래스의 구현은 매우 간단하다.

```
export class TodoDataAccess extends DataAccessBase<ITodoSchema> {
  constructor() {
    super(TodoModel);
  }
}
```

이제 DataAccessBase에 기능을 추가해보자. 스키마에 맞는 모든 레코드를 가져오는 메서드에서 시작하자. 이제는 Promise가 충분히 익숙하므로 Promise 타입을 반환하는 것이 자연스럽다. 이 경우 Promise 타입은 ITodoSchema에 매핑되는 T의 배열이 된다.

내부적으로 모든 레코드를 가져오려면 모델의 find 메서드를 호출하고, 검색이 끝나면 결과를 받는다.

```
GetAll(): Promise<T[]> {
  return new Promise<T[]>((callback, error) => {
    this.model.find((err: unknown, result: T[]) => {
      if (err) {
        error(err);
      }
      if (result) {
        callback(result);
      }
    });
  });
}
```

레코드 추가는 아주 간단하다. model.create 메서드를 호출하고 결과를 불린 값으로 반환하는 것만 다르다.

```
Add(item: T): Promise<boolean> {
  return new Promise<boolean>((callback, error) => {
    this.model.create(item, (err: unknown, result: T) => {
      if (err) {
        error(err);
```

```
    }
    callback(!result);
  });
});
}
```

모든 레코드를 가져오는 것과 더불어 하나의 레코드만 가져올 수도 있다. GetAll 메서드와의 큰 차이점은 find 메서드에 검색 조건을 사용하는 것이다.

```
Get(id: string): Promise<T> {
  return new Promise<T>((callback, error) =>{
    this.model.find({'Id': id}, (err: unknown, result: T) => {
      if (err) {
        error(err);
      }
      callback(result);
    });
  });
}
```

마지막으로, 레코드를 갱신하거나 삭제하는 기능이 있다. 이는 이제까지 사용한 방식과 비슷하다.

```
Remove(id: string): Promise<void> {
  return new Promise<void>((callback, error) => {
    this.model.deleteOne({'Id': id}, (err: unknown) => {
      if (err) {
        error(err);
      }
      callback();
    });
  });
}
Update(id: string, item: T): Promise<boolean> {
  return new Promise<boolean>((callback, error) => {
    this.model.updateOne({'Id': id}, item, (err: unknown)=>{
```

```
      if (err) {
        error(err);
      }
      callback(true);
    });
  })
}
```

실제 데이터베이스 코드가 준비됐으므로 이제 데이터베이스 접속 방법을 살펴보자.
여기서는 시간이 지나면 할 일 항목의 개수가 상당히 많아질 수 있다는 점에 주의해야
한다. 필요할 때마다 매번 데이터베이스에서 목록을 읽어온다면 할 일 항목을 추가할
수록 시스템이 느려질 것이다. 서버 시작 단계에서 데이터베이스 로딩을 끝내는 대로
값을 채우는 기본적인 캐시를 구현하자.

캐시가 미리 만들어지면 그래프QL과 서버에서 같은 클래스의 인스턴스를 사용하도록
싱글톤을 만들자. 싱글톤은 현재 메모리에 클래스의 인스턴스를 하나만 갖고 서로 다
른 클래스들이 동일한 인스턴스를 사용하는 방식이다. 다른 클래스에서 인스턴스를
만드는 것을 방지하기 위해 사용하는 몇 가지 요령이 있다.

우선 클래스 생성자를 private으로 만든다. private 생성자를 이용하면 클래스 내부에
서만 클래스 인스턴스를 만들 수 있다.

```
export class Prefill {
  private constructor() {}
}
```

클래스 자체에서만 만들 수 있다는 점이 얼핏 봐서는 이상해 보일 수 있다. 결국 클래
스 인스턴스를 만들 수 없다면 클래스 멤버에 어떻게 접근해야 할까? 이를 위해 클래
스 인스턴스 참조를 갖고 있을 변수를 추가한다. public 속성은 클래스를 사용할 수 없
는 경우 클래스 인스턴스를 만들어주므로 항상 클래스 인스턴스에 접근할 수 있다.

```
private static prefill: Prefill;
public static get Instance(): Prefill {
  return this.prefill || (this.prefill = new this());
}
```

만들려는 메서드에 이제 접근할 수 있으므로 사용 가능한 목록을 채워주는 메서드를
만들자. 작업 수행이 오래 걸릴 수 있으므로 비동기로 만든다.

```
private items: TodoItems[] = new Array<TodoItem>();
public async Populate(): Promise<void> {
  try
  {
    const schema = await this.dataAccess.GetAll();
    this.items = new Array<TodoItem>();
    schema.forEach(item => {
      const todoItem: TodoItem = new TodoItem();
      todoItem.Id = item.Id;
      todoItem.Completed = item.Completed;
      todoItem.CreationDate = item.CreationDate;
      todoItem.DueDate = item.DueDate;
      todoItem.Description = item.Description;
      todoItem.Title = item.Title;
      this.items.push(todoItem);
    });
  } catch(error) {
    console.log(`Unfortunately, we couldn't retrieve all records ${error}`);
  }
}
```

이 메서드는 GetAll을 호출해 몽고DB 데이터베이스에서 모든 기록을 가져온다. 한번
기록을 가져오면 항목을 돌면서 복사본을 만들어 배열에 넣는다.

TodoItem 클래스는 그래프QL 타입에 매핑하는 특별한 클래스다. 그래프QL 서버 기능을 작성할 때 TodoItem 클래스를 짧게 살펴본다.

항목 배열을 모두 채우는 것이 좋지만, 코드에서 항목에 접근할 방법이 없다면 큰 도움이 되지 않는다. 다행히도 항목에 접근하는 방법은 Items 항목을 추가하는 것만큼 간단하다.

```
get Items(): TodoItem[] {
  return this.items;
}
```

그래프QL 스키마 생성

데이터베이스 코드가 준비됐으므로 이제 그래프QL 서버를 만들어보자. 5장의 예제 코드를 작성할 때 초기에 결정한 사항 중 하나는 코드를 작성하는 과정을 가능한 한 단순화하는 것이었다. 페이스북에서 만든 참조 예제를 살펴보면 코드가 굉장히 장황해질 수 있음을 알게 된다.

```
import {
  graphql,
  GraphQLSchema,
  GraphQLObjectType,
  GraphQLString
} from 'graphql';

var schema = new GraphQLSchema({
  query: new GraphQLObjectType({
    name: 'RootQueryType',
    fields: {
      hello: {
```

```
      type: GraphQLString,
      resolve() {
        return 'world';
      }
    }
  }
  })
});
```

전체 예제는 https://github.com/graphql/graphql-js에 있으며, 타입스크립트 타입에 일대일로 매핑되지 않는 특별 타입에 대한 많은 의존성을 확인할 수 있다.

코드를 좀 더 타입스크립트 친화적으로 만들려면 type-graphql을 사용한다. npm으로 graphql 타입 선언과 reflect-metadata를 설치한다.

```
npm install type-graphql @types/graphql reflect-metadata --save
```

여기서 tsconfig도 다음과 같이 수정한다.

```
{
  "compileOnSave": false,
  "compilerOptions": {
    "target": "es2016",
    "module": "commonjs",
    "lib": ["es2016", "esnext.asynciterable", "dom"],
    "outDir": "./dist",
    "noImplicitAny": true,
    "esModuleInterop": true,
    "experimentalDecorators": true,
    "emitDecoratorMetadata": true,
  }
}
```

tsconfig 파일의 중요한 변경 사항은 type-graphql이 ES7 전용 기능을 사용하기 때문에 lib 항목에서 ES2016을 사용하는 것이다(ES7은 ES2016과 같다).

그래프QL 타입 설정

방금 살펴봤듯이 그래프QL 타입은 설정하기 조금 복잡하다. `type-graphql`과 몇 가지 편리한 데코레이터의 도움을 받아 하나의 항목을 표현하는 스키마를 만들자.

아직은 여러 개의 항목을 표현하는 타입을 만드는 것을 걱정할 필요는 없다. 우리가 만드는 항목은 다음 필드로 구성된다.

- `Id`(기본값은 빈 문자열)
- `Title`
- `Description`(현재는 `null`을 사용할 수 있도록 설정한다. UI를 만들 때 항상 값을 갖도록 확인하는 과정을 추가한다.)
- 항목의 마감일(`null` 값을 가질 수 있다.)
- 항목의 생성일
- 항목을 생성하고 나서 경과한 일수(이 항목은 데이터를 쿼리할 때 자동으로 계산된다.)
- 완료 여부

유심히 살펴보면, 여기서 정의한 필드는 몽고DB 스키마에서 정의한 필드 매핑에 가깝다. 데이터베이스에서 가져온 그래프QL 타입으로 채우기 때문이다. 추가로 데이터베이스를 직접 갱신할 때도 사용할 수 있다.

간단한 클래스에서 시작하면서 익숙해지자.

```
export class TodoItem {
}
```

클래스에 데코레이터를 사용할 것이라고 언급했었다. 클래스 정의에 복잡한 타입을 생성할 수 있게 해주는 @ObjectType 데코레이터를 사용한다. 좋은 개발자는 타입을 사용하는 사람에게 설명도 함께 제공해야 하므로 어떤 데이터를 표현하는지에 대한 설명을 추가한다. 이제 클래스 정의는 다음과 같다.

```
@ObjectType({description: "A single to do"})
export class TodoItem {
}
```

한 번에 한 단계씩 타입에 필드를 추가해보자. 먼저 데이터베이스의 Id와 짝을 이루는 Id 필드를 추가하자.

```
@Field(type=>ID)
Id: string="";
```

Id 필드에는 type-graphql이 클래스를 그래프QL 타입으로 변경하는 방법을 알려주는 데코레이터를 추가했다. type=>ID를 적용하면 그래프QL의 특수한 ID 타입을 사용한다. ID 타입은 유일한 값으로 매핑되는 문자열이다. 결국은 식별자이므로 관례에 따라 필드 값은 겹치지 않아야 한다.

null을 사용 가능한[nullable] 세 개의 필드 Description, DueDate, CreationDate를 추가한다. 실제로는 null 값을 허용하지 않도록 하는 방법을 5장 후반부에서 앵귤러 값 검증을 추가할 때 살펴본다. 하지만 앞으로 그래프QL 타입을 생성할 때는 nullable 타입을 추가하는 방법을 살펴봐야 한다.

```
@Field({ nullable: true, description: "The description of the item." })
Description?: string;
@Field({ nullable: true, description: "The due date for the item" })
DueDate?: Date;
@Field({ nullable: true, description: "The date the item was created" })
```

```
CreationDate: Date;
```

사용 가능한 좀 더 간단한 필드가 있다.

```
@Field()
Title: string;
@Field(type => Int)
DaysCreated: number;
@Field()
Completed: boolean;
```

쿼리 타입 전체를 구성하는 스키마를 표현하는 TodoItem은 다음과 같은 모양이 된다.

```
@ObjectType({ description: "A single to do" })
export class TodoItem {
  constructor() {
    this.Completed = false;
  }
  @Field(type=>ID)
  Id: string = "";
  @Field()
  Title: string;
  @Field({ nullable: true, description: "The description of the item." })
  Description?: string;
  @Field({ nullable: true, description: "The due date for the item" })
  DueDate?: Date;
  @Field({ nullable: true, description: "The date the item was created" })
  CreationDate: Date;
  @Field(type => Int)
  DaysCreated: number;
  @Field()
  Completed: boolean;
}
```

쿼리를 위한 클래스와 함께 데이터베이스를 갱신하고 후속 쿼리의 상태를 변경하는 데 사용할 데이터를 표현할 클래스도 필요하다.

상태를 변경할 때 값을 변경한다. 서버를 재시작해도 변경 사항이 유지되도록 데이터베이스와 런타임의 캐시 상태를 함께 수정한다.

변경에 사용할 클래스는 TodoItem 클래스와 상당히 비슷해 보인다. 결정적인 차이점은 @ObjectType 대신 @InputType을 사용하고 클래스 구현이 TodoItem의 Partial 제네릭이라는 것이다. 또 다른 차이점은 쿼리에서 계산하기 때문에 DaysCreated가 없으며 갖고 있을 값을 추가하지 않아도 된다는 것이다.

```
@InputType()
export class TodoItemInput implements Partial<TodoItem> {
  @Field()
  Id: string;
  @Field({description: "The item title"})
  Title: string = "";
  @Field({ nullable: true, description: "The item description" })
  Description?: string = "";
  @Field({ nullable: true, description: "The item due date" })
  DueDate?: Date;
  @Field()
  CreationDate: Date;
  @Field()
  Completed: boolean = false;
}
```

 만약 Partial이 무엇을 하는지 모르겠다면, TodoItem의 모든 속성을 간단하게 선택적으로 만든다. 이는 모든 속성을 제공하지 않고도 새로운 변경 클래스를 이전 클래스와 묶어준다.

그래프QL 스키마 리졸버 만들기

TodoItem과 TodoItemInput 클래스는 필드, 타입, 인자를 설명하는 스키마를 제공한다.

그래프QL의 퍼즐 조각에서 중요한 부분이지만 빠진 부분이 하나 있다. 그래프QL 서버에서 함수를 실행하는 기능이다.

타입의 필드를 처리하는 방법이 필요하다. 그래프QL에서 리졸버^{resolver}는 하나의 필드를 표현한다. 리졸버는 필요한 데이터를 가져와서 그래프QL 서버에 쿼리를 데이터 항목으로 변경하는 상세한 과정을 효과적으로 전달한다(쿼리 데이터를 위한 스키마와 데이터 변경을 위한 스키마를 분리한 이유로 생각할 수 있다. 필드를 쿼리하는 로직으로 필드를 변경할 수 없다). 이것을 통해 필드와 리졸버가 일대일로 매핑돼 있음을 알 수 있다.

type-graphql로 복잡한 리졸버 관계와 작업을 손쉽게 만들 수 있다. 클래스를 정의하는 것으로 시작하자.

@Resolver 데코레이터는 이 클래스가 REST 타입 컨트롤러 클래스와 같은 방식으로 동작한다고 알려준다.

```
@Resolver(()=>TodoItem)
export class TodoItemResolver implements ResolverInterface<TodoItem>{
}
```

엄격히 말해 ResolverInterface는 지금 만드는 클래스에 필요하지 않지만 DaysCreated 필드에 필드 리졸버를 추가할 때 안전망으로 사용한다. 이 필드는 할 일 항목이 만들어진 날짜와 오늘 날짜의 차이를 반환한다. 필드 리졸버를 만들면서 ResolverInterface는 필드가 객체 타입의 @Root 데코레이터를 인자로 갖고 있는지와 반환 타입이 올바른지를 확인한다.

DaysCreated 필드 리졸버는 @FieldResolver 데코레이터를 사용해 다음과 같은 모양이 된다.

```
private readonly milliSecondsPerDay = 1000 * 60 * 60 * 24;
@FieldResolver()
DaysCreated(@Root() TodoItem: TodoItem): number {
```

```
  const value = this.GetDateDifference(...[new Date(), TodoItem.CreationDate]);
  if (value === 0) {
    return 0;
  }
  return Math.round(value / this.milliSecondsPerDay);
}
private GetDateDifference(...args: [Date, Date]): number {
  return Math.round(args[0].valueOf() - args[1].valueOf());
}
```

메서드가 복잡해 보이지만 실제로는 매우 간단하다. DaysCreated 메서드는 현재 Todo Item을 받아 GetDateDifference를 사용함으로써 현재 날짜와 CreationDate 값 간의 차이를 구한다.

type-graphql 리졸버는 실행하려는 쿼리와 변경을 정의할 수도 있으며, 모든 할 일 항목을 조회할 수 있다면 유용하게 사용할 수 있다. 쿼리 동작임을 식별할 수 있도록 @Query 데코레이터 메서드를 만든다. 쿼리는 여러 개의 항목을 반환할 수 있으므로 리졸버는 TodoItem 배열을 반환한다는 것을 알고 있어야 한다. 앞서 열심히 만들었던 Prefill 클래스처럼 메서드는 간단하다.

```
@Query(() => [TodoItem], { description: "Get all the TodoItems" })
async TodoItems(): Promise<TodoItem[]> {
  return await Prefill.Instance.Items;
}
```

사용자에게 허용하고 싶은 동작은 기한이 지난 항목에 대한 쿼리뿐이다. 마지막 쿼리와 비슷한 로직을 활용하지만 기간이 지난 항목 중 미완료된 항목만을 선택한다.

```
@Query(() => [TodoItem], { description: "Get items past their due date" })
async OverdueTodoItems(): Promise<TodoItem[]> {
  const localCollection = new Array<TodoItem>();
  const testDate = new Date();
  await Prefill.Instance.Items.forEach(x => {
```

```
    if (x.DueDate < testDate && !x.Completed) {
      localCollection.push(x);
    }
  });
  return localCollection;
}
```

엄밀히 말해, 이렇게 데이터를 만드는 동작은 보통 필터링 로직을 데이터 레이어에 위임하므로 알맞은 항목만 반환하게 된다. 예제에서는 리졸버에서 필터링하므로 같은 데이터 소스를 필요에 따라 여러 가지 방식으로 만드는 것을 볼 수 있다. 결국, 알맞지 않은 방법으로 만든 데이터 소스에서도 데이터를 조회할 수 있다.

 모든 쿼리나 변경을 실행하기 전에 reflect-metadata 패키지를 반드시 임포트해야 한다. 데코레이터를 사용할 때 리플렉션 의존성이 발생하기 때문이다. reflect-metadata가 없다면 내부적으로 리플렉션을 사용해 데코레이터를 사용할 수 없다.

훌륭한 데이터를 쿼리하는 능력을 갖고 있지만, 리졸버는 데이터 변경도 가능해야 한다. 그래서 리졸버에 새 할 일 항목을 추가하고 갱신하고 삭제하는 기능과 사용자가 항목이 완료됐다고 결정했을 때 Completed 항목을 설정하는 기능을 추가한다. Add 메서드부터 시작하자.

데이터 변경을 위해 type-graphql은 @Mutation 데코레이터를 제공한다. 메서드는 @Arg 데코레이터에 맞춰 전달하는 TodoItemInput 파라미터를 받는다. 그래프QL은 변경 사항이 파라미터로 들어온다고 예상하기 때문에 @Arg를 명시적으로 제공해야 한다. @Arg를 사용해 필요한 컨텍스트를 제공한다. 변경을 지원하는 동안 반환 타입도 지원할 것이라 기대하므로 변경과 메서드의 실제 반환 타입 간에 올바른 매핑을 하는 것이 중요하다.

```
@Mutation(() => TodoItem)
```

```
async Add(@Arg("TodoItem") todoItemInput: TodoItemInput): Promise<TodoItem>
{

}
```

메서드의 변경 기능 중 하나는 Prefill 항목 갱신과 더불어 데이터베이스도 업데이트한다. 즉, 메서드 입력을 ITodoSchema로 변환해야 한다.

편의를 위해 다음과 같은 간단한 메서드를 사용한다.

```
private CreateTodoSchema<T extends TodoItem | TodoItemInput>(todoItem: T): ITodoSchema
{
  return <ITodoSchema>{
    Id: todoItem.Id,
    CreationDate: todoItem.CreationDate,
    DueDate: todoItem.DueDate,
    Description: todoItem.Description,
    Title: todoItem.Title,
    Completed: false
  };
}
```

 데이터베이스 레이어에서 사용 가능한 레코드를 만들려면 같은 메서드를 사용하기 때문에 TodoItem과 TodoItemInput을 모두 받는다. 해당 레코드는 Prefill 항목의 특정 레코드거나 UI를 통해 전달받은 것일 수 있으므로 두 가지 경우를 모두 다룰 수 있어야 한다.

Add 메서드의 첫 번째 부분은 Prefill 컬렉션에 저장되는 TodoItem 항목을 만드는 것과 관련 있다. 컬렉션에 넣은 항목이 있으면 데이터베이스에 레코드를 추가한다. Add 메서드 전체는 다음과 같다.

```
@Mutation(() => TodoItem)
async Add(@Arg("TodoItem") todoItemInput: TodoItemInput): Promise<TodoItem>
{
```

```
const todoItem = <TodoItem> {
  Id : todoItemInput.Id,
  CreationDate : todoItemInput.CreationDate,
  DueDate : todoItemInput.DueDate,
  Description : todoItemInput.Description,
  Title : todoItemInput.Title,
  Completed : todoItemInput.Completed
};
todoItem.Completed = false;
await Prefill.Instance.Items.push(todoItem);
await this.dataAccess.Add(this.CreateTodoSchema(todoItem));
return todoItem;
}
```

이제 레코드를 추가할 수 있으므로 변경 기능으로 레코드를 갱신하는 방법을 살펴보자. 대부분의 코드가 이미 준비돼 있으므로 갱신은 매우 간단하다. Update 메서드는 Id에 해당하는 항목을 검색해 이미 캐싱된 항목을 가져오는 것으로 시작한다. 레코드를 찾으면 데이터베이스 레코드를 갱신하기 전에 Title, Description, DueDate를 수정한다.

```
@Mutation(() => Boolean!)
async Update(@Arg("TodoItem") todoItemInput: TodoItemInput): Promise<boolean> {
  const item: TodoItem = await Prefill.Instance.Items.find(x => x.Id === todoItemInput.Id);
  if (!item) return false;
  item.Title = todoItemInput.Title;
  item.Description = todoItemInput.Description;
  item.DueDate = todoItemInput.DueDate;
  this.dataAccess.Update(item.Id, this.CreateTodoSchema(item));
  return true;
}
```

레코드 삭제는 Update 메서드만큼 복잡하지 않다. 레코드를 삭제하려면 Id 값만 있으면 되므로 메서드 시그니처에서 복잡한 타입 대신 간단한 타입 입력으로 바꿀 수 있다. 예제에서는 문자열로 변경한다. 캐싱된 항목에서 Id에 해당하는 레코드의 인덱스를 찾은 후 splice 메서드로 캐싱된 항목을 삭제한다. 배열에 splice를 사용하면 지정한 인덱스에서 시작해 선택한 숫자만큼의 항목을 삭제한다. 한 개의 레코드를 삭제하려면 메서드의 두 번째 파라미터에 1을 사용한다. 데이터베이스 일관성을 유지해야 하므로 데이터베이스 항목도 함께 삭제한다.

```
@Mutation(() => Boolean!)
async Remove(@Arg("Id") id: string): Promise<boolean> {
  const index = Prefill.Instance.Items.findIndex(x => x.Id === id);
  if (index < 0) {
    return false;
  }
  Prefill.Instance.Items.splice(index, 1);
  await this.dataAccess.Remove(id);
  return true;
}
```

마지막 변경은 Completed 항목을 true로 설정하는 메서드다. 레코드를 식별하고 갱신하는 것과 동일한 로직을 따르기 때문에 Remove와 Update 메서드의 조합으로 볼 수 있다. 하지만 Remove 메서드처럼 입력으로는 Id 하나만 필요하다. Completed 필드를 갱신하는 데만 관심이 있으므로 메서드에서 수정하는 항목은 Completed 필드 하나뿐이다.

```
@Mutation(() => Boolean!)
async Complete(@Arg("Id") id: string) : Promise<boolean> {
  const item: TodoItem = await Prefill.Instance.Items.find(x => x.Id === id);
  if (!item) return false;
  item.Completed = true;
  await this.dataAccess.Update(item.Id, this.CreateTodoSchema(item));
  return true;
}
```

클라이언트 코드에서 Completed 필드를 true로 설정하고 Update 메서드를 재사용할 수도 있지만, 간단한 결과를 위해 더 복잡한 호출을 사용했다. 메서드를 분리해 한 번에 한 가지만 하는 코드를 보장하고 단일 책임 원칙을 유지한다.

리졸버와 스키마가 준비됐으므로 실제 그래프QL 서버를 제공하는 코드를 추가하는 방법을 살펴보자.

아폴로 서버 사용

이번 프로젝트에서는 4장의 서버를 재사용하지 않고 새로운 서버를 만든다. 아폴로는 익스프레스 서버를 대신할 수 있는 아폴로 서버라는 자체 서버를 제공한다. 이전과 같이 필요한 타입을 가져와서 클래스 선언으로 클래스를 만드는 것으로 시작한다. 생성자에서는 몽고DB 데이터베이스 클래스 참조를 가져온다.

 아폴로 서버는 아폴로 그래프QL이 기본으로 제공하는 전략적 요소 가운데 하나다. 서버는 단독으로 사용하거나 자체 그래프QL 데이터를 제공하는 익스프레스 같은 프레임워크와 함께 사용할 수 있다. 그래프QL 스키마 지원 기능을 내장하고 있으므로 아폴로 서버를 사용한다. 그래프QL 스키마를 직접 지원하려면 아폴로 서버에서 해주는 작업과 동일한 작업을 다시 해야 한다.

먼저 필요한 패키지를 설치한다.

```
npm install apollo-server apollo-server-express --save
```

server 클래스를 작성한다.

```
export class MyApp {
  constructor(private mongo: Mongo = new Mongo()) { }
}
```

서버는 데이터베이스에 연결하고 아폴로 서버를 시작하는 Start 메서드를 제공한다.

```
public async Start(): Promise<void> {
  this.mongo.Connect();
  await Prefill.Instance.Populate();
  const server = new ApolloServer({ schema, playground: true });
  await server.listen(3000);
}
```

아폴로 서버 인스턴스를 만들 때 GraphQLSchema를 사용한다고 표시하고 싶지만 스키마 선언이 없다. 여러 가지 옵션을 받아 아폴로 서버에서 사용할 스키마를 가져오는 buildSchema 함수를 사용한다. resolvers는 그래프QL 리졸버 배열을 받기 때문에 TodoItemResolver를 사용할 리졸버로 전달한다. 당연히 여러 가지 리졸버를 사용할 수 있다.

validate는 리졸버 파라미터로 전달된 객체 검증 여부를 나타낸다. 여기서는 간단한 객체와 타입만 사용하므로 false로 설정해 검증은 생략한다.

만들고 있는 그래프QL을 검증하려면 emitSchemaFile로 스키마를 내보낸다. emitSchemaFile 전체 경로명을 만들기 위해 경로 작업을 사용한다. 예제에서는 dist 폴더를 찾은 후 apolloschema.gql 파일로 결과를 내보낸다.

```
const schema: GraphQLSchema = await buildSchema({
  resolvers: [TodoItemResolver],
  validate: false,
  emitSchemaFile: path.resolve(__dirname, 'apolloschema.gql')
});
```

서버 측 코드를 끝냈으므로 new MyApp().Start();를 추가해 애플리케이션을 시작하고 실행할 수 있다. 서버를 만들고 실행하면 http://localhost:3000으로 아폴로를 사용 가능한 그래프QL 서버 인스턴스가 시작된다. 한 가지 더 놀랄 일이 남아있다. 아폴로 서버 옵션에 사용하는 마지막 파라미터인 playground: true에 관한 것인데, playground 옵션은 graphql 쿼리를 실행할 수 있는 편집기와 실행 결과를 가져와서 보여준다.

 제품 환경에서는 playground를 꺼야 한다. 테스트 목적으로만 사용하면 쿼리를 실행하는 데 매우 유용하다.

모든 것이 제대로 연결됐는지 확인하려면 쿼리창에 그래프QL 쿼리를 입력해보면 된다. 쿼리를 입력해보면 겉모습이 자바스크립트 객체와 상당히 비슷하므로 별도의 항목을 사용할 필요가 없다는 점을 기억하자. 예제 쿼리를 살펴보자. 쿼리는 TodoItems 쿼리를 실행해서 TodoItemResolver를 만든다.

```
query {
  TodoItems {
    Id
    Title
    Description
    Completed
    DaysCreated
  }
}
```

그래프QL 앵귤러 클라이언트

4장에서처럼 앵귤러 머티리얼 UI를 사용하는 앵귤러 클라이언트를 만들어보자. 이번에도 ng new 명령으로 새로운 애플리케이션을 만들고 접두사는 atp로 한다. 애플리케이션에 라우팅을 추가하고자 명령어에 --routing 파라미터를 추가한다. app.module.

ts 파일에 필요한 AppRoutingModule 항목을 추가하고 app-routing.module.ts 라우팅 파일을 생성한다.

```
ng new Chapter05 --style scss --prefix atp --routing true
```

4장에서 머티리얼을 사용했지만 라우팅의 장점은 활용하지 않았다. 이 책의 나머지 부분에서는 부트스트랩으로 돌아가므로, 마지막으로 머티리얼을 사용하기 위해 애플리케이션에 머티리얼 지원을 추가해야 한다(프롬프트가 나타났을 때 브라우저 애니메이션 지원을 추가하도록 허용하는 것을 잊지 말자).

```
ng add @angular/material @angular/cdk @angular/animation @angular/flexlayout
```

이 시점의 app.module.ts 파일은 다음과 같다.

```
import { BrowserModule } from '@angular/platform-browser';
import { NgModule } from '@angular/core';
import { AppRoutingModule } from './app-routing.module';
import { AppComponent } from './app.component';
import { BrowserAnimationsModule } from '@angular/platformbrowser/animations';
@NgModule({
  declarations: [
    AppComponent
  ],
  imports: [
    BrowserModule,
    AppRoutingModule,
    BrowserAnimationsModule
  ],
  providers: [],
  bootstrap: [AppComponent]
})
export class AppModule { }
```

imports 배열에 머티리얼 모듈을 추가해야 한다.

```
HttpClientModule,
HttpLinkModule,
BrowserAnimationsModule,
MatToolbarModule,
MatButtonModule,
MatSidenavModule,
MatIconModule,
MatListModule,
FlexLayoutModule,
HttpClientModule,
MatInputModule,
MatCardModule,
MatNativeDateModule,
MatDatepickerModule,
```

 날짜 선택을 위한 머티리얼 date-picker를 만들기 위해 MatNativeDateModule과 MatDatepickerModule을 동시에 추가했다. 날짜 구현 방식에 대한 확실한 가정이 주어지지 않으므로 적절한 날짜 표현을 임포트해야 한다. 날짜 관리 모듈 구현을 직접 작성할 수도 있지만 MatNativeDateModule을 가져오는 것으로도 충분하다. 만약 임포트에 실패하면 실행 시 No provider found for DateAdapter 오류가 발생한다.

클라이언트에 아폴로 지원 추가

사용자 인터페이스를 만들기 전에 클라이언트 측의 아폴로 통합을 설정해야 한다. 아폴로 각각을 npm으로 설치할 수도 있지만 ng의 편리함을 다시 한 번 이용하자.

```
ng add apollo-client
```

다시 AppModule로 가서 아폴로를 서버와 동작하도록 설정한다. AppModule 생성자는 서버와의 연결을 만들기 위해 아폴로를 주입하기에 완벽한 장소다. 생성자는 다음과 같이 시작한다.

```
constructor(httpLink: HttpLink, apollo: Apollo) {
}
```

apollo.create 명령을 통해 서버와의 접속을 생성한다. 몇 가지 옵션을 추가할 수 있지만 지금은 세 가지 옵션에만 집중하자. 서버에 대한 연결을 만드는 링크, 상호작용의 결과를 캐싱하기 위한 캐시, 항상 네트워크를 통해 쿼리를 가져오도록 하는 아폴로 기본 옵션 변경이 그 세 가지 옵션이다. 만약 네트워크에서 가져오지 않는다면, 새로고침 전까지 오래된 캐시 데이터가 남는 문제가 생길 수 있다.

```
apollo.create({
  link: httpLink.create({ uri: 'http://localhost:3000' }),
  cache: new InMemoryCache(),
  defaultOptions: {
    watchQuery: {
      // 데이터를 하나씩 가져오도록 fetchPolicy 설정
      fetchPolicy: 'network-only'
    }
  }
});
```

 컴포넌트를 주입하려면 @NgModule 모듈의 imports 항목에 관련된 모듈을 추가해야 한다. 이 경우 다른 곳에서도 자동으로 사용하려면 HttpLinkModule, ApolloModule 모듈을 추가해야 한다.

이는 아폴로 서버와 통신하기 위해 클라이언트 측에서 필요한 모든 코드다. 물론 제품 환경에서는 하드코딩된 localhost 대신 다른 곳에서 가져온 서버 주소를 사용한다. 하지만 우리 예제에서는 필요한 것이 모두 있다. 이제 화면을 추가하는 작업과 라우팅을

사용해 내비게이션하는 작업을 시작할 수 있다.

라우팅 지원 추가

애플리케이션에서 지정한 요구 사항은 세 가지 메인 화면을 갖는 것이다. 메인 화면은 완료 여부에 관계없이 모든 할 일 목록을 보여준다. 두 번째 화면은 기한을 넘긴 항목을 표시한다. 세 번째 화면은 사용자가 새로운 항목을 추가할 수 있게 한다. 각 화면은 별도의 컴포넌트로 만들어야 한다. 일단은 라우팅을 설정할 수 있도록 빈 구현을 추가한다.

```
ng g c components/AddTask
ng g c components/Alltasks
ng g c components/OverdueTasks
```

라우팅의 설정과 제어는 app-routing.module.ts 파일에서 한다. 앵귤러에 맞는 규칙을 설정해보자.

라우터를 추가하기 전에 라우팅이란 용어의 의미를 확인해야 한다. 간단하게 생각하면 라우팅은 URL이다. 경로는 URL이나 기본 주소 이외의 URL 부분에 해당한다. 페이지가 `localhost:4000`에서 동작하면 전체 URL은 http://localhost:4000/이다. 여기서 `AllTasks` 컴포넌트가 http://localhost:4000/all에 매핑된다면, 라우트는 `all`이 된다.

라우터를 이해했으므로 컴포넌트를 라우터와 매핑해야 한다. 라우터 배열을 정의하는 것으로 시작하자.

```
const routes: Routes = [
];
```

다음과 같이 라우터와 라우팅 모듈의 연결을 모듈 정의에 추가한다.

```
@NgModule({
  imports: [RouterModule.forRoot(routes)],
  exports: [RouterModule]
})
export class AppRoutingModule { }
```

AllTasks 컴포넌트를 all에 매핑해야 하므로 배열에 다음 항목을 추가한다.

```
{
  path: 'all',
  component: AlltasksComponent
},
```

이 시점에서 앵귤러 애플리케이션을 시작하고 http://localhost:4000/all에 접속하면 모든 할 일 목록을 보여준다. 상당히 인상적이지만, 사이트의 기본 시작 페이지가 없다면 사용자는 당황할 것이다. 사용자는 일반적으로 페이지 이름을 일일이 알 필요 없이 사이트에 들어갈 수 있고, 적절한 페이지로 안내해주기 때문에 거기서 다른 페이지로 이동할 수 있다고 생각한다. 다행히도 손쉬운 방법이 있다. 빈 경로에 대한 라우터를 추가해서 빈 경로로 요청이 왔을 때 사용자를 all 페이지로 이동시킨다.

```
{
  path: '',
  redirectTo: 'all',
  pathMatch: 'full'
},
```

이제 사용자가 http://localhost:4000/으로 접속하면 모든 작업을 볼 수 있도록 이동한다.

사용자가 방문할 수 있는 두 가지 컴포넌트인 AddTask 페이지와 OverdueTasks 페이지가 남아있다. 사용할 수 있도록 새로운 라우터를 추가하자. 나머지 라우터를 추가하면 필요한 핵심 페이지는 모두 준비됐으므로 파일 편집을 마칠 수 있다.

```
{
  path: 'add',
  component: AddTaskComponent
},
{
  path: 'overdue',
  component: OverduetasksComponent
}
```

라우팅 유저 인터페이스

애플리케이션 라우팅 지원을 위한 마지막 작업은 appcomponent.html 설정이다. 여기서는 페이지로 가는 링크와 페이지 컴포넌트 자체를 표시하는 것을 포함하는 툴바를 추가한다. 툴바는 단순히 세 개의 내비게이션 항목을 포함한다. 흥미로운 점은 이전에 추가했던 주소로 돌아가는 링크를 연결하는 각 링크의 routerLink다. 실제로 이 부분에서 하는 일은 라우터에 링크할 때 콘텐츠가 실제 컴포넌트 콘텐츠를 표시하는 자리인 특수 태그 router-outlet에 렌더링되도록 코드에 알려주는 것이다.

```
<mat-toolbar color="primary">
  <mat-nav-list><a mat-list-item routerLink="all">All tasks</a></mat-navlist>
  <mat-nav-list><a mat-list-item routerLink="overdue">Overduetasks</a></mat-nav-list>
  <mat-nav-list><a mat-list-item routerLink="add">Add task</a></mat-navlist>
</mat-toolbar>
<div>
  <router-outlet></router-outlet>
</div>
```

애플리케이션을 실행하고 다른 링크를 클릭하면 내용은 거의 없지만 알맞은 페이지를 표시한다.

페이지 컴포넌트에 내용 추가

라우팅을 모두 정리했으므로 페이지의 기능 추가를 시작할 준비가 됐다. 콘텐츠 추가와 더불어 앵귤러 검증을 사용해 사용자에게 피드백을 즉시 제공하도록 애플리케이션을 다듬어간다. AddTask 컴포넌트부터 시작하자. 할 일을 추가하지 않으면 아무것도 보여줄 수 없으므로 할 일을 추가해 시작할 기회를 주자.

사용자 인터페이스 엘리먼트를 추가하기 전에 컴포넌트 뒤에 상당수의 기능을 넣을 수 있는지 확인하고 싶다. 마무리되면 사용자 인터페이스 추가가 간단해진다. 몇몇 경우에는 화면을 표시하는 방법이나 표시할 때 사용할 컨트롤을 고려하기 전에 UI 제약사항을 결정했다. 할 일 항목을 구성하는 것들 중에는 DueDate가 있음을 기억하자. 잠깐 생각해보면, 이미 마감 기간이 지난 할 일 항목을 만드는 것은 의미 없음을 알 수 있다. 할 일의 마감일로 가장 가까운 날짜인 오늘 날짜를 설정한다. 이것을 날짜를 선택하는 컴포넌트의 제약 조건으로 사용한다.

```
EarliestDate: Date;
ngOnInit() {
  this.EarliestDate = new Date();
}
```

할 일 항목을 만들고자 사용자에게서 가져올 항목은 세 가지가 있다. 제목, 설명, 마감일을 가져와야 한다. 모델에 필요한 값이다.

```
Title: string;
Description?: string;
DueDate: Date;
```

이것이 할 일 추가 컴포넌트의 모델 측에서 필요한 작업의 전부지만, 실제로 그래프QL 서버에 무엇이든 저장하는 기능은 빠져 있다. 서버에 대해 이야기하기 전에 컴포넌트에 아폴로 지원을 추가해야 하며, 간단하게 생성자에 참조를 추가하는 것만으로 가능하다.

```
constructor(private apollo: Apollo) { }
```

수행할 작업은 리졸버가 기대하는 것과 일치해야 한다. 즉, 타입은 정확히 일치하고 그래프QL은 올바른 형식이어야 한다. 항목 추가 작업을 수행하려면 데이터를 추가하는 Add 메서드를 호출한다.

```
Add(): void {
}
```

항목 추가 작업은 서버에서 생성한 리졸버에 Add 변경을 일으킨다. 리졸버는 TodoItem Input 인스턴스를 받기 때문에 클라이언트 측 모델은 다음과 같이 TodoItemInput 인스턴스로 변환해야 한다.

```
const todo: ITodoItemInput = new TodoItemInput();
todo.Completed = false;
todo.Id = Guid.create.toString();
todo.CreationDate = new Date();
todo.Title = this.Title;
todo.Description = this.Description;
todo.DueDate = this.DueDate;
```

예제의 Guid.create.toString()이 익숙하지 않을 것이다. 이 명령은 전역 고유 식별자 (GUID)를 생성한다. GUID는 보통 a14abe8b-3d9b-4b14-9a66-62ad595d4582처럼 문자열과 숫자로 표현하는 128비트 숫자다. GUID는 유일한 값을 얻기 위해 중앙 저장소를 사용하지 않으며 수학적으로 유일성을 보장하고 빠르게 만들 수 있다. GUID를 사용하면 할 일 항목에 유일한 값을 줄 수 있다. 필요한 경우 서버에서도 할 수 있지만, 클라이언트에서 메시지 전체를 생성하도록 했다.

GUID를 사용하기 위해 guid-typescript 컴포넌트를 설치한다.

```
npm install --save guid-typescript
```

이제 그래프QL을 통해 데이터를 전송할 준비가 됐다. 이전에 언급한 대로 Add 변경을
사용해 아폴로 클라이언트에서 mutate를 호출한다.

```
this.apollo.mutate({
  ... 로직은 여기에 위치한다
})
```

변경은 gql이 다루는 특수한 형태의 문자열이다. 만약 코드 전체가 무엇처럼 보이는지
알 수 있다면 바로 분해할 수 있을 것이다.

```
this.apollo.mutate({
  mutation: gql`
    mutation Add($input: TodoItemInput!) {
      Add(TodoItem: $input) {
        Title
      }
    }
  `, variables: {
    input: todo
  }
}).subscribe();
```

이미 mutation을 호출할 것을 알고 있으므로 mutate 메서드는 MutationOption을 받는다.

 MutationOption에 제공할 수 있는 파라미터 중에는 앞서 아폴로 링크를 만들 때 설정했던
기본 옵션을 수정하는 데 사용하는 FetchPolicy가 있다.

변경은 특수한 형태의 쿼리를 만드는 데 **gql**을 사용한다. 쿼리는 어떤 쿼리인지 알려주는 문자열과 적용하는 데 필요한 모든 변수, 이렇게 두 부분으로 나뉜다. 변수는 이전에 만들었던 `TodoItemInput`에 매핑되는 입력값을 만든다. 변수는 **gql**에서 $로 표현돼 모든 변수명은 쿼리의 `$variable`에 매핑된다. 변경이 완료되면 제목을 다시 가져온다. 실제로 값을 다시 가져올 필요는 없지만, 이전에 디버깅할 때 제목을 사용해 서버에서 응답을 받았는지 확인하는 방식이 얼마나 편리한지는 이미 확인했다.

 여러 줄에 걸쳐 입력하므로 역 따옴표(`)를 사용했다.

`mutate` 메서드는 `subscribe` 호출에 의해 실행된다. 호출에 실패하면 변경은 실행되지 않는다. 편의를 위해 Reset 메서드도 추가해 사용자 입력이 끝났을 때 UI의 입력값을 비운다. 사용자는 즉시 새로운 값을 입력할 수 있다.

```
private Reset(): void {
  this.Title = ``;
  this.Description = ``;
  this.DueDate = null;
}
```

이것은 컴포넌트 내부에서 관리하는 로직이다. 이제 컴포넌트가 표시할 HTML을 추가해야 한다. 컴포넌트에 엘리먼트를 추가하기 전에 화면을 포함하고 있는 카드를 표시하고 싶다. 카드는 화면 한가운데에 위치한다. 머티리얼에서 자연스러운 것이 아니므로 별도의 로컬 스타일을 제공해야 한다. 텍스트 영역의 크기, 카드의 넓이를 고정하고 각 필드가 자신의 라인에 나타나도록 폼 필드[form field]를 표시하는 방식을 설정하는 몇 가지 다른 스타일도 있다.

처음에는 카드가 가운데에 오도록 스타일을 설정한다. 카드는 `div` 태그 안에 표시되므로, `div` 태그에서 카드가 가운데에 오도록 스타일을 적용한다.

```
.centerDiv{
  height: 100vh;
  display: flex;
  justify-content: center;
  align-items: center;
}
```

이제 카드와 입력 폼에 머티리얼 스타일을 적용할 수 있다.

```
.mat-card {
  width: 400px;
}
.mat-form-field {
  display: block;
}
```

사용자가 설명을 추가하는 textarea 태그의 높이를 100px로 설정한다.

```
textarea {
  height: 100px;
  resize: vertical;
}
```

화면 표시로 돌아가서 카드 컨테이너가 가운데에 위치하게 설정한다.

```
<div class="centerDiv" layout-fill layout="column" layout-align="center none">
    .... 콘텐츠는 여기에 위치한다
</div>
```

사용자 입력을 제어하는 데 앵귤러의 장점을 사용하기 위한 지점이다. 사용자 입력이 모두 연관된 것처럼 다루기 위해 디스플레이의 입력 부분을 HTML 폼 안쪽으로 넣는다.

```
<form name="form" (ngSubmit)="f.form.valid && Add()" #f="ngForm">
    .... 폼 콘텐츠는 여기에 위치한다
</form>
```

폼 구문을 자세히 살펴보자. 폼은 실제로 #f="ngForm"에서 시작한다. 이 구문은 변수 f
에 ngForm 컴포넌트를 할당한다. ngForm을 사용할 때 컴포넌트 안에서는 app.module의
import문으로 등록한 FormsModule을 참조한다. 컴포넌트 자체의 속성에 접근할 수 있
도록 할당을 사용한다. ngForm을 사용하면 최상위 폼 그룹에서 동작하므로 폼의 유효
성 검증 같은 작업을 할 수 있다.

ngSubmit 안쪽을 살펴보면 사용자가 폼을 제출해 검증 결과를 알려주는 이벤트를 구독
하고 있으므로, 데이터에 문제가 없으면 결과를 갖고 Add 메서드를 실행한다. 폼을 제
출하는 이벤트에서 처리하므로 Save 버튼을 클릭했을 때 Add를 직접 호출할 필요는
없다.

ngSubmit으로 단락 평가가 이뤄진다. 만약 폼이 올바르지 않다면 Add 메서드는 실행되
지 않는다.

카드를 추가할 준비가 됐다. 모두 폼 안에 존재한다. 제목은 mat-card-title에 위치하
고, 카드 아래쪽에 정렬된 버튼은 matcard-actions에 위치한다. 방금 설명한 대로 폼
제출 시 입력을 처리하므로 Save 버튼에 별도의 클릭 이벤트 핸들러를 제공하지 않는다.

```
<div layout="row" layout-align="center none">
  <mat-card>
    <mat-card-title>
      <span class="mat-headline">Add ToDo</span>
    </mat-card-title>
  <mat-card-content>
    .... 콘텐츠는 여기에 위치한다
  <mat-card-content>
    <mat-card-actions>
      <button mat-button class="btn btn-primary">Save</button>
```

```
      </mat-card-actions>
    </mat-card>
</div>
```

필드를 추가할 준비가 됐으므로 필드를 관련 모델과 연결한다. 제목 필드부터 시작한다. 설명 필드도 거의 똑같은 형식을 사용한다. 필드와 함께 연관된 검증 표시를 추가하고 어떻게 되는지 살펴보자.

```
<mat-form-field>
  <input type="text" matInput placeholder="Title" [(ngModel)]="Title" name="title"
#title="ngModel" required />
</mat-form-field>
<div *ngIf="title.invalid && (title.dirty || title.touched)" class="alert alert-
danger">
  <div *ngIf="title.errors.required">
    제목을 추가해야 한다
  </div>
</div>
```

입력 엘리먼트의 첫 번째 부분은 설명이 필요 없다. 텍스트 필드를 만들었고 matInput으로 표준 입력을 가져오므로 안쪽에서 mat-form-field를 사용할 수 있다. 이것으로 적절한 안내문을 표시할 수 있다.

바인딩 동작 방식 때문에 [ngModel] 안에서 [(ngModel)]을 사용한다. [ngModel]은 단방향 바인딩이므로 속성이 변경되면 UI 엘리먼트를 통해 표시된다. 입력에서 값을 변경할 수 있으므로 템플릿에서 컴포넌트로 정보를 돌려보낼 수 있도록 폼 바인딩이 필요하다. 예제에서는 Title 속성값을 엘리먼트로 돌려보낸다.

name 속성을 설정하지 않으면 앵귤러는 내부 경고를 발생시키고 바인딩이 동작하지 않으므로, name 속성은 반드시 설정해야 한다. name을 설정한 다음 #을 사용해 ngModel과 연결한다. 만약 name이 wibbly라면 #wibbly="ngModel"과 같은 형식이 된다.

필요한 필드에 대해서는 required 속성을 추가하면 폼 검증이 작동한다.

입력 엘리먼트에 검증 기능을 연결했으므로 오류를 표시할 방법이 필요하다. 여는 div 구문은 기본적으로 다음과 같은 의미를 가진다. 만약 제목이 올바르지 않고(예를 들어, 필수인데 설정하지 않은 경우) 값이 변경됐거나 어떤 지점에서 포커스를 설정해 건드렸다면, alert과 alert-danger 속성을 사용해 내부 콘텐츠에 표시해야 한다.

값 검증 실패는 발생할 수 있는 여러 가지 오류 중 하나이며, 사용자에게 실제로 어떤 문제인지 알려줘야 한다. 우리가 다루는 특정 오류에 속하므로 div 구문 안에 적절한 문장을 표시한다. title.errors.required를 보면 아무런 값도 입력되지 않았을 때 템플릿은 '제목을 추가해야 한다' 문구를 표시한다.

 제목과 거의 동일한 형식을 사용하기 때문에 설명 필드는 살펴보지 않는다. 실제 코드가 어떤지 깃(Git) 코드를 살펴보길 바란다.

컴포넌트에 DueDate 필드를 추가해야 한다. 여기서는 앵귤러 날짜 입력 모듈을 사용하자. 모듈은 크게 세 부분으로 구성돼 있다.

사용자는 직접 입력 가능한 입력 필드를 갖고 있다. 입력 필드는 컴포넌트 코드 뒤에서 만든 EarliestDate 필드에 사용자가 가장 빠른 날짜를 설정하는 min 속성을 갖고 있다. title 필드처럼 이 필드도 필수 필드이므로 앵귤러가 검증한다. #datepicker="ngModel"을 적용했기 때문에 name을 설정해 ngModel 컴포넌트에 연결할 수 있다.

```
<input matInput [min]="EarliestDate" [matDatepicker]="picker"
name="datepicker" placeholder="Due date"
  #datepicker="ngModel" required [(ngModel)]="DueDate">
```

입력 필드는 [matDatepicker]="picker"를 사용해 연결한다. 폼 필드의 일부분으로 mat-datepicker 컴포넌트를 추가한다. #picker로 컴포넌트 이름을 picker로 지정하면 입력 필드의 matDatepicker 바인딩과 연결된다.

```
<mat-datepicker #picker></mat-datepicker>
```

마지막으로 추가해야 하는 부분은 사용자가 페이지의 달력 표시를 제어하는 토글이다. mat-datepicker-toggle을 사용한다. [for]="picker"를 사용해 어떤 날짜 선택 모듈에 달력을 적용할지 알려준다.

```
<mat-datepicker-toggle matSuffix [for]="picker"></mat-datepicker-toggle>
```

이제 폼 필드는 다음과 같다.

```
<mat-form-field>
  <input matInput [min]="EarliestDate" [matDatepicker]="picker"
name="datepicker" placeholder="Due date"
     #datepicker="ngModel" required [(ngModel)]="DueDate">
  <mat-datepicker-toggle matSuffix [for]="picker"></mat-datepicker-toggle>
  <mat-datepicker #picker></mat-datepicker>
</mat-form-field>
```

검증을 제외한 모든 부분이 완성됐다. 선택 가능한 가장 빠른 날짜는 오늘이라고 이미 정의했으므로 별도의 검증을 추가할 필요는 없다. 최대 날짜는 걱정하지 않아도 되므로 사용자가 날짜를 선택했는지만 확인하면 된다.

```
<div *ngIf="datepicker.invalid && (datepicker.dirty || datepicker.touched)"
class="alert alert-danger">
  <div *ngIf="datepicker.errors.required">
    You must select a due date.
  </div>
</div>
```

할 일 목록에 항목을 추가하고 데이터베이스에 저장할 수 있게 됐다. 하지만 추가한 항목을 볼 수 없다면 사용할 수 있는 상태는 아니다. 이제 AllTasksComponent와 Overdue TasksComponent 컴포넌트를 살펴보자.

AllTasksComponent와 OverdueTasksComponent 컴포넌트는 같은 정보를 표시한다. 두 컴 포넌트를 비교해보면, 만들어내는 GQL 호출만 다르다. 같은 정보를 표시하기 때문에 할 일 정보를 표시하는 새 컴포넌트를 추가한다. AllTasksComponent와 OverdueTasksCom ponent 컴포넌트는 같은 컴포넌트를 사용한다.

```
ng g c components/Todo-Card
```

task 컴포넌트를 추가할 때처럼 TodoCardComponent 컴포넌트는 EarliestDate 필드와 아 폴로 클라이언트로 시작한다.

```
EarliestDate: Date;
constructor(private apollo: Apollo) {
  this.EarliestDate = new Date();
}
```

컴포넌트가 실제로 어떤 일을 할지 고민할 시점이 됐다. 컴포넌트는 AllTasksComponent 나 OverdueTasksComponent에서 하나의 ITodoItem을 입력으로 받기 때문에 포함하고 있 는 컴포넌트가 정보를 받을 수 있어야 한다. 또한 할 일 항목이 삭제됐을 때 항목 표시 화면에서도 삭제해야 하므로 포함하고 있는 컴포넌트가 삭제 여부를 알려줄 수 있어 야 한다(그래프QL 쿼리를 다시 수행하기보다는 클라이언트 측에서 처리하도록). UI는 사용자가 항목을 수정할 때 사용할 Save 버튼을 추가해야 하므로, 사용자가 편집 섹션에 있는지 추적할 방법이 필요하다.

컴포넌트 요구 사항을 지원하기 위해 필요한 코드를 추가할 수 있다. 먼저 컴포넌트에 입력 파라미터로 값을 전달하는 기능을 다룬다. 컨테이너의 데이터 바인딩으로 값을 설정하고 볼 수 있는 필드를 추가한다. 앵귤러에서는 매우 간단하게 만들 수 있다. 필드에 @Input을 사용하면 데이터 바인딩으로 노출한다.

```
@Input() Todo: ITodoItem;
```

입력을 다루지만, 무슨 일이 있는지 컨테이너에 어떻게 알려줘야 할까? 할 일 항목을 지울 때 컴포넌트 출력으로 이벤트를 발생시키고 싶다. 앵귤러에서는 간단하게 @Output을 사용해 노출시킬 수 있다. 예제에서는 EventEmitter에 노출한다. 컨테이너를 노출하면 이벤트를 구독하고 이벤트가 발생했을 때 반응할 수 있다. EventEmitter를 만들면 항목의 Id를 다시 전달하고자 이벤트를 만들기 때문에 EventEmitter는 문자열 이벤트가 돼야 한다.

```
@Output() deleted: EventEmitter<string> = new EventEmitter<string>();
```

코드가 마무리되면 컴포넌트에서 처리할 AllTasksComponent와 OverdueTasksComponent 템플릿을 업데이트할 수 있다.

```
<div fxLayout="row wrap" fxLayout.xs="column" fxLayoutWrap
fxLayoutGap="20px grid" fxLayoutAlign="left">
  <atp-todo-card
    *ngFor="let todo of todos"
    [Todo]="todo"
    (deleted)="resubscribe($event)"></atp-todo-card>
</div>
```

TodoCardComponent에 로직을 추가하기 전에 AllTasksComponent와 OverdueTasksComponent로 돌아가보자. 내부적으로 두 컴포넌트는 매우 비슷하기 때문에 OverdueTasksComponent의 로직에 집중하자.

컴포넌트가 생성자에서 아폴로 클라이언트를 받는 것이 이제는 익숙할 것이다. 이전에

ngFor에서 본 것처럼 컴포넌트는 쿼리로 만드는 ITodoItem 배열을 todos로 노출한다.

```
todos: ITodoItem[] = new Array<ITodoItem>();
constructor(private apollo: Apollo) { }
```

깃 저장소의 코드를 보면, 이 코드는 컴포넌트에 추가돼 있지 않았다는 것을 알 수 있다. 대신 Subscribe 메서드와 resubscribe 이벤트를 제공하는 SubscriptionBase 기반 클래스를 사용한다.

Subscribe 메서드는 gql 쿼리와 함께 OverdueTodoItemQuery와 TodoItemQuery의 제네릭 타입을 받고 기반 데이터를 가져오기 위해 구독할 수 있는 Observable을 반환한다. 기반 클래스를 추가하는 이유는 AllTasksComponent와 OverdueTasksComponent가 거의 같다는 사실로 되돌아가기 때문에 가능한 한 많은 코드를 재사용하는 것이 좋다. 이는 중복 금지Don't Repeat Yourself(DRY) 원칙이라고도 한다.

```
protected Subscribe<T extends OverdueTodoItemQuery |
TodoItemQuery>(gqlQuery: unknown): Observable<ApolloQueryResult<T>> {
}
```

모든 메서드는 gql로 쿼리를 만들고 fetch-policy를 no-cache로 설정해 쿼리를 app-module에서 설정한 캐시에 의존하지 않고 강제로 네트워크에서 읽게 한다. 이는 메모리 캐시를 읽을지 말지 제어하는 또 다른 방법일 뿐이다.

```
return this.apollo.query<T>({
  query: gqlQuery,
  fetch-policy: 'no-cache'
});
```

모두 같은 항목을 노출하기 때문에 두 가지 인터페이스 중에서 선택할 수 있지만 각기 다른 이름을 가진다. OverdueTodoItemQuery는 OverdueTodoItems를 노출하고

TodoItemQuery는 TodoItems를 노출한다. 필드가 쿼리의 이름과 일치해야 하므로 한 가지 인터페이스를 사용하는 것보다 이런 방식으로 하는 것이 좋다. 아폴로 클라이언트는 이름을 사용해 결과를 자동으로 매핑한 후 돌려주기 때문이다.

resubscribe 메서드는 사용자가 곧 만들게 될 UI에서 delete 버튼을 클릭한 후에 호출된다. resubscribe 메서드는 이벤트에 연결돼 있고 삭제할 할 일 항목의 Id를 포함한 문자열로 된 이벤트를 받는다. 레코드를 삭제하려면 Id에 맞는 항목을 찾고 할 일 목록을 나눠서 제거해야 한다.

```
resubscribe = (event: string) => {
  const index = this.todos.findIndex(x => x.Id === event);
  this.todos.splice(index, 1);
}
```

OverdueTasksComponent로 돌아가보자. gql 쿼리를 전달해 subscribe를 호출하고 반환 데이터를 구독하기만 하면 된다. 데이터를 받아서 UI에 표시할 todos 배열을 만든다.

```
ngOnInit() {
  this.Subscribe<OverdueTodoItemQuery>(gql`query ItemsQuery {
    OverdueTodoItems {
      Id,
      Title,
      Description,
      DaysCreated,
      DueDate,
      Completed
    }
  }`).subscribe(todo => {
    this.todos = new Array<ITodoItem>();
    todo.data.OverdueTodoItems.forEach(x => {
      this.todos.push(x);
    });
  });
}
```

구독 시 주의할 사항이 있는데, 표시할 새 목록을 만들 때는 전체 목록을 다시 넣기 전에 this. todos를 비워야 한다는 점이다.

AllTasksComponent와 OverdueTasksComponent를 완료했으므로 다시 TodoCardComponent를 살펴보자. 컴포넌트 로직 추가를 완료하기 전에 템플릿을 만드는 방법을 살펴봐야 한다. 로직의 대부분은 할 일 추가 UI 로직과 비슷하기 때문에 폼을 연결하거나 검증을 추가하는 방법은 고민하지 않아도 된다. 여기서 집중하고 싶은 부분은 읽기 전용 레이블 기반 버전과 반대로 사용자가 편집 모드로 들어가면 할 일 항목 컴포넌트가 다르게 표시된다는 사실과 관련이 있다. 제목을 살펴보자. 읽기 전용 모드에서는 제목을 다음과 같이 span에 표시한다.

```
<span>{{Todo.Title}}</span>
```

편집 모드에서는 다음과 같이 입력 엘리먼트와 검증 내용이 보여야 한다.

```
<mat-form-field>
  <input type="text" name="Title" matInput placeholder="Title"
[(ngModel)]="Todo.Title" #title="ngModel"
    required />
</mat-form-field>
<div *ngIf="title.invalid && (title.dirty || title.touched)" class="alert alert-
danger">
  <div *ngIf="title.errors.required">
    You must add a title.
  </div>
</div>
```

앵귤러 기능을 적절히 사용해보자. 내부적으로 InEdit 플래그를 사용해 관리한다. false로 설정하면 span을 표시한다. true로 설정하면 입력 로직이 포함된 템플릿을 표시한다. span을 InEdit에 바인딩한 ngIf 구문을 가진 div 태그로 감싸고 ngIf 구문에 else를 포함한 name에 맞는 템플릿을 선택해 표시한다.

```
<div *ngIf="!InEdit;else editTitle">
  <span>{{Todo.Title}}</span>
</div>
<ng-template #editTitle>
  <mat-form-field>
    <input type="text" name="Title" matInput placeholder="Title"
[(ngModel)]="Todo.Title" #title="ngModel"
       required />
  </mat-form-field>
  <div *ngIf="title.invalid && (title.dirty || title.touched)" class="alert
alert-danger">
    <div *ngIf="title.errors.required">
      You must add a title.
    </div>
  </div>
</ng-template>
```

다른 필드도 비슷한 방식으로 표시한다. 읽기 전용 필드를 표시하는 방법에는 유의할 사항이 한 가지 더 있다. DueDate는 데이터베이스에 저장된 날짜/시간 형식보다 읽기 쉬운 날짜 형식으로 표시하도록 변환이 필요하다. |를 사용해 DueDate 날짜를 표시하는 방법을 제어하는 특별한 날짜 포매터date formatter에 넘기는 용도로 사용한다.

```
<p>Due: {{Todo.DueDate | date}}</p>
```

이제 todo-card.component.html의 나머지 부분을 살펴보자. 템플릿 교체는 거의 다 끝났으므로, 동일한 UI를 두 가지 목적으로 사용하는 방법을 살펴보는 것은 좋은 방법이다.

컴포넌트 자체에서 살펴볼 동자은 세 가지가 남았다. 첫 번째는 사용자가 컴포넌트의 delete 버튼을 눌렀을 때 작동하는 Delete 메서드다. Remove 변경을 호출하는 간단한 메서드로 삭제할 항목의 Id를 전달한다. 항목이 서버에서 삭제되면 deleted 이벤트의 emit을 호출한다. 이벤트는 포함하고 있는 컴포넌트에 Id를 다시 전달해 UI에서 해당 항목을 제거한다.

```
Delete() {
  this.apollo.mutate({
    mutation: gql`
    mutation Remove($Id: String!) {
      Remove(Id: $Id)
    }
    `, variables: {
      Id: this.Todo.Id
    }
  }).subscribe();
  this.deleted.emit(this.Todo.Id);
}
```

두 번째인 Complete 메서드는 간단하다. 사용자가 Complete 링크를 클릭하면 현재 Id를 변수로 전달하는 Complete 쿼리를 호출한다. 이때 편집 모드일 수 있으므로 this. Edit(false)를 호출해 읽기 전용 모드로 돌아간다.

```
Complete() {
  this.apollo.mutate({
    mutation: gql`
    mutation Complete($input: String!) {
      Complete(Id: $input)
    }
    `, variables: {
      input: this.Todo.Id
    }
  }).subscribe();
  this.Edit(false);
  this.Todo.Completed = true;
}
```

세 번째인 Save 메서드는 항목 추가 컴포넌트의 Add 메서드와 상당히 비슷하다. 이번에도 변경이 끝나면 편집 모드에서 읽기 전용 모드로 돌아간다.

```
Save() {
  const todo: ITodoItemInput = new TodoItemInput();
  todo.Completed = false;
  todo.CreationDate = new Date();
  todo.Title = this.Todo.Title;
  todo.Description = this.Todo.Description;
  todo.DueDate = this.Todo.DueDate;
  todo.Id = this.Todo.Id;
  this.apollo.mutate({
    mutation: gql`
      mutation Update($input: TodoItemInput!) {
        Update(TodoItem: $input)
      }
    `, variables: {
      input: todo
    }
  }).subscribe();

  this.Edit(false);
}
```

이제 전체 기능이 동작하는 클라이언트 및 서버 기반 그래프QL 시스템을 만들었다.

▎ 요약

5장에서는 그래프QL이 데이터의 조회와 갱신에 대한 REST 서비스의 대안적 관점에서 갖는 장점을 살펴봤다. 아폴로를 서버 측 그래프QL 엔진으로 설정하고 서버와 통신하도록 앵귤러 클라이언트에 아폴로를 추가하는 방법을 다뤘으며 추가로 GQL 쿼리 언어도 살펴봤다. 타입스크립트의 모든 장점을 활용하고자 그래프QL 스키마를 만들고 조회하는 과정을 간단하게 해주는 type-graphql 패키지를 사용했다.

4장의 경험에 기반해 재사용 가능한 몽고DB 데이터 접근 레이어를 만드는 방법을 살펴봤다. 레이어를 사용하면 레코드를 찾기 위해 반드시 Id를 사용해야 하는 것 같은 애플리케이션 제약 사항을 제거할 가능성을 남겨두는 좋은 시작점을 만들었다.

5장에서는 사용자가 선택한 경로에 따라 다른 화면을 보여주는 앵귤러 라우팅도 도입했다. 머티리얼을 사용했기 때문에 4장, 'MEAN 스택으로 사진 갤러리 만들기'에서 다룬 콘텐츠 내비게이션 로직을 적용하는 방법을 볼 수 있다. 앵귤러가 제공하는 검증 기능으로 사용자가 입력 시 실수하지 않도록 막는 방법도 살펴봤다. 문제가 발생했을 때 인라인 템플릿inline template과 함께 사용자에게 일관된 피드백을 제공하는 방법도 다뤘다.

6장에서는 서버와 클라이언트 사이에 접속을 열어놓고 관리하기 위해 Socket.IO를 사용해 서버와 통신하는 다른 방법을 살펴본다. 애플리케이션에 접속한 모든 사람에게 대화를 자동으로 전달하는 앵귤러 채팅 애플리케이션을 만들어보며, 추가로 머티리얼 대신 부트스트랩을 앵귤러와 통합하고 라우팅 같은 기능을 사용하는 방법을 살펴본다. 대부분의 상용 애플리케이션이 갖고 있는 사용자 인증 기능도 도입한다.

▌질문

1. 그래프QL은 REST 클라이언트를 완전히 대체하는가?
2. 그래프QL에서 변경의 목적은 무엇인가? 어떤 타입의 작업을 기대할 수 있는가?
3. 앵귤러에서 하위 컴포넌트에 파라미터를 전달하는 방법은 무엇인가?
4. 스키마와 리졸버의 차이는 무엇인가?
5. 싱글톤은 어떻게 만드는가?

complete 함수는 기간이 초과된 항목 페이지에서 완료된 할 일 항목을 제거하지 않는다. 사용자가 complete를 클릭하고 나면 페이지에서 항목을 제거하는 기능을 추가해 보자.

▍ 더 읽을거리

- 그래프QL을 더 알고 싶다면 브라이언 키모코티^{Brian Kimokoti}의 『Beginning GraphQL』(https://www.packtpub.com/application-development/beginning-graphql-elearning)을 추천한다.
- 리액트에서 그래프QL 사용법을 보고 싶다면 세바스찬 그레베^{Sebastian Grebe}의 『Hands-on Full-Stack Web Development with GraphQL and React』 (Packt, 2019)를 추천한다.

06

Socket.IO를 사용한
채팅방 만들기

6장에서는 REST API 설정이나 그래프QL 쿼리를 사용하지 않고 클라이언트와 서버가 메시지를 주고받는 방법을 알아보고자 Socket.IO를 사용해 앵귤러 채팅방 애플리케 이션을 만드는 방법을 살펴본다. 사용할 기술은 오랫동안 유지되는 클라이언트에서 서버로의 접속을 다루는 것과 관련 있다. 클라이언트와 서버 간 통신 만들기는 메시지 보내기만큼 간단하다.

6장에서 다루는 내용은 다음과 같다.

- Socket.IO를 이용한 클라이언트/서버 간 장시간 커뮤니케이션
- Socket.IO 서버 만들기
- 앵귤러 클라이언트 생성과 Socket.IO 지원 추가

- 데코레이터를 사용한 클라이언트 측 로그

- 클라이언트에서 부트스트랩 사용

- 부트스트랩 내비게이션 추가

- 클라이언트 인증을 위한 Auth0 가입

- 클라이언트에 Auth0 지원 추가

- 앵귤러 라우팅에 보안 추가

- 클라이언트와 서버에서 Socket.IO 메시지 후킹

- Socket.IO 네임스페이스를 사용해 메시지 분리

- 채팅방chat room 추가 기능 추가

- 메시지 보내고 받기

▌ 기술적 요구 사항

프로젝트 완성본은 https://github.com/PacktPublishing/Advanced-TypeScript-
3-Programming-Projects/tree/master/Chapter06에서 다운로드할 수 있다.

프로젝트를 다운로드하고 나면 npm install로 필요한 패키지를 설치해야 한다.

▌ Socket.IO를 사용한 클라이언트/서버 간 장기 접속 커뮤니케이션

지금까지 클라이언트와 서버 간의 다양한 통신 방법을 다뤘지만, 모두 데이터 전송에
대응하는 인터랙션 형태로 반응한다는 공통점이 있다. 링크나 버튼을 클릭하는 것과
관계없이 클라이언트와 서버를 작동하게 만드는 사용자 입력이 있다.

몇 가지 경우가 있지만, 클라이언트와 서버 간의 통신 회선을 영구적으로 열어놓고 유
지하면서 데이터를 사용 가능할 때 바로 푸시하는 경우가 있다. 예를 들어 온라인 게

임을 하고 있다면, 다른 사용자 상태를 화면에 표시하기 위해 어떤 버튼을 누르지 않는다. 우리에게 필요한 것은 연결을 관리하고 메시지를 문제없이 보낼 수 있는 기술이다.

수년간 이 문제를 해결하기 위해 진화한 여러 가지 기술이 있었다. 플래시 소켓^{flash} ^{socket}과 같은 몇몇 기술은 소유권 문제로 선호되지 않았다. 이런 기술을 통틀어 푸시 기술$^{push\ technology}$이라고 하며, 모든 주요 브라우저에서 지원하는 웹소켓^{WebSocket} 표준이 등장해 일반화됐다. 웹소켓은 HTTP와 나란히 협력 프로토콜로 자리하고 있음을 기억하자.

 웹소켓에 대한 작은 지식 하나를 소개한다. HTTP는 HTTP나 HTTPS를 프로토콜 식별자로 사용하고, 웹소켓은 WS나 WSS(WebSocket Secure)를 프로토콜 식별자로 사용한다.

노드JS 세계에서는 웹소켓 통신 방법으로 Socket.IO가 사실상의 표준이 됐다. Socket .IO로 연결된 모든 사용자가 채팅할 수 있는 채팅방 애플리케이션을 만들어보자.

▌ 프로젝트 개요

채팅방은 전통적 소켓 기반 애플리케이션이며 소켓 애플리케이션의 'Hello World'에 해당한다. 다른 사용자에게 메시지 보내기, 다른 사용자에게서 온 메시지에 반응하기, 채팅방으로 메시지를 어디로 보낼지 구분하기 등과 같은 기술을 살펴봐야 하므로 매우 유용하다.

이전 장들에서 머티리얼 디자인은 개발하는 데 큰 역할을 했다. 이제는 부트스트랩 4로 돌아가서 부트스트랩으로 앵귤러 애플리케이션에서 인터페이스를 배치하는 방법을 살펴보자. Socket.IO로 클라이언트와 서버 간의 양방향 통신도 살펴본다. 이전 장들에서 사용자 인증은 다루지 않았다. 6장에서는 Auth0(https://auth0.com/)로 애플리케이션의 가입 및 인증 지원 기능을 구현한다.

깃허브 저장소 코드로 시작하면 6장의 단계를 완료하는 데 대략 두 시간 정도 걸린다. 애플리케이션을 완성했을 때의 모습은 다음과 같다.

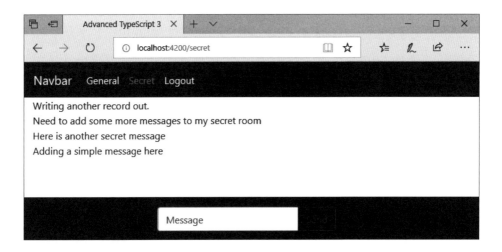

어떤 애플리케이션을 만들지, 어떤 모양으로 만들지 알았으므로 애플리케이션을 만들 준비가 됐다. 이어서 Auth0로 외부 인증을 추가하는 방법을 살펴본다.

▌Socket.IO와 앵귤러 시작

노드JS나 몽구스 같은 대부분의 요구 사항은 이전 장에서 다룬 것과 같으므로 추가적인 컴포넌트를 나열하지는 않으며, 6장에서 필요한 새로운 컴포넌트를 불러온다. 늘 그렇듯이 사용할 코드를 찾는 기본 장소는 깃허브다.

6장에서는 사용자 인증에 Auth0(https://auth0.com/)를 사용한다. Auth0는 모든 인프라를 다루므로 인증에 사용할 수 있는 대표적 선택지 중 하나다. 우리는 보안 로그인과 정보 저장 방법을 제공해야 한다. Auth0의 기반이 되는 아이디어는 공개 OAuth 프레임워크를 통해 우리 애플리케이션을 사용하는 사람의 신원을 검증하는 데 API를 활용하는 것이다. 인증 정보를 기반으로 애플리케이션의 일부분을 자동으로 보여주거나 숨길 수 있다. 표준 인증 프로토콜인 OAuth와 그 후계자인 OAuth2를 사용해 인증된 사용자가 사이트에 가입하지 않고도 로그인 정보를 제공해 애플리케이션의 기능에 접근하도록 허용한다.

처음에는 6장에서 passport로 인증 기능을 제공하려고 했지만, 최근 페이스북(Facebook) 같은 회사의 보안 문제를 고려해 인증 관리에 Auth0를 사용하기로 했다. 인증과 보안에서는 최고의 제품을 사용하는 것이 가장 확실한 방법이다.

코드를 작성하기 전에 Auth0에 가입하고 단일 페이지 웹 애플리케이션을 만드는 데 필요한 인프라를 만든다. **Sign Up** 버튼을 클릭하면 해당 URL(https://auth0.com/signup ?&signUpData=%7B%22category%22%3A%22button%22%7D)로 이동하게 된다. 나는 깃허브 계정을 사용해 가입했지만, 사용 가능한 다른 옵션을 선택해도 좋다.

Auth0는 다양한 고급 유료 서비스와 무료 버전 서비스를 제공한다. 우리는 기본 기능만 필요하기 때문에 무료 버전이 요구 사항에 딱 맞는다.

가입하고 나서 **Create Application** 버튼을 클릭하면 Create Application 다이얼로그가 나타난다. **Name** 항목에 이름을 입력하고 Single Page Web App을 선택한 뒤 CREATE 버튼을 눌러 Auth0 애플리케이션을 만들자.

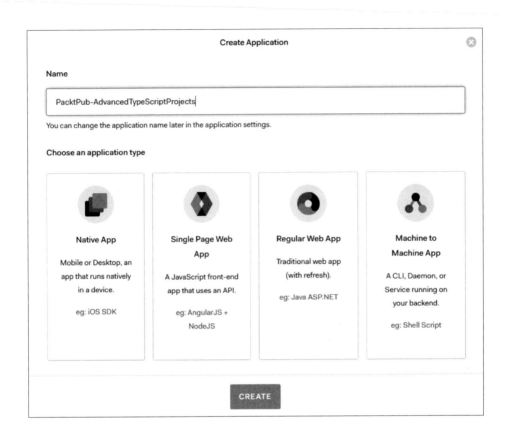

Settings 탭을 클릭하면 다음과 같은 화면이 나타난다.

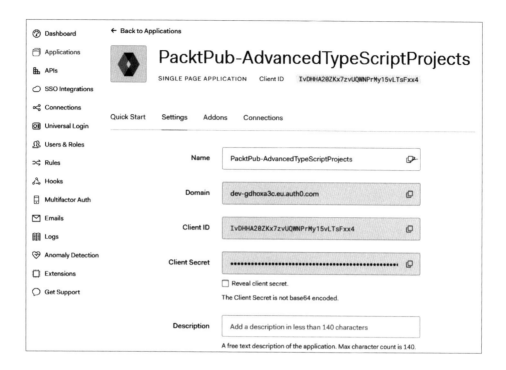

콜백 URL, 허용할 요청 도메인, 로그아웃 URL, CORS 등의 옵션이 있다.

Auth0의 모든 기능은 이 책에서 다루는 범위를 벗어나지만, 제공되는 문서를 읽어보고 만드는 애플리케이션에 알맞은 설정을 해보길 바란다.

 보안 유의 사항: 이 책에서 클라이언트 ID나 그와 비슷한 고유 식별자에 대한 세부 사항을 제공하는 경우는 순수하게 코드를 설명하기 위한 목적이라는 점을 밝혀둔다. 보안 문제로 모든 ID는 비활성화돼 있다. 따라서 실제 개발 시에는 보안 관련 모범 사례들을 따르고 깃허브처럼 공개된 곳에는 ID나 패스워드를 커밋하지 않는 것을 권한다.

▌Socket.IO, 앵귤러, Auth0를 사용한 채팅방 애플리케이션 만들기

개발을 시작하기 전에 어떤 것을 만들지 명확하게 정의해야 한다. 채팅방은 상당히 흔한 애플리케이션이므로 Socket.IO의 각기 다른 점을 연습하기에 좋은 표준 요구 사항을 만들기 쉽다. 우리가 만들 애플리케이션 요구 사항은 다음과 같다.

- 사용자는 일반 채팅 페이지에서 모든 사용자가 보는 메시지를 보낼 수 있다.
- 사용자는 애플리케이션에 로그인해 보안 사항이 적용된 페이지를 사용할 수 있다.
- 로그인한 사용자는 다른 로그인 사용자에게만 보이는 메시지를 보낼 수 있다.
- 사용자가 접속하면 이전 메시지를 찾아서 보여준다.

애플리케이션 만들기

이제 노드 애플리케이션 만들기가 익숙해졌을 것이므로 더 이상 반복해서 설명하지 않는다. tsconfig 파일은 다음과 같다.

```
{
  "compileOnSave": true,
  "compilerOptions": {
    "incremental": true,
    "target": "es5",
    "module": "commonjs",
    "outDir": "./dist",
    "removeComments": true,
    "strict": true,
    "esModuleInterop": true,
    "inlineSourceMap": true,
    "experimentalDecorators": true,
  }
}
```

incremental은 타입스크립트 3.4 버전에서 추가된 옵션으로 증분 빌드(incremental build)를 가능하게 해준다. 이 기능은 코드를 컴파일할 때 프로젝트 그래프를 만든다. 코드를 다시 빌드하면 프로젝트 그래프를 통해 실제 변경된 파일을 식별한다. 변경되지 않은 파일은 다시 빌드할 필요가 없으며, 규모가 큰 애플리케이션에서 컴파일 시간을 줄여 많은 시간을 절약해준다.

메시지는 데이터베이스에 저장하기 때문에 데이터베이스 접속 코드부터 시작하는 것이 낯설지 않을 것이다. 이제 데이터베이스 접속 코드를 데이터베이스 이름을 인자로 받는 데코레이터 팩토리의 클래스 데코레이터로 옮겨야 한다.

```
export function Mongo(connection: string) {
  return function (constructor: Function) {
    mongoose.connect(connection, { useNewUrlParser: true}, (e:unknown) => {
      if (e) {
        console.log(`Unable to connect ${e}`);
      } else {
        console.log(`Connected to the database`);
      }
    });
  }
}
```

 클래스를 만들기 전에 mongoose와 @types/mongoose를 설치하는 것을 잊지 말자.

준비가 끝나면 server 클래스를 만들어보자. 다음과 같은 데코레이터가 필요하다.

```
@Mongo('mongodb://localhost:27017/packt_atp_chapter_06')
export class SocketServer {
}
```

모두 마쳤다. SocketServer 인스턴스를 만들면 데이터베이스에 자동으로 연결한다. 나는 이런 단순한 접근법을 정말 좋아한다. 이는 다른 애플리케이션에도 사용할 수 있는 우아한 방법이다.

5장에서 데이터를 간단하게 다루도록 DataAccessBase 클래스를 만들었다. 이번에도 DataAccessBase 클래스를 사용하되, 채팅 애플리케이션에서 사용하지 않는 몇 개 메서드는 제외한다. 동시에 모델의 강한 제약을 제거하는 방법도 살펴보자. 클래스 정의에서 시작한다.

```
export abstract class DataAccessBase<T extends mongoose.Document>{
  private model: Model;
  protected constructor(model: Model) {
    this.model = model;
  }
}
```

Add 메서드는 5장의 내용과 비슷하다.

```
Add(item: T): Promise<boolean> {
  return new Promise<boolean>((callback, error) => {
    this.model.create(item, (err: unknown, result: T) => {
      if (err) {
        error(err);
      }
      callback(!result);
    });
  });
}
```

5장에서는 레코드를 찾으려면 Id 필드가 반드시 있어야 하는 제약 사항이 있었다. 그때는 필요한 제약 사항이었지만, 이제는 애플리케이션에서 Id 필드를 강제하고 싶지 않다. 레코드를 찾기 위해 필요한 기준과 반환할 필드 선택을 허용하는 더 열린 구현을 제공한다.

```
GetAll(conditions: unknown, fields: unknown): Promise<unknown[]> {
  return new Promise<T[]>((callback, error) => {
    this.model.find(conditions, fields, (err: unknown, result: T[]) => {
      if (err) {
        error(err);
      }
      if (result) {
        callback(result);
      }
    });
  });
}
```

5장에서처럼 mongoose.Document 기반의 인터페이스와 Schema 타입을 만들었다. 이것으로 메시지 규약을 만들고 채팅방, 메시지 내용, 메시지를 받은 날짜 등과 같은 상세 정보를 저장한다. 정보들을 조합해 데이터베이스에 사용할 실제 모델을 만든다.

1. mongoose.Document 구현을 정의한다.

```
export interface IMessageSchema extends mongoose.Document{
  room: string;
  messageText: string;
  received: Date;
}
```

2. Schema 타입은 다음과 같다.

```
export const MessageSchema = new Schema({
  room: String,
  messageText: String,
  received: Date
});
```

3. 데이터를 저장하고 가져올 때 사용하는 데이터 접근 클래스를 만드는 데 필요한 MessageModel 인스턴스를 생성한다.

```
export const MessageModel =
mongoose.model<IMessageSchema>('message', MessageSchema, 'messages', false);
export class MessageDataAccess extends
DataAccessBase<IMessageSchema> {
  constructor() {
    super(MessageModel);
  }
}
```

서버에 Socket.IO 지원 추가

이제 Socket.IO를 서버로 가져와서 서버를 구현할 준비를 마쳤다. 다음 명령을 실행해 Socket.IO와 관련된 타입 선언 정의를 설치하자.

```
npm install --save socket.io @types/socket.io
```

설치가 끝나면, 서버에 Socket.IO 지원을 추가하고 서버를 실행해 메시지를 주고받을 준비를 한다.

```
export class SocketServer {
  public Start() {
    const appSocket = socket(3000);
    this.OnConnect(appSocket);
  }
  private OnConnect(io: socket.Server) {
  }
}
new SocketServer.Start();
```

OnConnect 메서드는 Socket.IO 메시지를 받고 반응하기 위한 시작점을 인자로 받으며, 클라이언트 접속을 알려주는 연결 메시지를 받는 데 사용한다. 클라이언트가 접속하면 메시지를 보내고 받기 위한 일정량의 소켓을 연다. 특정 클라이언트에 메시지를 직접 보내고 싶으면 다음과 같은 코드 예제에서 반환하는 socket의 메서드를 사용한다.

```
io.on('connection', (socket:any) => {
});
```

 기술의 이름이 Socket.IO지만 알고 넘어가야 하는 부분이 있다. Socket.IO는 웹소켓 구현체가 아니다. 웹소켓을 사용할 수 있지만 실제로 웹소켓을 사용한다고 보장하지 않는다. 예를 들어, 기업 정책으로 소켓 사용이 금지될 수 있다. 그렇다면 Socket.IO는 실제로 어떻게 동작할까? Socket.IO는 Engine.IO 같은 다양한 협업 기술을 사용하고 적절한 전송 기술을 제공한다. 접속에 사용하는 첫 번째 연결 유형은 HTTP 롱 폴링(HTTP long polling)이다. 이것은 빠르고 효과적인 전송 기술이다. 대기 시간 동안 Socket.IO는 전송 방식을 소켓으로 변경할 수 있는지 확인한다. 소켓을 사용할 수 있다면, 조용히 보이지 않게 소켓을 사용하도록 업그레이드한다. 고객이 신경 쓰는 것은 빠른 접속과 신뢰성 있는 메시지다. 방화벽과 로드 밸런서(load balancer)가 있더라도 Engine.IO가 접속을 유지해 메시지는 믿을 수 있다.

클라이언트에 지나간 대화 내용을 보는 기능을 추가해보자. 이를 위해 데이터베이스에 대화 내용을 저장하고 읽어와야 한다. 사용자가 접속하면 현재 접속한 채팅방의 모든 메시지를 읽어서 사용자에게 보내준다. 로그인하지 않은 사용자라면 대화방에 속하지 않은 메시지만 볼 수 있다.

```
this.messageDataAccess.GetAll({room: room}, {messageText: 1, _id: 0}).then((msgs:
string[]) =>{
  socket.emit('allMessages', msgs);
});
```

구문이 좀 이상해 보일 수 있지만 하나씩 차례대로 살펴보자. GetAll을 호출하면 Data AccessBase 클래스의 다목적 GetAll 메서드가 호출된다. GetAll을 구현했을 때 더 범용적이면서 필터링할 필드와 반환할 필드를 선택하는 코드를 허용해야 하는 이유를 살펴봤다. {room: room}을 사용하면 결과를 채팅방에 맞춰서 필터링한다고 몽고DB에 알려준다. SQL에서 WHERE room = roomVariable 구문을 사용하는 것과 비슷하다. 또한 원하는 결과가 왔는지도 확인하고 싶다. 예제에서는 _id 필드가 없는 messageText가 필요하기 때문에 {messageText: 1, _id: 0} 구문을 사용한다. 결과를 받으면 socket.emit으로 클라이언트에 메시지 배열을 보내야 한다. 이 명령은 allMessages를 코드로 설정해 접속한 클라이언트에게 메시지를 보낸다. 클라이언트는 allMessages 코드를 받으면 메시지에 대응하는 작업을 실행한다.

 메시지로 선택한 이벤트 이름은 Socket.IO의 제약 사항에 영향을 받는다. Socket.IO에는 특별한 의미를 갖고 있기 때문에 메시지 이름으로 사용할 수 없는 제약 사항을 가진 이벤트 이름이 있다. error, connect, disconnect, disconnecting, newListener, removeListener, ping, pong 등의 이름은 사용할 수 없다.

만약 클라이언트가 메시지를 받을 수 없다면 서버를 만들고 메시지를 보내는 것이 별 의미가 없다. 아직 모든 메시지가 준비되지 않았지만, 클라이언트 작성을 시작할 수 있는 충분한 준비가 됐다.

채팅방 클라이언트 만들기

이번에도 ng new 명령으로 앵귤러 애플리케이션을 만든다. 라우팅 지원을 제공하지만, 작업을 시작하기 전에 사용자가 인증을 우회하지 못하도록 보장하는 방법을 살펴보자.

```
ng new Client --style scss --prefix atp --routing true
```

앵귤러 클라이언트는 Socket.IO를 고정적으로 사용하므로, 앵귤러 전용 Socket.IO 모듈을 사용해 Socket.IO 지원을 추가한다.

```
npm install --save ngx-socket-io
```

app.module.ts에서 설정에 서버 URL 항목을 추가해 Socket.IO 서버 접속을 만든다.

```
import { SocketIoModule, SocketIoConfig } from 'ngx-socket-io';
const config: SocketIoConfig = { url: 'http://localhost:3000', options: {}}
```

클라이언트 측 소켓을 설정하는 모듈을 임포트하면 설정이 정적 메서드인 SocketIoModule.forRoot로 전달된다. 클라이언트가 시작되면, 접속을 시도하고 서버 코드에서 설명한 접속 메시지를 순서대로 구동한다.

```
imports: [
  BrowserModule,
  AppRoutingModule,
  SocketIoModule.forRoot(config),
```

데코레이터로 클라이언트 로그 추가

클라이언트 코드에서 사용하고 싶은 기능 중 하나는 전달받은 파라미터와 메서드 호출에 대한 로그를 남기는 기능이다. 데코레이터 생성을 살펴봤을 때 이런 기능을 본 적이 있다. 예제에서는 Log 데코레이터를 만든다.

```
export function Log() {
  return function(target: Object,
                  propertyName: string,
                  propertyDesciptor: PropertyDescriptor):
PropertyDescriptor {
```

```
        const method = propertyDesciptor.value;
        propertyDesciptor.value = function(...args: unknown[]) {
            const params = args.map(arg => JSON.stringify(arg)).join();
            const result = method.apply(this, args);
          if (args && args.length > 0) {
            console.log(`Calling ${propertyName} with ${params}`);
          } else {
            console.log(`Calling ${propertyName}. No parameters present.`)
          }
          return result;
        };
        return propertyDesciptor;
    }
}
```

Log 데코레이터 동작은 propertyDescriptor.value에서 메서드를 복사하면서 시작한다.
메서드에 전달된 모든 파라미터를 받는 함수를 만들어서 메서드를 교체한다. 안쪽 함
수에서는 args.map을 사용해 파라미터와 값을 문자열로 만든다. method.apply를 호출
해 메서드를 실행하고, 메서드에 관계된 상세한 내용과 파라미터를 콘솔에 출력한다.
이전의 코드에서는 @Log를 사용해 메서드와 파라미터를 자동으로 기록하는 간단한 방
법이 있었다.

앵귤러 부트스트랩 설정

앵귤러에서 머티리얼 대신 부트스트랩을 사용하기로 했다. 부트스트랩 지원 추가는
간단한 작업이며, 언제나처럼 관련 패키지를 설치하는 것으로 시작한다. 부트스트랩
을 설치하자.

```
npm install bootstrap --save
```

부트스트랩을 설치하고 나면, 다음과 같이 angular.json 파일의 **styles** 섹션에 부트스
트랩 참조를 추가한다.

274

```
"styles": [
  "src/styles.scss",
  "node_modules/bootstrap/dist/css/bootstrap.min.css"
],
```

준비가 끝나면 페이지 최상단에 위치할 navigation 컴포넌트를 만든다.

```
ng g c components/navigation
```

navigation 컴포넌트를 추가하기 전에 모든 페이지에 나타나도록 app.component. html 파일을 수정해야 한다.

```
<atp-navigation></atp-navigation>
<router-outlet></router-outlet>
```

부트스트랩 내비게이션

부트스트랩은 내비게이션에 추가할 수 있는 nav 컴포넌트를 제공한다. 안쪽에서는 여러 개의 링크를 만든다. 5장에서처럼 routerLink로 앵귤러에 라우팅 정보를 제공한다.

```
<nav class="navbar navbar-expand-lg navbar-dark bg-dark">
  <a class="navbar-brand" href="#">Navbar</a>
  <div class="collapse navbar-collapse" id="navbarNavAltMarkup">
    <div class="navbar-nav">
      <a class="nav-item nav-link active" routerLink="/general">General</a>
      <a class="nav-item nav-link" routerLink="/secret"
*ngIf="auth.IsAuthenticated">Secret</a>
      <a class="nav-item nav-link active" (click)="auth.Login()"
routerLink="#" *ngIf="!auth.IsAuthenticated">Login</a>
      <a class="nav-item nav-link active" (click)="auth.Logout()"
routerLink="#" *ngIf="auth.IsAuthenticated">Logout</a>
    </div>
```

```
    </div>
  </nav>
```

흥미로운 점은 라우팅에서 인증 여부에 따라 링크를 보여주거나 숨긴다는 점이다. 사용자 인증이 돼 있으면 Secret과 Logout 링크를 보여준다. 사용자 인증이 되지 않았으면 Login 링크를 보여준다.

내비게이션에서 여러 개의 인증 참조를 볼 수 있다. 무대 뒤에서는 모두 OauthAuthorizationService에 매핑된다. 6장 초반부에서 Auth0에 가입할 때 다시 사용할 것이라고 예고했으며, 이제 사용자가 Auth0를 통해 접속하도록 인증 서비스를 추가할 때가 됐다.

Auth0를 사용한 인증과 인가

인증은 크게 두 부분으로 구성된다. 인증을 수행하는 서비스와 인증 작업을 간단하게 만들어주는 모델로 나눌 수 있다. 먼저 로그인에 성공했을 때 전달받는 상세 정보를 포함하는 Authorization 모델을 만들어보자. 생성자에서 Socket 인터페이스를 받는 점에 주의하자.

```
export class Authorization {
  constructor(private socket: Socket);
  public IdToken: string;
  public AccessToken: string;
  public Expired: number;
  public Email: string;
}
```

모델을 사용해 여러 가지 유용한 메서드를 만들 수 있다. 처음 만들어볼 메서드는 사용자가 로그인했을 때 public 속성을 설정하는 메서드다. 결과에 액세스 토큰과 ID 토큰이 포함돼 있는지 확인함으로써 로그인 성공 여부를 판단한다.

```
@Log()
public SetFromAuthorizationResult(authResult: any): void {
  if (authResult && authResult.accessToken && authResult.idToken) {
    this.IdToken = authResult.idToken;
    this.AccessToken = authResult.accessToken;
    this.Expired = (authResult.expiresIn * 1000) + Date.now();
    this.Email = authResult.idTokenPayload.email;
    this.socket.emit('loggedOn', this.Email);
  }
}
```

사용자가 로그인하면, 서버에 사용자 이메일 주소와 함께 loggedOn 메시지를 보낸다. 서버로 메시지를 보내고 돌아오는 응답을 처리하면 재빨리 이 메시지로 돌아온다. 메서드와 속성에 대한 로그를 남기는 것을 기억하자.

사용자가 로그아웃하면 값을 비우고 서버에 loggedOff 메시지를 보낸다.

```
@Log()
public Clear(): void {
  this.socket.emit('loggedOff', this.Email);
  this.IdToken = '';
  this.AccessToken = '';
  this.Expired = 0;
  this.Email = '';
}
```

마지막 메서드는 AccessToken 필드가 있는지와 티켓의 만료 시각이 지났는지를 확인해 사용자 인증이 유효한지를 알려준다.

```
public get IsAuthenticated(): boolean {
  return this.AccessToken && this.Expired > Date.now();
}
```

OauthAuthorizationService 서비스를 만들기 전에 Auth0와 통신하는 방법을 추가해야 한다.

```
npm install --save auth0-js
```

설치가 끝나면 script 태그에 auth0.js 참조를 추가한다.

```
<script type="text/javascript" src="node_modules/auth0-js/build/auth0.js"></script>
```

이제 서비스를 만들 준비가 끝났다.

```
ng g s services/OauthAuthorization
```

서비스의 시작은 간단하다. 서비스 생성자를 만들고 방금 만든 Authorization 클래스 인스턴스를 만든다.

```
export class OauthAuthorizationService {
  private readonly authorization: Authorization;
  constructor(private router: Router, private socket: Socket) {
    this.authorization = new Authorization(socket);
  }
}
```

이제 Auth0를 연결해보자. Auth0에 가입했을 때 다양한 설정이 있었음을 떠올려보자. 여러 가지 설정 중 클라이언트 ID와 도메인이 필요했다. 애플리케이션에서 고유 식별자를 사용하기 위해 auth0-js의 WebAuth 인스턴스를 사용한다. responseType은 로그인이 성공했을 때 사용자의 인증 토큰과 ID 토큰이 필요함을 알려준다. scope는 사용자가 로그인할 때 우리가 접근하려는 기능을 사용자에게 알려준다. 예를 들어 프로필이 필요하다면, scope를 openid email profile로 설정한다. redirectUri는 로그인에 성공한 뒤 이동할 페이지를 Auth0에게 알려준다.

```
auth0 = new auth0.WebAuth({
  clientID: 'IvDHHA20ZKx7zvUQWNPrMy15vLTsFxx4',
  domain: 'dev-gdhoxa3c.eu.auth0.com',
  responseType: 'token id_token',
  redirectUri: 'http://localhost:4200/callback',
  scope: 'openid email'
});
```

 redirectUri는 Auth0의 설정 값과 일치해야 한다. 나는 redirectUri를 사이트에 존재하지 않는 페이지로 설정하고 리다이렉트(redirect)를 직접 제어하는 것을 선호하기 때문에 필요한 경우 사용자가 리다이렉트되는 페이지를 결정하는 조건 로직을 적용할 수 있으므로 콜백을 유용하게 사용한다.

이제 Login 메서드를 추가할 수 있다. authorize 메서드로 인증 페이지를 로드한다.

```
@Log()
public Login(): void {
  this.auth0.authorize();
}
```

로그아웃은 logout을 호출하고 나서 Clear를 호출해 헬퍼 클래스의 만료 시간을 비롯한 속성을 초기화해준다.

```
@Log()
public Logout(): void {
  this.authorization.Clear();
  this.auth0.logout({
    return_to: window.location.origin
  });
}
```

우리는 인증 여부를 확인해야 한다. 다음 메서드는 URL 해시에서 인증을 찾고 parseHash 메서드로 분석한다. 인증에 성공하지 못하면 사용자는 로그인이 필요하지 않은 일반 페이지로 리다이렉트된다. 반면 사용자 인증에 성공하면 인증된 사용자만 사용할 수 있는 비밀 페이지에 들어간다. 이전에 작성했던 액세스 토큰과 만료일 등을 설정하고자 SetFromAuthorizationResult 메서드를 호출한다는 것을 기억하자.

```
@Log()
public CheckAuthentication(): void {
  this.auth0.parseHash((err, authResult) => {
    if (!err) {
      this.authorization.SetFromAuthorizationResult(authResult);
      window.location.hash = '';
      this.router.navigate(['/secret']);
    } else {
      this.router.navigate(['/general']);
      console.log(err);
    }
  });
}
```

사용자가 사이트로 돌아왔을 때 다시 인증을 요구하지 않고 접근할 수 있게 하는 것이 좋다. 다음의 Renew 메서드는 세션 확인에 성공하면 인증 상태를 갱신한다.

```
@Log()
public Renew(): void {
  this.auth0.checkSession({}, (err, authResult) => {
    if (authResult && authResult.accessToken && authResult.idToken) {
      this.authorization.SetFromAuthorizationResult(authResult);
    } else if (err) {
      this.Logout();
    }
  });
}
```

모두 좋은 코드지만 어디서 사용할까? app.component.ts에 인증 서비스를 포함시키고 사용자 인증을 확인한다.

```
constructor(private auth: OauthAuthorizationService) {
  this.auth.CheckAuthentication();
}

ngOnInit() {
  if (this.auth.IsAuthenticated) {
    this.auth.Renew();
  }
}
```

NavigationComponent 컴포넌트에도 OauthAuthorizationService 참조를 연결하는 것을 잊으면 안 된다.

```
constructor(private auth: OauthAuthorizationService) {
}
```

보안 라우팅 사용

인증이 준비됐으므로 사용자가 페이지 URL을 직접 입력해 들어오는 것을 막아야 한다. 모든 보안 인증 제공 설정을 하고서도 사용자가 쉽게 우회할 수 있다면 보안 설정이 제대로 되지 않은 것이다. 라우터가 페이지를 보여줘도 되는지 결정하는 다른 서비스를 하나 추가한다. 먼저 다음과 같이 서비스를 만든다.

```
ng g s services/Authorization
```

새로운 서비스는 라우터가 페이지 허용 여부를 결정하는 데 사용하도록 CanActivate 인터페이스를 구현한다. 서비스 생성자는 라우터와 OauthAuthorizationService 서비스를 인자로 받는다.

```
export class AuthorizationService implements CanActivate {
  constructor(private router: Router, private authorization: OauthAuthorizationService)
{}
}
```

canActivate 메서드 시그니처에 대한 보일러플레이트 코드는 목적에 비해 훨씬 복잡하다. 실제로 해야 할 일은 인증 상태를 확인하는 것이고, 인증되지 않았으면 사용자를 일반 페이지로 보낸다. 인증된 사용자에게는 true를 반환해 사용자가 보안이 적용된 페이지로 진행할 수 있게 해준다.

```
canActivate(route: ActivatedRouteSnapshot, state: RouterStateSnapshot):
  Observable<boolean | UrlTree> | Promise<boolean | UrlTree> | boolean | UrlTree {
  if (!this.authorization.IsAuthenticated) {
    this.router.navigate(['general']);
    return false;
  }
  return true;
}
```

내비게이션 링크에서 볼 수 있는 다음 두 가지 경로가 있다. 라우터를 추가하기 전에 다음 컴포넌트를 만들자.

```
ng g c components/GeneralChat
ng g c components/SecretChat
```

이제 라우터를 연결할 시간이다. 5장에서 본 것처럼 라우터 추가는 간단하다. 비결은 canActivate를 추가하는 것이다. 이제 사용자는 인증을 우회할 수 없다.

```
const routes: Routes = [{
```

```
  path: '',
  redirectTo: 'general',
  pathMatch: 'full'
}, {
  path: 'general',
  component: GeneralchatComponent
}, {
  path: 'secret',
  component: SecretchatComponent,
  canActivate: [AuthorizationService]
}];
```

 Auth0 설정에서 콜백 URL을 제공해야 하지만, 페이지 제어를 위해 아직 라우터를 포함하지 않았다. 이는 인증 서비스를 살펴볼 때 추가할 예정이다.

이제 클라이언트에서 서버로 메시지를 작성하고 서버에서 메시지를 받는 방법을 살펴보자.

클라이언트에 채팅 기능 추가

인증 코드를 작성할 때 서비스를 만들어 처리하는 방식을 활용했다. 클라이언트 측 소켓 메시지의 중심점을 제공하는 채팅 서비스도 비슷한 방식으로 제공한다.

```
ng g s services/ChatMessages
```

서비스에서도 생성자에서 Socket을 받는 것이 새삼스럽지 않다.

```
export class ChatMessagesService {
  constructor(private socket: Socket) { }
}
```

클라이언트에서 서버로 메시지를 보낼 때 소켓의 emit 메서드를 사용했다. 사용자가 보내는 텍스트는 message를 키로 설정해서 보낸다.

```
public SendMessage = (message: string) => {
  this.socket.emit('message', message);
};
```

채팅방 동작

Socket.IO에서 메시지를 분리해 특정 사용자에게만 보내는 데 채팅방을 사용한다. 클라이언트가 채팅방에 들어오면 채팅방에 모든 메시지를 보낼 수 있다. 채팅방이 집안에 있는 문이 닫힌 방이라고 생각하면 이해하기 쉽다. 누군가 당신에게 말하려면 당신과 같은 방 안에 있어야 하는 것과 같다.

일반 링크와 보안 링크 모두 방에 연결돼 있다. 일반 페이지는 Socket.IO 기본 방과 같이 방 이름이 없다. 보안 링크는 비공개 방으로 들어가므로 모든 메시지는 자동으로 해당 페이지에 있는 사용자들에게만 보이도록 비공개로 보내진다. 쉽게 구현하고자 클라이언트에서 서버로 emit 메서드를 호출하는 헬퍼 메서드인 joinRoom 메서드를 제공하자.

```
private JoinRoom = (room: string) => {
  this.socket.emit('joinRoom', room);
};
```

방에 들어가면 socket.emit으로 보낸 모든 메시지가 자동으로 알맞은 방에 보내진다. Socket.IO가 자동으로 처리해주기 때문에 추가로 할 일은 없다.

메시지 받기

일반 메시지 페이지와 보안 메시지 페이지에 모두 같은 데이터를 사용한다. RxJS를 사용해 서버에서 오는 단일 메시지를 감싸고 현재 보낸 메시지를 모두 서버에서 가져오는 Observable을 만든다.

전달된 방 이름을 기준으로 GetMessages 메서드는 로그인한 사용자만 사용 가능한 비밀 방이나 모든 사용자가 사용 가능한 일반 방에 들어간다. 방에 들어가면 특정 이벤트에 반응하는 Observable 인스턴스를 반환한다. 예제에서는 메시지를 받으면 Observable 인스턴스의 next 메서드를 호출한다. 클라이언트 컴포넌트는 Observable을 구독하고 Observable에 메시지를 쓰게 된다. 비슷하게 방에 들어갔을 때, 이전에 보낸 모든 메시지를 받기 위해 소켓의 allMessages도 구독한다. 메시지를 받고 next로 메시지를 보내는 일을 반복한다.

내가 가장 좋아하는 부분인 fromEvent다. userLogOn 메시지의 socket.on 메서드와 같은 의미로 세션 안에서 로그인한 사람에 대한 세부 정보를 기록할 수 있게 해준다.

```
public GetMessages = (room: string) => {
  this.JoinRoom(room);
  return Observable.create((ob) => {
this.socket.fromEvent<UserLogon>('userLogOn').subscribe((user:UserLogon) =>
{
    ob.next(`${user.user} logged on at ${user.time}`);
  });
    this.socket.on('message', (msg:string) => {
      ob.next(msg);
    });
    this.socket.on('allMessages', (msg:string[]) => {
      msg.forEach((text:any) => ob.next(text.messageText));
    });
  });
}
```

지금까지 6장을 읽는 흐름에 도움이 되도록 메시지와 이벤트라는 용어를 섞어서 사용했다. 이 인스턴스의 경우 메시지와 이벤트는 같은 것을 가리킨다.

서버 소켓 종료

실제 컴포넌트 구현을 추가하기 전에 서버 측 소켓 동작의 나머지 부분을 추가하자. 새로 접속한 클라이언트에게 예전 모든 기록을 읽어서 보내는 기능을 추가했던 사실을 기억하고 있을 것이다.

```
socket.on('joinRoom', (room: string) => {
  if (lastRoom !== '') {
    socket.leave(lastRoom);
  }
  if (room !== '') {
    socket.join(room);
  }
  this.messageDataAccess.GetAll({room: room}, {messageText: 1, _id: 0}).then((msgs:
string[]) =>{
    socket.emit('allMessages', msgs);
  });
  lastRoom = room;
});
```

서버는 클라이언트가 보낸 joinRoom 메시지에 반응한다. 이벤트를 받았을 때 마지막 방이 설정돼 있으면 마지막 방을 떠나 클라이언트에게 전달받은 방으로 들어간다. 다시 말하지만, 설정돼 있을 때만 그렇다. 모든 레코드를 가져와서 현재 연결된 소켓에 emit으로 보낼 수 있다.

클라이언트가 서버로 message 이벤트를 보내면 나중에 가져올 수 있도록 메시지를 데이터베이스에 기록한다.

```
socket.on('message', (msg: string) => {
  this.WriteMessage(io, msg, lastRoom);
});
```

메서드는 데이터베이스에 메시지를 저장하면서 시작한다. 방이 설정돼 있으면 emit에 io.sockets.in을 사용해 현재 방에 접속한 모든 클라이언트에게 메시지를 보낸다. 방이 설정돼 있지 않으면 io.emit으로 일반 페이지에 접속한 모든 클라이언트에게 메시지를 보낸다.

```
private WriteMessage(io: socket.Server, message: string, room: string) {
  this.SaveToDatabase(message, room).then(() =>{
    if (room !== '') {
      io.sockets.in(room).emit('message', message);
      return;
    }
    io.emit('message', message);
  });
}
```

io.과 socket. 간에는 큰 차이점이 있다. 현재 접속한 클라이언트에게만 메시지를 보낼 때는 socket을 사용한다. 다수의 클라이언트에게 메시지를 동시에 보낼 때는 io를 사용한다.

메시지를 저장하는 것은 다음과 같이 간단하다.

```
private async SaveToDatabase(message: string, room: string) {
  const model: IMessageSchema = <IMessageSchema>{
    messageText: message,
    received: new Date(),
    room: room
  };
  try{
    await this.messageDataAccess.Add(model);
  }catch (e) {
    console.log(`Unable to save ${message}`);
  }
}
```

클라이언트 측에서 로그인 이벤트는 조금 복잡하다. `loggedOn` 이벤트를 받으면 비공개 방의 모든 사용자에게 다음과 같이 서버 측과 동일한 이벤트를 만들어 전송한다.

```
socket.on('loggedOn', (msg: any) => {
  io.sockets.in('secret').emit('userLogOn', { user: msg, time: new Date()});
});
```

이제 클라이언트 인프라가 준비됐고 서버도 완성됐다. 이제 서버 측 컴포넌트를 추가하는 일만 남아있다. 기능적으로는 `GeneralChat`과 `SecretChat` 컴포넌트가 들어있는 방이 다르다는 점을 제외하고 거의 동일하므로 하나에만 집중한다.

Socket.IO의 네임스페이스

다수의 클라이언트 애플리케이션이 사용하는 서버를 작성하고 있다고 생각해보자. 클라이언트 애플리케이션은 다수의 Socket.IO 서버를 사용하고 있을 수 있다. 만약 다른 Socket.IO에서 오는 메시지와 같은 이름의 메시지를 사용한다면 클라이언트 애플리케이션에서 버그가 발생할 수 있다. 이러한 경우가 발생하지 않도록 Socket.IO는 서로 다른 애플리케이션 사이의 메시지가 충돌하지 않도록 메시지를 분리할 수 있게 네임스페이스namespace 개념을 사용한다.

네임스페이스로 접속하는 유일한 엔드포인트를 쉽게 만들 수 있으며, 다음과 같은 코드를 사용해 접속한다.

```
const socket = io.of('/customSocket');
socket.on('connection', function(socket) {
  ...
});
```

코드가 io.of(...) 부분과 비슷하게 보일 것이다. 이전에 소켓에 접속할 때 사용한 것과 같은 코드다. 놀라운 점은 코드에 네임스페이스를 지정하지 않았지만 이미 네임스페이스를 사용하고 있다는 것이다. 네임스페이스를 직접 지정하지 않더라도 소켓은 io.of('/') 같은 기본 네임스페이스를 사용해 접속한다.

 네임스페이스 이름을 지정할 때는 가급적 유일하고 의미 있는 이름을 지어야 한다. 예전에 도입했던 한 가지 표준은 회사 이름과 프로젝트 이름을 이용해 네임스페이스를 만들었다. 예를 들어, 회사 이름이 WonderCompany이고 프로젝트 이름이 Antelope라면 네임스페이스 이름은 /wonderCompany_antelope로 하는 것이다. 무작위 문자열은 사용하면 안 된다. 사람들이 기억하기 어려우므로, 오타가 발생해 소켓에 접속하지 못할 가능성이 높아진다.

GeneralchatComponent로 애플리케이션 종료

메시지 표시를 위한 부트스트랩 코드 추가를 시작해보자. 부트스트랩 컨테이너 안쪽의 row 메시지를 감싼다. 예제에서는 container-fluid로 감싼다. 컴포넌트에서는 소켓을 통해 받은 메시지 배열에서 메시지를 읽어들인다.

```
<div class="container-fluid">
  <div class="row">
    <div *ngFor="let msg of messages" class="col-12">
      {{msg}}
    </div>
  </div>
</div>
```

화면 하단의 navigation 바에 텍스트 박스도 추가하자. 이는 컴포넌트의 CurrentMessage 필드에 연결돼 있다. SendMessage()로 메시지를 보낸다.

```html
<nav class="navbar navbar-dark bg-dark mt-5 fixed-bottom">
  <div class="navbar-expand m-auto navbar-text">
    <div class="input-group mb-6">
      <input type="text" class="form-control" placeholder="Message" arialabel="Message"
        aria-describedby="basic-addon2" [(ngModel)]="CurrentMessage" />
      <div class="input-group-append">
        <button class="btn btn-outline-secondary" type="button"
(click)="SendMessage()">Send</button>
      </div>
    </div>
  </div>
</nav>
```

HTML 뒤의 컴포넌트에서는 ChatMessageService를 연결해야 한다. Subscription 인스턴스를 가져와서 messages 배열을 채우는 데 사용한다.

```typescript
export class GeneralchatComponent implements OnInit, OnDestroy {
  private subscription: Subscription;
  constructor(private chatService: ChatMessagesService) { }

  CurrentMessage: string;
  messages: string[] = [];
}
```

사용자가 메시지를 입력하고 **Send** 버튼을 누르면, 채팅 서비스의 SendMessage 메서드를 사용해 메시지를 서버로 보낸다. 이전의 밑 작업이 여기서 쓰이기 시작한다.

```typescript
SendMessage(): void {
  this.chatService.SendMessage(this.CurrentMessage);
  this.CurrentMessage = '';
}
```

이제 두 가지만 추가하면 된다. 컴포넌트 초기화에서는 GetMessages에서 가져온 Obser vable 인스턴스를 subscribe로 구독한다. 메시지가 오면 앵귤러 바인딩 마법이 동작하는 곳에 메시지를 푸시하고, 사용자 인터페이스는 최신 메시지로 업데이트한다.

```
ngOnInit() {
  this.subscription = this.chatService.GetMessages('').subscribe((msg: string) =>{
    this.messages.push(msg);
  });
}
```

GetMessages 메서드는 링크된 방을 가리킨다. SecretchatComponent 컴포넌트에서는 this.chatService.GetMessages('secret')이 된다.

앞서 구독을 참조했다. 현재 페이지가 사라지면, 구독을 비워야 메모리 누수가 생기지 않는다.

```
ngOnDestroy() {
 if (this.subscription) {
    this.subscription.unsubscribe();
  }
}
```

 구현의 마지막 사항이다. 코드를 작성하기 시작할 무렵에 사용자가 Send를 눌렀을 때 현재 화면을 메시지로 채우는 방법을 신중하게 결정했다. 실질적으로 두 가지 방법이 있다. 현재 메시지를 메시지 배열의 끝에 추가하고 서버에서 클라이언트로 다시 보내지 않는 방법과 서버로 보내고 서버에서 전체 메시지를 다시 되돌려주는 방법이 있다. 이와 같이 선택의 여지가 있었는데, 왜 서버로 보내고 클라이언트로 다시 돌려받는 방법을 택했을까? 순서를 맞추기 위해서다. 거의 모든 채팅 애플리케이션에서는 모든 사용자에게 정확하게 똑같은 메시지가 표시된다. 가장 간단한 방법은 서버가 메시지 순서를 조정해주는 것이다.

▌요약

6장에서는 메시지에 대한 응답으로 메시지를 전달할 수 있도록 클라이언트와 서버 간의 지속적인 연결을 설정하는 방법을 다뤘다. Auth0에 가입해 애플리케이션에 인증을 사용하는 방법을 살펴본 후 클라이언트 측 인증 방법도 알아봤다. 이전 두 장에서는 앵귤러 머티리얼을 소개했고, 6장에서는 부트스트랩 사용으로 돌아온 후 앵귤러에서 부트스트랩 사용이 얼마나 간단한지 살펴봤다.

7장에서는 위치 기반 검색을 사용해 비즈니스 정보를 찾는 클라우드 기반 데이터베이스에서 관심 있는 지점을 선택하고 저장할 수 있는 사용자 지도 기반 애플리케이션을 만들기 위해 Bing 지도를 적용하는 방법을 배운다.

▌질문

1. 모든 사용자에게 메시지를 보내는 방법은?

2. 특정 방 사용자에게만 메시지를 보내는 방법은?

3. 원본 메시지를 보낸 사용자를 제외한 나머지 모든 사용자에게 메시지를 보내는 방법은?

4. connect라는 메시지를 사용하면 안 되는 이유는?

5. Engine.IO란 무엇인가?

애플리케이션에서는 단 하나의 방만 사용했다. 사용자 인증 없이 사용할 수 있는 방을 추가하고, 사용자 인증이 필요한 다른 방을 추가하라. 메시지를 보낸 사람의 상세 정보도 저장하지 않는다. 상세 정보를 저장하고 전송하는 방식을 메시지의 일부분으로 사용하도록 애플리케이션을 개선하라.

▍ 더 읽을거리

- Socket.IO의 특정 기능을 사용하는 방법을 더 알고 싶다면 타이슨 케이든헤드[Tyson Cadenhead]의 『Socket.IO Cookbook』(Packt, 2015)을 추천한다.

07

파이어베이스를 사용한
클라우드 기반 앵귤러 지도

책의 앞부분에서는 클라이언트가 필요한 정보를 전달하기 위한 자체 백엔드 시스템을 작성하는 데 꽤 많은 시간을 들였다. 하지만 최근 몇 년 사이에는 서드파티 클라우드 시스템을 사용하는 추세로 흘러가고 있다. 클라우드 시스템은 다른 회사가 테스트, 업그레이드 등과 같은 필수 인프라를 모두 제공해주므로 더 적은 비용으로 애플리케이션을 작성할 수 있게 해준다. 7장에서는 Bing 지도 팀에서 제공하는 클라우드 인프라와 파이어베이스에서 제공하는 데이터 저장소를 사용하는 방법을 살펴본다.

7장에서 다루는 내용은 다음과 같다.

- Bing 지도 가입
- 유료 클라우드 기능
- 파이어베이스 가입

- 지도 컴포넌트 추가

- 지도 검색 기능

- `EventEmitter`로 자식 컴포넌트에서 부모 컴포넌트로 알림

- 관심 지점의 추가, 삭제에 대한 지도 이벤트 대응

- 지도 위에 검색 결과 표시

- 이벤트 핸들러 연결

- 클라우드 파이어스토어^{Cloud Firestore}에 데이터 저장

- 클라우드 파이어스토어 인증 설정

▌ 기술적 요구 사항

프로젝트 완성본은 https://github.com/PacktPublishing/Advanced-TypeScript-3-Programming-Projects/tree/master/Chapter07에서 다운로드할 수 있다.

프로젝트를 다운로드하고 나면 `npm install`로 필요한 패키지를 설치해야 한다.

▌ 모던 애플리케이션과 클라우드 서비스로의 이동

이 책을 통해 애플리케이션이 동작하는 인프라를 제어하고 물리적으로 데이터를 저장하는 애플리케이션을 작성하는 데 집중했다. 최근 몇 년 사이에 이런 유형의 애플리케이션은 다른 회사에서 제공하는 클라우드 기반 서비스 인프라로 이동하는 추세를 나타내고 있다. 클라우드 서비스는 다른 회사의 온디맨드 서비스^{on-demand service}에 의존해 애플리케이션 기능, 보안, 확장성, 백업 기능 등을 사용하는 흐름을 설명하는 포괄적인 마케팅 용어가 됐다. 그 배경에는 이런 기능들을 다른 이들에게 맡겨서 비용을 줄일 수 있고 기능을 조합해 자유롭게 애플리케이션을 작성할 수 있다는 아이디어가 깔

려 있다.

7장에서는 마이크로소프트와 구글의 클라우드 기반 서비스를 살펴보고, 그 서비스에 가입해 사용하는 방법과 해당 서비스를 사용해 앵귤러 애플리케이션을 만드는 방법을 살펴본다.

▌프로젝트 개요

이 책에서 만드는 마지막 앵귤러 애플리케이션이다. 시내로 가서 몇 가지 유형의 지도를 표시하고자 위치를 찾는 데 흔히 사용하는 Bing 지도 서비스를 활용한다. 나아가 마이크로소프트의 Local Insights 서비스로 현재 지도에서 특정 비즈니스를 검색한다. 이것은 지도 기반 시스템에 대한 애정 때문에 내가 이 책을 저술하는 계획을 세울 때 가장 기대했던 두 가지 애플리케이션 중 하나다.

지도를 표시하는 것뿐만 아니라 지도를 클릭해 지도에서 관심 지점을 선택할 수 있다. 선택한 지점은 색깔 있는 핀pin으로 표시된다. 선택한 지점에 이름을 붙여 구글의 클라우드 기반 데이터베이스에 저장한다.

깃허브 저장소 코드로 시작하면, 7장의 애플리케이션을 완료하는 데 대략 한 시간 정도 걸린다.

7장에서는 npm으로 패키지를 설치하는 방법이나 앵귤러 애플리케이션, 컴포넌트를 만드는 방법 등과 같은 익숙한 내용들을 더 이상 설명하지 않는다.

애플리케이션을 완성했을 때의 모습은 다음과 같다(그림은 뉴캐슬어폰타인Newcastle upon Tyne 지역을 확대한 모습이다).

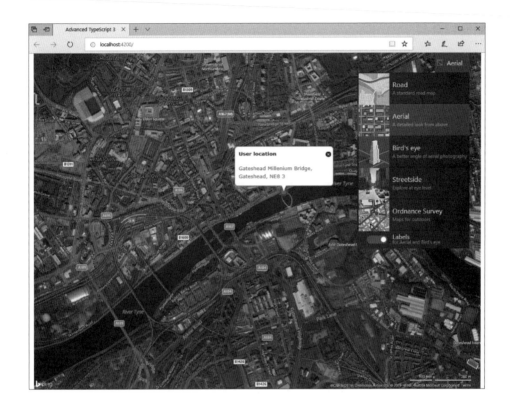

▌ 앵귤러에서 Bing 지도로 시작하기

이 책의 마지막 앵귤러 애플리케이션이므로 이전과 동일한 방식으로 애플리케이션을 만든다. 이번에도 머티리얼 대신 부트스트랩을 사용한다.

7장에서는 다음 패키지에 집중한다.

- bootstrap
- bingmaps
- firebase
- guid-typescript

코드를 클라우드 기반 서비스에 연결해야 하므로 먼저 서비스에 가입해야 한다. 이번 절에서는 가입하는 데 필요한 것들을 살펴본다.

Bing 지도 가입

Bing 지도를 사용하려면 Bing 지도 서비스에 가입해야 한다. https://www.bingma psportal.com/에서 Sign in 버튼을 클릭한다. 마이크로소프트 계정이 필요하므로 계정이 없다면 만들어야 한다. 여기서는 사용 가능한 마이크로소프트 계정이 있다고 가정한다.

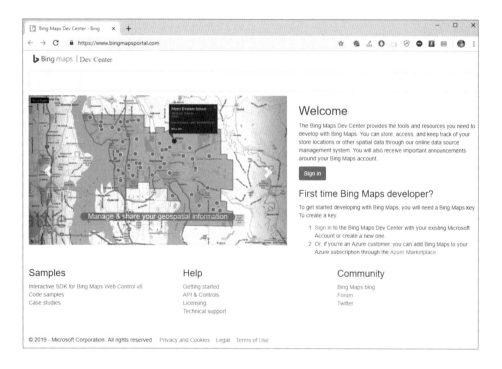

로그인한 후 Bing 지도 서비스에서 누가 지도를 사용하는지 알 수 있도록 애플리케이션을 식별하는 키를 만들어야 한다. My account 메뉴의 My Keys 옵션을 선택한다.

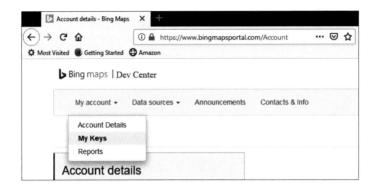

키 화면이 나오면 Click here to create a new key 링크가 보일 것이다. 링크를 클릭하면 다음과 같은 화면이 나타난다.

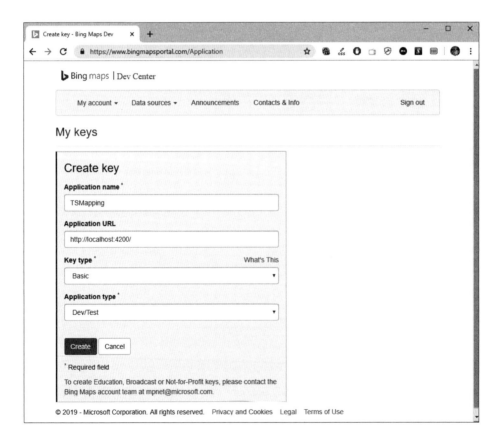

화면에서 대부분의 정보는 한눈에 확인할 수 있다. Application name 항목은 여러 개의 키를 사용하고 검색이 필요할 때 사용한다. URL 항목은 설정하지 않아도 되지만 다른 웹 애플리케이션에 배포하려면 설정하는 것이 좋으며, 어떤 키가 어떤 애플리케이션에 연결돼 있는지 쉽게 기억할 수 있다. 유료 엔터프라이즈 서비스를 사용하지 않을 것이므로 Key type 항목은 Basic을 사용한다.

Application type 항목은 우리 관점에서 가장 중요한 항목이다. 우리가 선택할 수 있는 다양한 애플리케이션 타입이 있지만, 각 타입별로 가능한 트랜잭션 수의 제약이 있다. 우리는 1년간 125,000 트랜잭션까지 가능한 Dev/Test를 선택한다.

 7장에서 Local Insights 코드를 사용할 때 유료 트랜잭션이 발생한다. 비용을 들이고 싶지 않다면 검색을 수행하는 코드 비활성화를 추천한다.

Create를 클릭하면 지도가 생성되고, 나타나는 표의 Show key나 Copy key 링크가 활성화된다. 지도 키에 필요한 작업을 모두 마쳤으므로, 이제 데이터베이스에 가입하자.

파이어베이스 가입

파이어베이스는 구글 계정이 필요하다. 계정이 있다고 가정하고 https://console.firebase.google.com/에 접속할 수 있다. 다음과 같은 화면이 나타나면 Add project 버튼을 눌러 파이어베이스 지원을 추가할 수 있다.

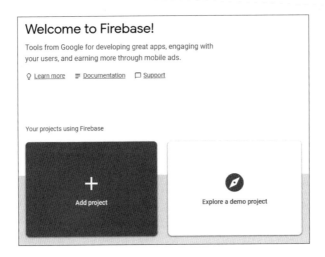

의미 있는 프로젝트 이름을 사용하자. 프로젝트를 만들기 전에 파이어베이스 사용 약관을 읽고, 동의한다면 체크박스를 클릭하자. 구글 애널리틱스 사용 통계를 공유하기로 결정했다면 사용 약관을 읽고 controller-controller terms 체크박스를 클릭한다.

Create project를 클릭하면 이제 파이어베이스 프로젝트에 접근할 수 있다. 파이어베이스는 클라우드 서비스 제공자로 데이터베이스 이외에도 저장, 호스팅을 포함한 여러 가지 서비스를 제공한다. 우리는 그중에서 데이터베이스 옵션만 사용한다. Database 링크를 클릭하면 클라우드 파이어스토어 화면이 나타나고, Create database를 클릭해 데이터베이스 생성 작업을 시작한다.

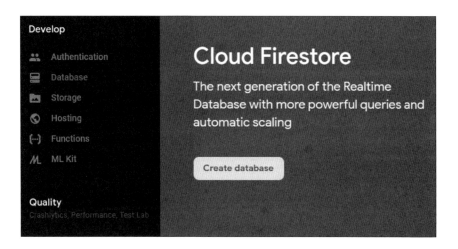

 7장에서 언급하는 파이어베이스는 모두 파이어베이스 플랫폼의 파이어스토어 기능을 줄여서 부르는 말이다.

데이터베이스를 생성하려면 데이터베이스에 적용할 보안 수준을 선택해야 한다. 두 가지 옵션이 있다. 데이터베이스를 잠그고 읽기 쓰기를 불가능하도록 설정해 시작할 수 있다. 데이터베이스에 대한 접근은 데이터베이스 쓰기를 허용하는 규칙을 통해서만 활성화된다.

예제에서는 읽기, 쓰기가 무제한으로 허용된 테스트 모드를 선택해 시작한다.

Security rules for Cloud Firestore   ✕

After you define your data structure, **you will need to write rules to secure your data.**
Learn more 🗗

- ◉ Start in **locked mode**

  Make your database private by
  denying all reads and writes

- ○ Start in **test mode**

  Get set up quickly by allowing all
  reads and writes to your database

```
service cloud.firestore {
  match /databases/{database}/documents {
    match /{document=**} {
      allow read, write: if false;
    }
  }
}
```

ℹ **All third party reads and writes will be denied**

Enabling Cloud Firestore will prevent you from using Cloud Datastore with this project,
notably from the associated App Engine app.

Cancel   **Enable**

 Bing 지도처럼 파이어베이스도 요금제에 따라 사용량 제한이 있다. 우리는 파이어베이스 무료 버전인 스파크 요금제 데이터 저장소(Spark plan datastore)를 사용한다. 무료 요금제는 한 달에 1GB의 데이터 저장, 하루에 5만 번의 읽기, 하루에 2만 번의 쓰기만 가능하도록 강한 제한이 걸려 있다. 요금제와 제한 사항을 자세히 알고 싶다면 https://firebase.google.com/pricing을 참고하라.

Enable을 클릭하면 데이터베이스를 사용할 수 있다. 파이어베이스에서 만들어준 엑세스 키와 프로젝트 상세 내용을 가져올 수 있으며, 메뉴의 Project overview 링크를 클릭하면 정보를 확인할 수 있다. 화면의 </> 버튼을 누르면 프로젝트에 복사해야 할 상세 내용을 보여주는 화면이 나타난다.

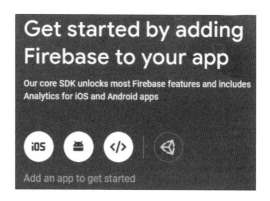

이제 클라우드 인프라를 설정하고 사용 가능한 키와 상세 정보를 가졌으므로 애플리케이션을 작성해보자.

앵귤러와 파이어베이스로 Bing 지도 애플리케이션 만들기

지도 애플리케이션 서비스는 지난 몇 년간 가장 빠르게 성장하는 애플리케이션 중 하나로, 내비게이션이나 휴대폰에서 실행하면서 폭발적으로 성장했다. 지도 애플리케이션의 아래에는 마이크로소프트나 구글 같은 회사에서 개발한 지도 서비스가 놓여 있다. 우리는 애플리케이션에 지도 기능을 지원하고자 Bing 지도 서비스를 사용한다.

지도 애플리케이션의 요구 사항은 다음과 같다.

- 위치를 클릭하면 관심 지점으로 추가된다.
- 관심 지점이 추가되면 정보 박스가 나타나서 상세 정보를 보여준다.
- 관심 지점을 다시 클릭하면 삭제한다.
- 관심 지점은 데이터베이스에 저장된다.
- 사용자는 관심 지점을 옮길 수 있고, 데이터베이스의 상세 정보를 갱신할 수 있다.

- 사용 가능한 비즈니스 정보가 있으면 자동으로 찾아서 보여준다.

지도 컴포넌트 추가

두 개의 앵귤러 컴포넌트 MappingcontainerComponent와 MapViewComponent를 만든다.

MapViewComponent는 지도만 포함하고 부트스트랩 인프라를 포함하는 데는 MappingcontainerComponent를 사용하도록 컴포넌트를 두 가지로 분리했다. 두 가지를 하나로 조합할 수도 있지만, 각 부분에서 어떤 일을 하는지 보여주는 명확한 기술 명세를 작성하려면 두 개의 컴포넌트가 있는 편이 더 쉽다. 5장, '그래프QL과 아폴로로 만드는 앵귤러 할 일 관리 애플리케이션'에서 다룬 EventEmitter의 동작을 강화해서 두 개의 컴포넌트를 조정하는 방법을 도입해야 한다.

컴포넌트를 추가하기 전에 지도와 데이터 접근에 필요한 인프라를 제공하기 위해 작성해야 하는 모델과 서비스가 있다.

관심 지점

각 관심 지점은 핀으로 표시하고 이름과 위도, 경도 좌표로 나타낼 수 있다.

 위도와 경도는 지구 위의 어떤 지점을 정확하게 표시하는 지리학 용어다. 위도는 적도에서 북쪽이나 남쪽으로 얼마나 떨어져 있는지를 표시하는 좌표이며 0부터 시작한다. 양수는 적도 북쪽을 의미하고, 음수는 적도 남쪽을 의미한다. 경도는 지구의 수직 중심점에서 동쪽이나 서쪽으로 얼마나 떨어져 있는지를 표시한다. 수직 중심은 편의를 위해 런던 그리니치를 기준으로 한다. 양수는 동쪽을 의미하고, 음수는 서쪽을 의미한다.

모델은 다음과 같이 표현된다.

```
export class PinModel {
  id: string;
  lat: number;
  long: number;
  name: string;
}
```

 이 절에서는 핀과 관심 지점을 둘 다 언급한다. 두 가지 모두 같은 것을 표현하므로 교대로 사용한다.

인스턴스를 만들 때 GUID를 사용해 표현한다. GUID가 유일한 값이므로 관심 지점을 옮기거나 제거할 때 간편하게 찾을 수 있다. GUID는 데이터베이스에서 핀을 추적하는 것이 아니라 지도에서 핀을 추적하는 식별자이므로, 데이터베이스에 저장할 모델을 정확히 표현하는 방법이 아니다. 따라서 데이터베이스에 모델을 저장할 때 사용할 별도의 모델을 추가한다.

```
export interface PinModelData extends PinModel {
  storageId: string;
}
```

파이어베이스는 클래스 구조로 감싸지 않은 데이터만 들어올 것으로 예상하기 때문에 인터페이스로 만들었다. PinModel을 인터페이스로 만들 수도 있지만, 인스턴스를 만드는 구문이 복잡해지므로 클래스를 만들자.

모델이 준비됐으므로 파이어베이스와 연결한다. 파이어베이스 npm을 바로 사용하기보다는 앵귤러 파이어베이스 라이브러리인 AngularFire를 사용하자. npm 참조는 @angular/fire다.

파이어베이스 데이터 저장소를 설정할 때는 접속에 사용할 유일한 식별자를 만드는 데 필요한 설정이 있다. 이 설정을 environment.ts 파일과 environment.prod.ts 파일에 복사한다. 애플리케이션을 배포할 때 앵귤러는 environment.prod.ts 파일을 설정 파일에 매핑해 개발 환경과 제품 환경을 분리할 수 있다.

```
firebase: {
  apiKey: "AIzaSyC0MzFxTtvt6cCvmTGE94xc5INFRYlXznw",
  authDomain: "advancedtypescript3-mapapp.firebaseapp.com",
  databaseURL: "https://advancedtypescript3-mapapp.firebaseio.com",
  projectId: "advancedtypescript3-mapapp",
  storageBucket: "advancedtypescript3-mapapp.appspot.com",
  messagingSenderId: "6102469443"
}
```

TIP 일반적으로 개발 환경과 제품 환경에 같은 엔드포인트를 사용하는 것은 나쁜 방법이므로 파이어베이스 인스턴스를 분리해서 만들고 제품 매핑 정보를 environment.prod.ts 파일에 저장할 수 있다.

app.module 파일에 AngularFire 모듈을 임포트해 참조한다. AngularFireModule을 참조할 때 environment.firebase 설정을 사용해 파이어베이스에 연결하는 정적 메서드인 initializeApp을 호출한다.

import 구문은 다음과 같다.

```
import { AngularFireModule } from '@angular/fire';
import { AngularFirestoreModule } from '@angular/fire/firestore';
import { AngularFireStorageModule } from '@angular/fire/storage';
```

앵귤러 imports를 설정한다.

```
imports: [
```

```
  BrowserModule,
  HttpClientModule,
  AngularFireModule.initializeApp(environment.firebase),
  AngularFireStorageModule,
  AngularFirestoreModule
],
```

데이터베이스와 상호작용하는 단일 구현 서비스가 있으면, 파이어베이스 기능을 사용하기 편리하므로 FirebaseMapPinsService를 만들자.

```
export class FirebaseMapPinsService {
}
```

클래스 안에서 AngularFire의 AngularFirestoreCollection 기능을 사용한다. 파이어베이스는 데이터베이스 기반의 데이터에 CRUD 동작을 수행하는 Query와 CollectionReference 타입을 공개하고 있다. AngularFirestoreCollection은 동작을 스트림으로 감싸놓았으며, 제네릭 타입을 PinModelData로 지정해 데이터베이스에 어떤 데이터를 저장하는지 알려준다.

```
private pins: AngularFirestoreCollection<PinModelData>;
```

서비스는 pins 속성에 연결되는 PinModelData 배열의 Observable을 만드는 모델을 제공한다. 연결 방법은 모두 AngularFirestore를 받는 생성자 안에 있다. JSON 문서로 저장되는 데이터인 pins 컬렉션은 데이터베이스에 저장되는 컬렉션의 이름을 전달해 기반 컬렉션과 연결된다. Observable은 컬렉션의 valueChanges를 구독한다.

```
constructor(private readonly db: AngularFirestore) {
  this.pins = db.collection<PinModelData>('pins');
  this.model = this.pins.valueChanges();
}
```

애플리케이션을 설계할 때 UI에서 핀을 제거하면 연결된 데이터베이스의 관심 지점도 삭제하는 것으로 결정했다. 참조하는 곳이 전혀 없으므로 데이터를 유지할 필요가 없기 때문이다. 데이터 삭제는 doc에 storageId를 파라미터로 사용해 데이터베이스에서 기반 문서 레코드를 가져오는 것만큼이나 간단하다. 가져온 데이터를 지운다.

```
Delete(item: PinModelData) {
  this.pins.doc(item.storageId).delete();
}
```

사용자가 관심 지점을 추가하면 데이터베이스에 해당하는 항목을 생성하고, 사용자가 위치를 움직이면 데이터베이스에서도 업데이트한다. Add와 Update를 분리해 사용하기보다는 storageId가 있는지 확인해 데이터베이스에 저장된 항목인지 알 수 있으므로 하나의 메서드로 로직을 조합할 수 있다. 파이어베이스의 createId 메서드로 유일한 ID를 부여한다. storageId가 존재한다면 항목을 업데이트한다.

```
Save(item: PinModelData) {
  if (item.storageId === '') {
    item.storageId = this.db.createId();
    this.pins.doc(item.storageId).set(item);
  }
  else {
    this.pins.doc(item.storageId).update(item);
  }
}
```

맵에 핀 표시

핀을 데이터베이스에 저장하는 작업은 잘됐지만, 지도에 핀을 표시하는 방법도 필요하므로 지도에 핀을 표시하고 움직이는 방법도 있어야 한다. 이 클래스는 데이터 서비스에 접속하는 역할도 수행한다. 작성할 클래스는 타입스크립트 3 버전에서 추가된 나머지 튜플 기능을 사용하는 방법을 보여준다. 코드는 다음과 같다.

```
export class PinsModel {
  private pins: PinModelData[] = [];
  constructor(private firebaseMapService: FirebaseMapService) { }
}
```

첫 번째 기능은 사용자가 지도를 클릭했을 때 핀을 위한 데이터를 추가하는 기능을 도
입한다. 메서드 시그니처가 조금 이상해 보이므로 잠시 시간을 들여 동작하는 방식을
살펴보자. 시그니처는 다음과 같다.

```
public Add(...args: [string, string, ...number[]]);
```

마지막 인자인 ...args 부분을 보면 바로 REST 파라미터를 사용하는 방식이 떠오를
것이다. 파라미터 목록을 분석해보면 다음과 같이 시작한다고 생각할 수 있다.

```
public Add(arg_1: string, arg_2: string, ...number[]);
```

거의 이해할 수 있지만, 또 다른 REST 파라미터가 있다. 기본적으로 튜플의 마지막 파
라미터로 여러 개의 숫자를 사용할 수 있다는 이야기다. number[]를 적용하는 대신
...을 적용한 이유는 항목을 분산시켜야 하기 때문이다. 배열 형식을 사용하면 메서드
를 호출할 때 배열에 항목을 추가해야 한다. 하지만 튜플에 REST 연산자를 사용하면,
다음과 같이 데이터를 가져와서 데이터베이스에 저장하고 pins 배열에 추가할 수
있다.

```
public Add(...args: [string, string, ...number[]]) {
  const data: PinModelData = {
    id: args[0],
    name: args[1],
    lat: args[2],
```

```
    long: args[3],
    storageId: ''
  };
  this.firebaseMapService.Save(data);
  this.pins.push(data);
}
```

 튜플을 사용한 구현은 호출하는 코드가 올바른 위치에 값을 넣었는지 확인해야 한다.

호출하는 코드에서는 다음과 같이 메서드를 호출하는 것을 볼 수 있다.

```
this.pinsModel.Add(guid.toString(), geocode, e.location.latitude, e.location.
longitude);
```

사용자가 지도에서 핀을 움직이면 비슷한 방식으로 위치를 갱신한다. 해야 할 일은 배열에서 모델을 찾아 값을 갱신하는 것뿐이다. 핀을 움직이면 핀이 지정한 주소도 바뀌므로 이름도 갱신해야 한다. Add 메서드처럼 데이터 서비스에서 동일한 Save 메서드를 호출한다.

```
public Move(...args: [string,string, ...number[]]) {
  const pinModel: PinModelData = this.pins.find(x => x.id === args[0]);
    if (pinModel) {
      pinModel.name = args[1];
      pinModel.lat = args[2];
      pinModel.long = args[3];
    }
  this.firebaseMapService.Save(pinModel);
}
```

클래스는 데이터베이스의 데이터에도 접근해야 한다. 두 가지 방법이 있다. 하나는 다른 클래스에서도 파이어베이스 지도 서비스를 사용하도록 하는 것이다. 이는 잠재적으로 클래스 호출을 놓칠 수도 있다. 다른 하나는 이 클래스를 지도 서비스에 대한 단일 접근점으로 만드는 것이다. 우리는 이 클래스를 기반으로 FirebaseMapPinsService에 대한 단일 접근점을 만든다. 즉, Load 메서드를 통해 모델을 노출해야 한다.

```
public Load(): Observable<PinModelData[]>{
  return this.firebaseMapService.model;
}
```

관심 지점을 제거하는 기능은 추가하거나 이동하는 것보다 메서드 시그니처가 훨씬 간단하다. PinModelData 항목을 찾기 위한 클라이언트 측의 레코드 id만 있으면 된다. 항목을 찾은 후 Delete 메서드로 파이어베이스에서 삭제한다. 레코드를 삭제하고 나서 로컬 인덱스에서도 레코드를 찾아 배열 분할로 삭제한다.

```
public Remove(id: string) {
  const pinModel: PinModelData = this.pins.find(x => x.id === id);
  this.firebaseMapService.Delete(pinModel);
  const index: number = this.pins.findIndex(x => x.id === id);
  if (index >= 0) {
    this.pins.splice(index,1);
  }
}
```

지도 검색으로 관심 사항 탐색

사용자가 핀을 추가하거나 옮겼을 때 자동으로 지역 이름을 가져오게 해보자. 사용자가 값을 직접 입력하지 않고 지도에서 자동으로 가져와야 한다. 즉, 정보를 가져오기 위해 지도 기능을 사용해야 한다.

Bing 지도는 여러 가지 옵션 모듈을 갖고 있는데, 옵션을 사용하면 지역 기반 검색 같은 기능을 제공해준다. 검색 기능을 사용하기 위해 검색을 실행할 MapGeocode 클래스를 만들자.

```
export class MapGeocode {
}
```

몇몇 클래스는 서비스 없이 만들었다는 사실을 알아챘을 것이다. 이는 클래스 인스턴스를 직접 만들어야 함을 의미하며, 클래스의 수명주기를 직접 조정할 수 있다는 장점이 있다. 원한다면 코드를 다시 만들 때 MapGeocode 같은 클래스를 서비스로 변환해 주입할 수도 있다.

부가 기능인 검색을 사용할 수 있도록 검색 기능을 로드하려면 지도 객체를 전달하고 loadModule로 Microsoft.Maps.Search 모듈을 로드해 새로운 SearchManager 인스턴스를 옵션으로 전달한다.

```
private searchManager: Microsoft.Maps.Search.SearchManager;
constructor(private map: Microsoft.Maps.Map) {
  Microsoft.Maps.loadModule('Microsoft.Maps.Search', () => {
    this.searchManager = new Microsoft.Maps.Search.SearchManager(this.map);
  });
}
```

검색을 수행하는 메서드 작성만 남았다. 검색은 오래 걸리는 작업이므로 프로미스 타입으로 만들고 지역 이름으로 만들어진 문자열을 반환하게 한다. 프로미스 안쪽에서는 지역과 콜백을 포함하는 request를 만든다. 콜백은 reverseGeocode 메서드를 실행했을 때 프로미스의 콜백을 지역 이름으로 변경한다. 검색 옵션이 준비되면 searchManager.reverseGeocode로 검색을 실행한다.

```
public ReverseGeocode(location: Microsoft.Maps.Location): Promise<string> {
  return new Promise<string>((callback) => {
```

```
    const request = {
      location: location,
      callback: function (code) { callback(code.name); }
    };
    if (this.searchManager) {
      this.searchManager.reverseGeocode(request);
    }
  });
}
```

 코드에서 이름은 중요하다. 지도에서 좌표는 실제 지역의 주소로 변환된다. 지역을 주소로 변환하는 일을 리버스 지오코딩(reverse geocoding)이라고 한다. 번거롭지만 메서드 이름을 ReverseGeocode로 지은 이유다.

고려해야 하는 검색 옵션이 더 있다. 보이는 지도 영역 안에서 커피숍만 검색하고 싶을 수 있다. 특정 지역의 비즈니스 같은 것을 검색하는 용도로 마이크로소프트의 새로운 Local Insights API를 사용한다. 현재 Local Insights는 제한적으로 구현돼 미국 지도에서만 사용할 수 있지만, 마이크로소프트는 사용 가능 국가를 확장할 계획이다.

검색 기능을 보여주려면 지도 서비스를 사용한다. 검색 결과를 REST 호출로 가져오는 HttpClient를 받는 PointsOfInterestService를 만든다.

```
export class PointsOfInterestService {
  constructor(private http: HttpClient) {}
}
```

REST 호출 지점은 검색할 비즈니스 유형, 검색을 실행할 위치, 지도 키를 쿼리로 받는다. 검색 기능은 실행 시간이 길기 때문에 프로미스를 반환한다. 검색 결과는 위도, 경도, 이름을 포함하는 PoiPoint를 사용한다.

```
export interface PoiPoint {
  lat: number,
  long: number,
  name: string
}
```

http.get을 사용해 API를 호출하면 Observable이 반환된다. 결과에 map과 mapData를 사용해 pipe 메서드로 실행한다. 메서드 실행 결과를 subscribe하면서 파싱한 결과를 아래로 내린다(실제 반환 타입을 알 수 없으므로 any로 설정하는 것에 주목하자). 반환되는 결과는 여러 개의 resourceSets를 포함할 수 있다. 대부분은 여러 가지 유형의 쿼리를 한 번에 처리하지만, 자원을 추출하는 데 사용할 resourceSet을 초기화하는 부분에만 집중하자. 다음 코드는 검색에서 관심 있는 항목의 포맷을 보여준다. 결과 파싱을 끝내면 검색 결과 구독을 중지하고 프로미스의 콜백을 호출해 관심 지점을 추가한다.

```
public Search(location: location): Promise<PoiPoint[]> {
  const endpoint =
`https://dev.virtualearth.net/REST/v1/LocalSearch/?query=coffee&userLocatio
n=${location[0]},${location[1]}&key=${environment.mapKey}`;
  return new Promise<PoiPoint[]>((callback) => {
    const subscription: Subscription =
this.http.get(endpoint).pipe(map(this.MapData))
      .subscribe((x: any) => {
        const points: PoiPoint[] = [];
        if (x.resourceSets && x.resourceSets.length > 0 &&
x.resourceSets[0].resources) {
          x.resourceSets[0].resources.forEach(element => {
          if (element.geocodePoints && element.geocodePoints.length > 0) {
            const poi: PoiPoint = {
              lat: element.geocodePoints[0].coordinates[0],
              long: element.geocodePoints[0].coordinates[1],
              name: element.name
            };
            points.push(poi)
          }
```

```
      });
    }
    subscription.unsubscribe();
    callback(points);
  })
 });
}
```

 우리가 작성한 쿼리에서는 간단하게 한 지점에서만 찾는다. 원한다면 userLocation을 user MapView=${boundingBox{0}},${boundingBox{1}},${boundingBox{2}},${bounding Box{3}}(boundingBox는 사각형이다.)으로 변경해 검색 범위를 보이는 영역으로 쉽게 확장할 수 있다. 검색 확장을 더 알고 싶다면 https://docs.microsoft.com/en-us/previous-versions/mt832854(v=msdn.10)을 참고하라.

이것으로 지도 검색 기능과 데이터베이스 기능을 마쳤다. 화면에 실제 지도가 보이면 정말 좋지 않을까? 지금부터 시작해보자.

화면에 Bing 맵 추가

앞서 본 대로 지도를 표시하는 데 두 개의 컴포넌트를 사용한다. `MapViewComponent`를 먼저 살펴보자. HTML 템플릿은 간단하다.

```
<div #myMap style='width: 100%; height: 100%;'>
</div>
```

HTML은 이것뿐이다. 뒤에서 일어나는 일은 조금 복잡하고, 여기서 앵귤러가 표준 DOM 이벤트에 연결하는 방법을 배운다. 일반적으로 보일러 플레이트 코드가 상당히 많아서 `@Component` 컴포넌트 전체를 보지 않지만, 이번에는 약간 다르기 때문에 컴포넌트를 살펴보자.

```
@Component({
  selector: 'atp-map-view',
  templateUrl: './map-view.component.html',
  styleUrls: ['./map-view.component.scss'],
  host: {
    '(window:load)' : 'Loaded()'
  }
})
export class MapViewComponent implements OnInit {
  @ViewChild('myMap') myMap: { nativeElement: string | HTMLElement; };

  constructor() { }

  ngOnInit() {
  }
}
```

@Component 영역에서 window의 load 이벤트에 Loaded 메서드를 연결한다. Loaded 메서드를 곧 추가하겠지만 아직은 아니다. 컴포넌트에 호스트^{host} 이벤트를 연결하는 방식을 아는 것이 중요하다. 컴포넌트 안에서는 @ViewChild로 템플릿의 div에 연결한다. 기본적으로 뷰 안쪽에서 이름으로 엘리먼트에 대한 참조를 할 수 있게 해주므로 임의의 방식으로 작업할 수 있다.

Loaded 메서드를 추가한 이유는 크롬이나 파이어폭스 같은 브라우저에서 window.load 이벤트에 지도를 연결하지 않으면 Bing 지도가 정확히 동작하지 않는 고약한 브라우저 특성 때문이다. 각종 지도 로드 옵션을 사용해 지도 인증 정보와 기본 줌 배율 등을 템플릿에 추가해 div 구문 안에 지도를 넣는다.

```
Loaded() {
  // 크롬이나 파이어폭스에서는 window.load 이벤트에 연결하지 않으면
  // Bing 지도가 제대로 동작하지 않는다
  const map = new Microsoft.Maps.Map(this.myMap.nativeElement, {
    credentials: environment.mapKey,
    enableCORS: true,
```

```
    zoom: 13
  });
  this.map.emit(map);
}
```

지도 유형 중에서 표시할 특정 유형을 선택하려면 다음과 같이 지도 옵션을 설정할 수 있다.

```
mapTypeId:Microsoft.Maps.MapTypeId.road
```

MapViewComponent는 다른 컴포넌트 안쪽에 있으므로 부모에게 통지할 EventEmitter를 만들어야 한다. 이미 Loaded 메서드에서 추가했으므로 방금 로드한 부모에게 지도를 넘기기만 하면 된다.

```
@Output() map = new EventEmitter();
```

이제 부모 컨테이너를 추가해보자. 템플릿의 대부분은 부트스트랩의 행렬 컨테이너로 만들어져 있다. div 열 안쪽에 방금 만든 자식 컴포넌트를 배치한다. EventEmitter를 사용하기 때문에 지도가 생성되면 MapLoaded 이벤트가 발생된다.

```
<div class="container-fluid h-100">
  <div class="row h-100">
    <div class="col-12">
      <atp-map-view (map)="MapLoaded($event)"></atp-map-view>
    </div>
  </div>
</div>
```

대부분의 지도 컴포넌트 코드는 이제 익숙할 것이다. MapLoaded 메서드에서 MapEvents 인스턴스를 만드는 데 사용할 FirebaseMapPinsService와 PointsOfInterestService를 주입한다. atp-map-view 컴포넌트가 window.load에 도달하면 Bing 지도가 만들어져 반환된다.

```
export class MappingcontainerComponent implements OnInit {
  private map: Microsoft.Maps.Map;
  private mapEvents: MapEvents;
  constructor(private readonly firebaseMapPinService: FirebaseMapPinsService,
              private readonly poi: PointsOfInterestService) { }

  ngOnInit() {
  }

  MapLoaded(map: Microsoft.Maps.Map) {
    this.map = map;
    this.mapEvents = new MapEvents(this.map, new PinsModel(this.firebaseMapPinService),
this.poi);
  }
}
```

지도를 표시할 때 주의할 점은 브라우저 창의 높이만큼 늘어나도록 html과 body의 높이를 설정해야 한다는 것이다. styles.scss 파일에 다음과 같이 설정한다.

```
html,body {
  height: 100%;
}
```

지도 이벤트와 핀 설정

우리는 지도와 관심 지점을 데이터베이스에 저장하고 메모리로 옮기는 로직을 갖고 있다. 하지만 사용자가 지도에서 실제로 핀을 만들고 관리하는 코드는 아직 없다. 핀을 관리하는 MapEvents 클래스를 추가해 문제를 해결하자. MapGeocode, PinModel, PinsModel 같은 클래스처럼 MapEvents 클래스도 단독 클래스로 구현한다. 다음 코드를 추가해보자.

```
export class MapEvents {
  private readonly geocode: MapGeocode;
  private infoBox: Microsoft.Maps.Infobox;
  constructor(private map: Microsoft.Maps.Map, private pinsModel:
    PinsModel, private poi: PointsOfInterestService) {
  }
}
```

Infobox는 화면에 관심 지점을 추가할 때 나타나는 상자다. 각 관심 지점이 추가될 때마다 새로 추가할 수 있지만, 그렇게 하면 불필요한 자원을 낭비하게 된다. 대신 하나의 Infobox를 만들어놓고 화면에 새로운 관심 지점이 추가될 때 재사용한다. 이를 위해 이전에 설정된 Infobox가 있는지 확인하는 헬퍼 메서드를 추가한다. 이전에 설정되지 않았다면 새로운 Infobox 인스턴스를 만들어 핀 주소, 제목, 설명을 받는다. 전달받은 설명을 관심 지점의 이름으로 제공한다. setMap으로 나타날 지도 인스턴스를 설정해야 한다. Infobox를 재사용한다면, 옵션에 같은 값을 설정하고 visible 옵션을 true로 설정하기만 하면 된다.

```
private SetInfoBox(title: string, description: string, pin: Microsoft.Maps.Pushpin):
void {
  if (!this.infoBox) {
    this.infoBox = new Microsoft.Maps.Infobox(pin.getLocation(), { title: title,
description: description });
    this.infoBox.setMap(this.map);
    return;
  }
  this.infoBox.setOptions({
    title: title,
    description: description,
    location: pin.getLocation(),
    visible: true
  });
}
```

지도에서 관심 지점을 선택하는 기능을 추가하기 전에 클래스에 추가해야 하는 몇 가지 헬퍼 메서드가 더 있다. 우선 Local Insights 검색의 관심 지점을 가져와서 지도에 넣는 메서드를 추가한다. 핀을 추가하는 방식은 녹색 Pushpin을 만들어 Bing 지도의 올바른 위치에 추가하는 것이다. 핀 클릭에 반응해 방금 추가한 메서드로 Infobox를 보여주는 이벤트 핸들러도 추가한다.

```
AddPoi(pois: PoiPoint[]): void {
  pois.forEach(poi => {
    const pin: Microsoft.Maps.Pushpin = new Microsoft.Maps.Pushpin(new
Microsoft.Maps.Location(poi.lat, poi.long), {
      color: Microsoft.Maps.Color.fromHex('#00ff00')
    });
    this.map.entities.push(pin);
    Microsoft.Maps.Events.addHandler(pin, 'click', (x) => {
      this.SetInfoBox('Point of interest', poi.name, pin);
    });
  })
}
```

다음 헬퍼 메서드는 조금 복잡하기 때문에 단계별로 추가한다. AddPushPin 메서드는 사용자가 지도를 클릭할 때 호출한다. 메서드 시그니처는 다음과 같다.

```
AddPushPin(e: any): void {
}
```

메서드에서 먼저 해야 할 일은 PinsModel 항목을 추가하고 클릭한 지점에 드래그할 수 있는 Pushpin을 추가하는 데 사용할 Guid를 만드는 것이다.

```
const guid: Guid = Guid.create();
const pin: Microsoft.Maps.Pushpin = new Microsoft.Maps.Pushpin(e.location,
{
  draggable: true
```

```
});
```

다음으로 이전에 만든 ReverseGeocode를 호출한다. 여기서 결과를 받으면, PinsModel 항목을 추가하고 Infobox를 표시하기 전에 지도에 Pushpin을 넣는다.

```
this.geocode.GeoCode(e.location).then((geocode) => {
  this.pinsModel.Add(guid.toString(), geocode, e.location.latitude, e.location.
longitude);
  this.map.entities.push(pin);
  this.SetInfoBox('User location', geocode, pin);
});
```

메서드 작성을 계속 이어 나가자. Pushpin을 추가하는 기능과 함께 사용자가 핀을 움직여서 새로운 지역을 선택할 수 있도록 핀을 드래그할 수 있어야 한다. 핀을 옮기는 데 dragend 이벤트를 사용한다. 이전에 했던 작업들 덕분에 간단하게 PinsModel을 움직이고 Infobox를 표시할 수 있다.

```
const dragHandler = Microsoft.Maps.Events.addHandler(pin, 'dragend', (args: any) => {
  this.geocode.GeoCode(args.location).then((geocode) => {
  this.pinsModel.Move(guid.toString(), geocode, args.location.latitude, args.location.
longitude);
  this.SetInfoBox('User location (Moved)', geocode, pin);
  });
});
```

끝으로, 사용자가 핀을 클릭했을 때 PinsModel과 지도에서 핀을 지우는 기능이 남았다. 이벤트 핸들러에 dragend와 click 이벤트를 추가할 때 핸들러 변수를 저장했었다. 지도 이벤트에서 이벤트 핸들러를 지울 때는 저장했던 변수를 사용할 수 있다. 이벤트 핸들러를 다룰 때는 정리하는 습관을 들이는 것이 좋다.

```
const handler = Microsoft.Maps.Events.addHandler(pin, 'click', () => {
  this.pinsModel.Remove(guid.toString());
  this.map.entities.remove(pin);

  // 삭제한 이벤트 핸들러 정리
  Microsoft.Maps.Events.removeHandler(handler);
  Microsoft.Maps.Events.removeHandler(dragHandler);
});
```

헬퍼 메서드가 완료됐다. 이제 지도를 클릭해서 관심 지점을 설정하고, 사용자가 보는 영역이 변경될 때 Local Insights를 검색하도록 생성자를 수정하기만 하면 된다.

```
this.geocode = new MapGeocode(this.map);
Microsoft.Maps.Events.addHandler(map, 'click', (e: any) => {
  this.AddPushPin(e);
});
```

 생성자에서는 이벤트 핸들러를 변수로 저장하지 않아도 된다. 애플리케이션이 브라우저에서 실행되는 동안 절대 제거되지 않는 지도에 이벤트가 연결돼 있기 때문이다.

사용자가 지도를 움직여서 다른 지역을 볼 때 Local Insights 검색을 실행하고, 결과에 기반해 관심 지역을 추가해야 한다. 지도의 viewchangeend 이벤트에 핸들러를 연결해 검색을 실행한다.

```
Microsoft.Maps.Events.addHandler(map, 'viewchangeend', () => {
  const center = map.getCenter();
  this.poi.Search([center.latitude, center.longitude]).then(pointsOfInterest => {
    if (pointsOfInterest && pointsOfInterest.length > 0) {
      this.AddPoi(pointsOfInterest);
    }
  })
```

```
})
```

사전에 준비한 메서드로 상당한 시간을 줄이는 모습이 계속 나타난다. `PointsOfIntere stService.Search` 메서드로 Local Insights 검색을 실행하고, 나오는 결과를 `AddPoi` 메 서드에 전달한다. Local Insights 검색을 실행하지 않으려면, 이벤트 핸들러를 제거해 아무것도 검색하지 않게 할 수 있다.

데이터베이스에서 핀을 불러오는 기능만 남아있다. 앞서 추가했던 `click`과 `dragend` 핸 들러 추가 코드를 조금 수정한다. 하지만 이미 관심 지점의 이름을 갖고 있기 때문에 지오코딩^{geocoding}은 필요 없으므로 `AddPushPin` 메서드를 재사용하지 않아도 된다. 대신 전체를 인라인^{inline}으로 만든다. `load`에 대한 구독은 다음과 같다.

```
const subscription = this.pinsModel.Load().subscribe((data: PinModelData[]) => {
  data.forEach(pinData => {
    const pin: Microsoft.Maps.Pushpin = new Microsoft.Maps.Pushpin(new
Microsoft.Maps.Location(pinData.lat, pinData.long), {
        draggable: true
    });
    this.map.entities.push(pin);
    const handler = Microsoft.Maps.Events.addHandler(pin, 'click', () => {
      this.pinsModel.Remove(pinData.id);
      this.map.entities.remove(pin);
      Microsoft.Maps.Events.removeHandler(handler);
      Microsoft.Maps.Events.removeHandler(dragHandler);
    });
    const dragHandler = Microsoft.Maps.Events.addHandler(pin, 'dragend', (args: any) =>
{
      this.geocode.GeoCode(args.location).then((geocode) => {
        this.pinsModel.Move(pinData.id, geocode, args.location.latitude, args.location.
longitude);
        this.map.entities.push(pin);
        this.SetInfoBox('User location (moved)', geocode, pin);
      });
    });
  });
});
```

```
  subscription.unsubscribe();
  this.pinsModel.AddFromStore(data);
});
```

코드에서 기억해야 할 점은 구독을 다룰 때 완료된 구독은 해지해야 한다는 것이다. 구독은 필요한 요소를 추가한 `PinModelData` 배열을 반환해야 한다.

이제 제대로 동작하는 지도 솔루션의 준비를 마쳤다. 이번 장이야말로 지도 애플리케이션을 아주 좋아하는 나로서는 가장 쓰고 싶었던 내용이 담긴 장 중 하나였다. 독자도 나처럼 즐거웠길 바란다. 사람들이 데이터에 함부로 접속하지 못하게 하려면 다음 절에서 소개하는 지식을 적용하면 된다.

데이터베이스 보안

데이터베이스 보안을 제공하려면 어떤 것이 필요한지 살펴본다. 파이어베이스 데이터베이스를 만들 때 누구나, 아무런 제약없이 접근할 수 있도록 설정했던 것을 떠올려보자. 작은 테스트 애플리케이션을 만들 때는 괜찮지만, 상용 애플리케이션을 배포할 때는 그렇게 하면 안 된다.

인증 ID가 설정된 경우에만 데이터를 읽고 쓸 수 있도록 데이터베이스 설정을 변경하자. **Database**의 **Rules** 탭을 선택하고 규칙 목록에 `if request.auth.uid != null;`을 추가한다. `match /{document=**}` 형식으로 데이터베이스의 모든 문서에 규칙을 적용한다. 특정 문서에만 규칙을 적용할 수도 있지만, 이런 애플리케이션에서는 위험한 일이다.

6장, 'Socket.IO를 사용한 채팅방 만들기'에서처럼 인증을 추가해야 한다. 설정에 대한 내용은 7장의 범위를 벗어나지만, 내비게이션과 이전 장의 로그인 기능을 복사하면 간단해진다.

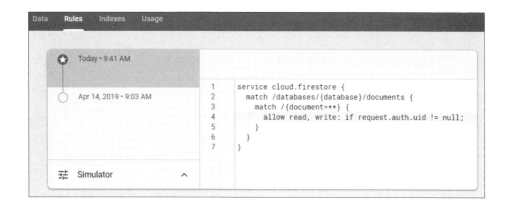

상당히 긴 여정이었다. 다양한 온라인 서비스 가입 절차를 통해 지도 기능을 추가했으며, 서비스의 생성과 등록 없이 앵귤러 애플리케이션에서 타입스크립트를 지원하는 방법도 살펴봤다. 이제 코드를 활용해 진짜로 만들고 싶은 지도 기능을 구현할 수 있다.

▌ 요약

7장에서는 Bing 지도와 데이터를 저장하는 파이어베이스 클라우드 서비스로 마이크로소프트와 구글의 클라우드 서비스를 도입한 앵귤러 프로젝트를 완성했다. 이를 위해 클라우드 서비스에 가입하고 클라이언트 설정과 접속에 대한 정보를 얻었다. 코드 작성 과정에서 파이어베이스 데이터베이스를 사용하면서 Bing 지도와의 상호작용으로 사용자 클릭 기반으로 주소 검색 같은 작업을 통해 지도에 핀을 추가하고 Local Insights로 커피숍을 찾는 등의 일을 하는 클래스를 만들었다.

또한 타입스크립트의 여정을 이어가면서 나머지 튜플을 도입했다. 브라우저 이벤트에 반응하는 앵귤러 컴포넌트 코드를 추가하는 방법도 살펴봤다.

8장에서는 다시 리액트로 간다. 이번에는 도커를 사용해 다양한 마이크로서비스를 포함하는 제한적인 마이크로서비스 CRM을 만든다.

▌질문

1. 앵귤러에서 호스트 엘리먼트와 상호작용하는 방법은?

2. 위도와 경도란 무엇인가?

3. 리버스 지오코딩의 목적은 무엇인가?

4. 데이터를 저장하는 데 사용하는 서비스는 무엇인가?

리액트와 마이크로서비스로
CRM 만들기

7장에서는 REST 서비스를 사용하면서 한 개의 사이트에서 REST 호출을 다루는 방법을 살펴봤다. 모던 애플리케이션은 흔히 도커^{Docker}와 같은 컨테이너 기반 시스템 내부에서 호스팅할 가능성이 있는 마이크로서비스로 만든다.

8장에서는 스웨거^{swagger}로 REST API를 설계하고 여러 개의 도커 컨테이너에서 호스팅되는 일련의 마이크로서비스를 만드는 방법을 살펴본다. 리액트 클라이언트 애플리케이션은 여러 마이크로서비스와 함께 간단한 고객 관계 관리$^{Customer\ Relationship}$ ^{Management}(CRM) 시스템을 표시하는 책임을 가진다.

8장에서 다루는 내용은 다음과 같다.

- 도커와 컨테이너에 대한 이해

- 마이크로서비스란 무엇이고, 무엇에 사용하는가?

- 모놀리식 구조^{monolithic architecture}를 마이크로서비스 구조로 재구성

- 서버 측 기능 공유

- 스웨거로 API 설계

- 도커에 마이크로서비스 호스팅

- 리액트로 마이크로서비스 사용

- 리액트 라우팅 사용

▌ 기술적 요구 사항

프로젝트 완성본은 https://github.com/PacktPublishing/Advanced-TypeScript-3-Programming-Projects/tree/master/Chapter08에서 다운로드할 수 있다.

프로젝트를 다운로드하고 나면 `npm install`로 필요한 패키지를 설치해야 한다. 서비스는 여러 폴더에 흩어져 있기 때문에 서비스별로 개별적으로 설치해야 한다.

▌ 도커와 컨테이너 이해하기

도커 컨테이너에 호스팅하는 마이크로서비스를 이용한 시스템을 빌드하려면, 사전에 이해해둬야 하는 용어와 이론이 있다.

이 절에서는 마이크로서비스를 살펴보기 전에 일반적인 도커 용어와 의미를 살펴본다. 마이크로서비스로 어떤 문제를 풀려고 하는지, 어떻게 모놀리식 애플리케이션을 더 모듈화된 서비스로 분해할 수 있는지 알아보자.

도커 용어

도커가 처음이라면 도커를 둘러싼 수많은 용어를 만나게 된다. 용어를 알면 서비스를 설정할 때 도움이 되므로 기초부터 살펴보자.

컨테이너

인터넷에서 도커에 관한 글을 읽을 때 꼭 만나게 되는 단어다. 컨테이너는 애플리케이션 실행에 필요한 다양한 소프트웨어를 갖고 실행하는 인스턴스이며, 애플리케이션의 시작점이 된다. 컨테이너는 이미지 기반으로 돼 있으므로 직접 이미지를 빌드하거나 중앙 도커 데이터베이스에서 이미지를 다운로드할 수 있다. 컨테이너는 다른 컨테이너와 호스트 운영체제까지도 열 수 있고 포트와 볼륨을 통해 더 넓은 세계로 향할 수 있다. 컨테이너의 큰 장점 중 하나는 설정하고 만들기 쉬우면서 매우 빠르게 시작하고 정지할 수 있다는 것이다.

이미지

앞에서 이야기한 대로 컨테이너는 이미지에서 시작한다. 엄청나게 많은 이미지를 사용할 수도 있고 직접 이미지를 만들 수도 있다. 이미지를 만들 때는 생성 단계를 캐싱하므로 쉽게 재사용할 수 있다.

포트

포트는 이미 익숙할 것이다. 도커에서 포트는 운영체제의 포트와 같은 뜻이다. 호스트 운영체제에 공개하거나 외부 세계에 연결하는 TCP와 UDP 포트다. 8장에서 살펴볼 코드 중에 같은 포트를 사용하는 애플리케이션이 있는 경우 서로 다른 포트를 노출하는 흥미로운 코드가 있다.

볼륨

볼륨을 이해하는 가장 쉬운 방법은 공유 폴더의 경우와 비슷하다. 컨테이너가 만들어지면 볼륨은 초기화되고 컨테이너의 수명주기에 관계없이 데이터를 유지할 수 있다.

레지스트리

사실상 레지스트리^{registry}는 도커 세계의 앱스토어라고 할 수 있다. 다운로드 가능한 도커 이미지를 저장하고 앱스토어에 앱을 올리듯이 로컬 이미지를 레지스트리에 올릴 수 있다.

도커 허브

도커 허브는 도커 자체적으로 지원하는 원조 도커 레지스트리다. 도커 허브에는 도커에서 만들었거나 소프트웨어 개발 팀에서 만든 어마어마하게 많은 도커 이미지가 있다.

 도커의 설치와 설정은 별도의 장에서 다뤄야 할 만한 내용이므로 8장에서는 도커 설치를 다루지 않는다. 특히 윈도우에서 도커를 설치하는 방법은 맥OS나 리눅스에서와 많이 다르다. 도커 애플리케이션을 구성하고 인스턴스 상태를 확인하는 명령어는 동일하므로 필요한 명령어들은 살펴볼 것이다.

마이크로서비스

기업 소프트웨어 세계에 몸담고 있다면 마이크로서비스라는 용어를 한 번쯤은 들어봤을 것이다. 마이크로서비스는 모놀리식 시스템^{monolithic system}을 여러 개의 서비스로 나누는 아키텍처 스타일이다. 마이크로서비스 아키텍처의 속성은 서비스의 범위를 좁히고 테스트가 가능하게 만든다. 서비스는 느슨하게 결합하기 때문에 서비스 간 의존성은 제한적이다. 서비스를 엮어주는 것은 최종 애플리케이션이 해야 한다. 느슨한 결합은 서비스를 독립적으로 배포하고 좁은 비스니스 영역에 집중할 수 있는 아이디어를 촉진시킨다.

서비스를 판매하려는 마케팅 전문가들과 컨설턴트에게서 들을 수 있는 내용에도 불구하고, 마이크로서비스가 모든 애플리케이션에 적합한 선택지는 아니다. 가끔은 모놀리식 애플리케이션이 더 나을 수도 있다. 앞 절에서 설명한 아이디어로 애플리케이션을 나눌 수 없다면, 애플리케이션은 마이크로서비스에 적합하지 않다.

이 책에서 다뤄온 패턴 같은 내용과 달리 마이크로서비스는 공식적으로 승인된 정의가 없다. 체크리스트를 사용할 수 없고 a, b, c를 만족하므로 a는 마이크로서비스라고 할 수도 없다. 대신 마이크로서비스를 구성하는 요소에 대해 합의된 관점은 여러 가지 특징이 효과적인지 아닌지를 살펴보며 진화했다. 마이크로서비스를 구성하는 중요한 속성들은 다음과 같다.

- 서비스는 다른 서비스에 대해 독립적으로 배포 가능해야 한다. 즉, 서비스는 다른 마이크로서비스에 의존성이 없어야 한다.

- 서비스는 비즈니스 절차에 기반한다. 마이크로서비스는 세분화돼야 하므로 단일 비즈니스 영역을 중심으로 구성하면 작게 집중하는 컴포넌트로 대규모 애플리케이션을 만들 수 있다.

- 언어나 기술이 서비스에 따라 달라질 수 있으므로 필요한 최적의 기술을 사용하는 이점을 누릴 기회를 준다. 예를 들어 하나의 서비스는 사내에서 호스팅하고, 다른 서비스는 애저^{Azure} 같은 클라우드 서비스에 호스팅할 수 있다.

- 서비스는 작은 사이즈로 유지돼야 한다. 코드가 많아지면 안 된다는 이야기가 아니라, 하나의 영역에만 집중해야 한다는 의미다.

스웨거로 REST API 설계

REST 주도 애플리케이션 개발 시 스웨거(https://swagger.io/)의 기능을 사용하면 정말 편리하다. 스웨거는 API 문서 작성, API용 코드 생성, API 테스트 등에 곧바로 사용할 수 있는 많은 기능을 갖고 있다.

고객 목록을 가져오는 기능의 프로토타이핑에 스웨거 UI를 사용한다. 스웨거로 API에 대한 문서를 생성할 수 있다. 스웨거로 코드를 생성하면 최종 REST 호출 모양을 볼 수 있는 도구를 사용하게 되고, 이전에 만든 데이터 모델을 쓰는 구현 작업에 사용한다. 나는 두 가지 이유에서 이 작업을 좋아한다. 첫 번째 이유는 작고 명확한 데이터 모델을 만들 수 있고 프로토타입이 모델을 가시적으로 만들어준다는 점이며, 두 번째 이유는 엄청나게 많은 코드를 생성해주면서 코드를 작성할 때 데이터 모델을 데이터베이스와 연결하기 쉽게 해준다는 점이다.

8장에서는 직접 코드를 작성하지만 전달하는 프로토타입에는 스웨거를 사용한다.

먼저 스웨거에 로그인해야 한다.

1. 홈페이지에서 Sign In을 클릭한다. SwaggerHub와 Swagger Inspector 중 어느 제품에 로그인할지 선택하는 다이얼로그가 나타난다. Swagger Inspector는 훌륭한 API 테스트 도구지만, 여기서는 API를 개발하므로 SwaggerHub를 선택한다. 화면은 다음과 같다.

2. 스웨거 계정이 없다면 깃허브 계정으로 만들 수 있다. API를 만들려면 Create New > Create New API를 선택해야 한다. Template 선택에서 None을 선택하

334

고 다음과 같이 내용을 채운다.

3. API를 시작할 준비가 됐다. 돌려받은 값은 다음과 같다.

```
swagger: '2.0'
info:
  version: '1.0'
  title: 'Advanced TypeScript 3 - CRM'
  description: ''
paths: {}
# API 자동 모킹(mocking) 플러그인이 추가하는 부분
host: virtserver.swaggerhub.com
basePath: /user_id/AdvancedTypeScript3CRM/1.0
schemes:
  - https
```

API를 작성해보자. 우선 API 경로를 만들어야 한다. 만들어야 하는 모든 경로는 paths 항목에 있다. 스웨거 편집기는 API 작성에 관한 입력을 검증하므로 작성 과정에서 검증 에러가 발생하더라도 걱정하지 말자. 예제에서는 API를 데이터베이스에 저장한 모든 고객에 대한 배열을 순회한다. API paths: {} 항목을 다음과 같이 변경한다.

```
paths:
  /people:
    get:
      summary: "파이어베이스의 모든 고객 목록을 가져온다"
      description: 고객 리스트 반환
```

REST 호출에 GET 방식을 사용한다고 선언했다. API는 HTTP 200과 HTTP 400 중 한 가지 상태를 반환한다. responses 항목에 상태 관련 내용을 추가하자. 400 오류를 반환하려면 어떤 정보들을 반환할지 정의하는 스키마를 만들어야 한다. schema 항목은 다음과 같이 한 개의 message 문자열을 포함한 object를 반환한다.

```
responses:
  200:
  400:
    description: Invalid request
    schema:
      type: object
      properties:
        message:
          type: string
```

API가 고객 배열을 반환하므로 스키마는 array 타입으로 선언한다. 고객을 구성하는 items는 서버 코드에서 살펴본 모델에 매핑된다. schema 항목의 200 응답에 대해 다음과 같이 추가한다.

```
description: 고객 목록을 성공적으로 반환
  schema:
    type: array
    items:
      type: object
      properties:
        ServerID:
          type: string
        FirstName:
          type: string
        LastName:
          type: string
        Address:
          type: object
          properties:
            Line1:
              type: string
            Line2:
              type: string
            Line3:
              type: string
            Line4:
              type: string
            PostalCode:
              type: string
            ServerID:
              type: string
```

schema는 편집기에서 다음과 같은 모양이 된다.

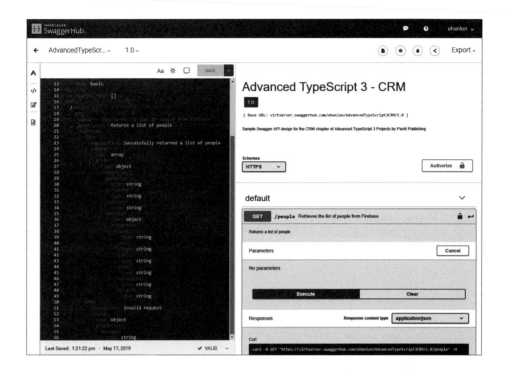

스웨거로 API 프로토타입을 만드는 방법을 알아봤으므로, 지금부터는 빌드할 프로젝트 정의를 살펴보자.

도커로 마이크로서비스 애플리케이션 만들기

우리가 만드는 프로젝트는 고객의 상세 정보를 관리하고 고객을 추가하는 CRM 시스템의 작은 부분이다. 애플리케이션은 사용자가 주소를 생성하거나 이미 만들어진 주소를 선택하면, 연락처의 상세 항목을 추가하는 방식으로 동작한다. 사용자는 이전에 추가한 연락처를 대표 연락처로 만들 수 있다. 우리가 만드는 시스템은 이전에 하나의 커다란 데이터베이스를 사용하던 애플리케이션을 세 개의 서비스로 분리한다.

깃허브 코드로 시작하면 8장의 애플리케이션을 완료하는 데 대략 세 시간 정도 걸린다. 애플리케이션을 완성했을 때의 모습은 다음과 같다.

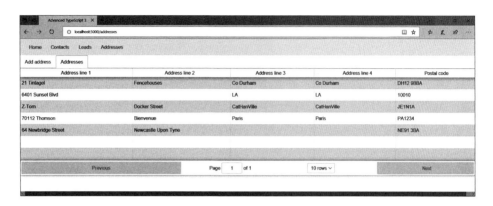

이제 도커용 앱을 만드는 방법과 프로젝트를 완성하는 방법을 살펴보자.

도커로 마이크로서비스 애플리케이션 만들기 시작

8장에서는 다시 리액트로 돌아왔다. 리액트와 더불어 파이어베이스를 사용하고, 도커로 노드와 익스프레스를 호스팅한다. 리액트 애플리케이션과 익스프레스로 구성한 마이크로서비스 사이의 REST 통신은 Axios가 담당한다.

개발 환경에 윈도우 10을 사용하고 있다면 https://hub.docker.com/editions/community/docker-ce-desktop-windows에서 윈도우용 도커를 설치할 수 있다.

 윈도우에서 도커를 사용하려면 하이퍼V(Hyper-V) 가상 환경을 설치해야 한다.

맥OS를 사용하고 있다면 https://hub.docker.com/editions/community/docker-ce-desktop-mac에서 도커를 설치할 수 있다.

우리가 만들 CRM 애플리케이션은 여러 개의 마이크로서비스를 하나로 결합해, 최종 사용자가 애플리케이션이 여러 개의 데이터 소스에서 가져온 정보를 사용해 동작하는 것을 눈치채지 못하게 만드는 방법을 보여준다.

애플리케이션의 요구 사항은 다음과 같다.

- CRM 시스템은 주소를 입력할 수 있다.
- 사용자가 시스템에 개인별 상세 내역을 입력할 수 있다.
- 개인별 상세 내역을 입력할 때 이전에 입력한 주소를 선택할 수 있다.
- 사용자는 시스템에서 잠재적 대표에 대한 상세 사항을 입력할 수 있다.
- 데이터는 클라우드 데이터베이스에 저장한다.
- 고객, 대표, 주소 정보는 각기 별개의 서비스에서 가져온다.
- 각각의 서비스는 도커에 호스팅한다.
- 사용자 인터페이스는 리액트로 만든다.

우리는 애플리케이션의 기능을 꾸준히 추가해가고 있다. 우리의 마이크로서비스는 가능한 한 많은 공통 코드를 공유하고 데이터를 가져와서 필요에 맞게 수정하는 작은 코드를 약간씩 더해서 클라이언트에 돌려주는 방식으로 다음 단계로 가는 접근 방식을 취한다. 각 서비스가 비슷한 요구 사항을 갖고 있으므로 코드의 상당 부분을 공유할 수 있다.

우리가 만드는 마이크로서비스 애플리케이션은 모놀리식 애플리케이션 관점에서 시작한다. 애플리케이션은 고객, 주소, 대표를 모두 한 시스템에서 관리한다. 모놀리식 애플리케이션을 지양하면서 작고 분리된 덩어리로 나눈다. 각 부분은 다른 부분에 독립적으로 존재한다. 대표, 주소, 고객은 모두 스스로를 포함하는 서비스로 존재한다.

tsconfig 파일에서 시작하자. 이전 장들에서 서비스는 한 장에 하나씩만 있었기 때문에 tsconfig 파일도 하나씩만 있었다. 8장의 예제에서는 여러 개의 파일을 섞을 예정이므로 최상위 레벨의 tsconfig.json 파일이 존재한다. 모든 서비스는 이 파일을 공통 기반으로 사용한다.

1. 서비스를 저장할 Services 폴더를 만들자. 하위 폴더로 Addresses, Common, Leads, People 폴더를 만들고 tsconfig 파일도 만들자.

2. 이 단계를 마치면 Services 디렉터리는 다음과 같은 모양이 된다.

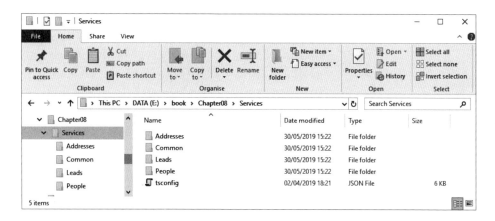

3. 이제 tsconfig 파일을 작성하자. 다음 내용은 모든 서비스가 공유하게 된다.

```
{
  "compileOnSave": true,
  "compilerOptions": {
    "target": "es5",
    "module": "commonjs",
    "removeComments": true,
    "strict": true,
    "esModuleInterop": true,
    "inlineSourceMap": true,
    "experimentalDecorators": true,
```

```
    }
  }
```

아마도 output 디렉터리 설정을 하지 않았다는 사실을 눈치챘을 것이다. 디렉터리 설정은 조금 나중에 살펴본다. 이 단계를 진행하기 전에 마이크로서비스들이 공유하는 공통 기능을 먼저 추가해보자. 공통 기능은 Common 폴더에 추가하자. 추가하는 기능 중 일부는 이전 장들에서 작성한 서버 코드와 비슷하므로 익숙할 것이다.

파이어베이스에 데이터를 저장하기 때문에 데이터베이스 코드를 먼저 작성하자. 파이어베이스를 사용하기 위해 설치해야 하는 npm 패키지는 firebase와 @types/firebase다. 이전에 설치했던 guid-typescript와 노드 서버를 위한 cors, express 패키지도 설치해야 한다.

각 서비스가 데이터베이스에 데이터를 저장하는 기본 구조는 동일하며, GUID를 사용해 설정하는 ServerID를 갖게 된다. 기본 모델은 다음과 같다.

```
export interface IDatabaseModelBase {
  ServerID: string;
}
```

IDatabaseModelBase 인스턴스로 동작하는 추상 기반 클래스를 만든다. 클래스는 레코드를 가져오는 Get, 모든 레코드를 가져오는 GetAll, 레코드를 저장하는 Save 메서드를 제공한다. 파이어베이스를 사용할 때의 장점은 강력한 시스템이면서도 작성해야 하는 각 태스크의 코드가 매우 짧다는 것이다. 클래스 선언에서 시작하자.

```
export abstract class FirestoreService<T extends IDatabaseModelBase> {
  constructor(private collection: string) { }
}
```

클래스는 제네릭으로 만들었다. 각 서비스는 IDatabaseModelBase를 상속하고 특정 데이터베이스 구현을 사용한다. collection 변수는 파이어베이스로 작성된 컬렉션의 이름이다. 하나의 파이어베이스 인스턴스를 공유해 각기 다른 컬렉션을 저장하지만, 이 아키텍처의 장점은 필요 없다면 사용하지 않아도 된다는 것이다. 필요하다면 별도의 파이어베이스 저장소를 사용할 수도 있다. 일반적으로는 개발이나 실서버 같은 배포 환경에 따라 달라진다.

저장한 데이터가 하나도 없는 상태에서 GET 메서드를 추가하는 것은 의미가 없으므로 Save 메서드를 먼저 작성하자. Save 메서드는 비동기로 동작하므로, Promise를 반환하는 것이 익숙할 것이다.

```
public Save(item: T): Promise<T> {
  return new Promise<T>(async (coll) => {
    item.ServerID = Guid.create().toString();
    await firebase.firestore().collection(this.collection).doc(item.ServerID).
set(item);
    coll(item);
  });
}
```

async (coll) 코드가 좀 이상해 보일지도 모른다. 굵은 화살표(=>)를 사용해 함수 표기를 단순화했다. 또한 함수이므로 async 키워드로 내부에서 await을 사용한다고 표시했다. async를 붙이지 않으면 내부에서 await을 사용할 수 없다.

코드는 데이터를 설정하는 메서드를 호출하기 전에 ServerID에 GUID를 할당한다. 코드를 작게 나눠 하나씩 살펴보자. 7장, '파이어베이스를 사용한 클라우드 기반 앵귤러 지도'에서 살펴봤던 대로 파이어베이스는 단순한 데이터베이스 서비스 이상의 기능을 제공하기 때문에 먼저 데이터베이스에 접속해야 한다. 메서드 체인을 사용하지 않는 다면 다음과 같이 작성할 수 있다.

```
const firestore: firebase.firestore.Firestore = firebase.firestore();
```

파이어스토어에서는 데이터를 테이블에 저장하지 않고 이름을 가진 컬렉션으로 저장한다. firestore에서 CollectionReference를 가져온다. 앞선 코드 예제를 다음과 같이 수정한다.

```
const collection: firebase.firestore.CollectionReference = firestore.collection(this.
collection);
```

CollectionReference가 있으므로 메서드 앞쪽에서 설정한 ServerID를 사용해 각 문서에 접근할 수 있다.

```
const doc: firebase.firestore.DocumentReference = collection.doc(item.ServerID);
```

데이터베이스에 저장할 데이터를 설정해야 한다.

```
await doc.set(item);
```

데이터를 문서로 파이어스토어의 적절한 컬렉션에 저장한다. 나는 지금처럼 코드를 작게 나눌 수 있는 타입의 능력^{ability}을 좋아하지만, 메서드 체이닝^{method chaining}은 가능한 한 그렇게 하지 않는다는 것을 인정해야 한다. 체인 로직의 다음 단계는 이전 단계를 따른다. 이전 단계를 거치지 않으면 다음 단계로 갈 수 없고, 함께 연결된 모습을 보면 순서를 시각화하기 좋기 때문에 앞으로 자주 메서드를 연결한다.

항목이 데이터베이스에 저장되면 저장된 항목을 반환한다. 완성된 ServerID로 호출 코드로 돌아가서 즉시 사용할 수 있다. 다음과 같이 사용한다.

```
coll(item);
```

다음 단계로 FirestoreService에 GET 메서드를 추가하자. Save 메서드처럼 안쪽에서 프로미스를 사용해 T 타입의 단일 인스턴스를 비동기로 반환한다. ID를 알면 파이어스토어의 주요 코드는 거의 같다. get()을 호출하는 부분만 다르고, 이를 통해 데이터를 반환한다.

```
public async Get(id: string): Promise<T> {
  const qry = await firebase.firestore().collection(this.collection).doc(id).get();
  return <T>qry.data();
}
```

이번에는 T 배열을 반환하고 비동기로 동작하는 GetAll 메서드를 작성하자. 여러 개의 레코드를 가져오는 경우 하나의 문서를 가져오는 get() 호출 대신 collection()을 사용한다. 레코드를 가져오면, forEach를 사용해 간단하게 반환할 배열을 만든다.

```
public async GetAll(): Promise<T[]> {
  const qry = await firebase.firestore().collection(this.collection).get();
  const items: T[] = new Array<T>();
  qry.forEach(item => {
    items.push(<T>item.data());
  });
  return items;
}
```

데이터베이스 코드가 준비됐으므로 실제 모양을 살펴보자. IAddress 인터페이스로 만드는 Addresses 서비스에서 시작하자.

```
export interface IAddress extends IDatabaseModelBase {
  Line1 : string,
  Line2 : string,
  Line3 : string,
  Line4 : string,
  PostalCode : string
}
```

IAddress가 있으므로, 이제 파이어베이스에 저장할 addresses 컬렉션에 서비스를 연결하는 클래스를 만들 수 있다. 이제까지의 작업 결과를 사용하면 AddressesService는 다음과 같이 간단하다.

```
export class AddressesService extends FirestoreService<IAddress> {
  constructor() {
    super('addresses');
  }
}
```

아마도 데이터 모델과 데이터베이스에 접속하는 코드가 다른 마이크로서비스처럼 쉬울지 궁금할 것이다. People 인터페이스와 데이터베이스 서비스를 살펴보자.

```
export interface IPerson extends IDatabaseModelBase {
  FirstName: string;
  LastName: string;
  Address: IAddress;
}
export class PersonService extends FirestoreService<IPerson> {
  constructor() {
    super('people');
  }
}
```

주소 정보를 왜 IPerson에 저장하는지 궁금할 것이다. 특히 외래키^{foreign key}로 관계를 지정해 레코드를 연결하는 관계형 데이터베이스 관점에서 NoSQL 아키텍처를 본다면, 주소에서 참조를 시작하고 데이터를 복사하지 않아야 한다고 생각할 수도 있다. 예전 방식의 SQL 데이터베이스는 외래 테이블로 레코드 중복을 최소화하기 때문에 데이터를 여러 레코드에서 공유해 중복된 데이터를 만들지 않는다. 유용한 방식이지만, 관심 있는 정보들이 여러 테이블에 흩어지게 되므로 쿼리 작성과 레코드 탐색이 더 복잡해진다. 고객과 주소를 함께 저장해 고객에 대한 정보를 만들기 위해 쿼리하는 테이

346

블 수를 줄인다. 레코드를 조회하는 경우가 갱신하는 경우보다 훨씬 많은 상황에 기반하므로, 주소를 변경해야 한다면 마스터 주소를 먼저 변경하고 모든 고객의 레코드를 통해 업데이트가 필요한 주소를 찾는 별도 쿼리를 실행한다. 이는 고객의 주소에 있는 ServerID와 마스터 주소의 ServerID가 일치하기 때문에 가능하다.

데이터베이스 코드의 Leads는 살펴보지 않는다. 소스 코드에서 해당 내용을 볼 수 있고 사실상 동일하다. 마이크로서비스는 기능적으로 거의 비슷하기 때문에 상속의 이점을 간단하게 누릴 수 있다.

서버 측 라우팅 지원 추가

일반적인 데이터베이스 작업과 API 요청은 엔드포인트 측면에서 매우 비슷하다. 이 책을 저술하면서 제시된 예제들을 조립해 나중에 재사용할 수 있게 구성하고자 노력했다. 그중 하나가 익스프레스에서 라우팅 경로를 다루는 방법이다. 서버 측 코드는 4장, 'MEAN 스택으로 사진 갤러리 만들기'의 예제 중 라우팅을 다루는 부분이 그렇다. 이전 장에서 작성했던 코드를 거의 그대로 가져올 수 있다.

코드가 어떻게 생겼었는지 기억을 되살려보자. 먼저 IRouter 인터페이스가 있었다.

```
export interface IRouter {
  AddRoute(route: any): void;
}
```

라우팅 엔진도 있었다. 서버에 바로 넣어서 사용하는 코드다.

```
export class RoutingEngine {
  constructor(private routing: IRouter[] = new Array<IRouter>()) {
  }
  public Add<T1 extends IRouter>(routing: (new () => T1), route: any) {
    const routed = new routing();
    routed.AddRoute(route);
```

```
      this.routing.push(routed);
  }
}
```

실제로 어떻게 생겼는가? 클라이언트에서 보낸 주소를 저장하는 코드를 살펴보자. 클라이언트에서 /add/에 대한 요청을 받았을 때 주소 서비스에서 저장할 수 있도록 요청 본문에서 상세 사항을 추출해 IAddress로 변경한다.

```
export class SaveAddressRouting implements IRouter {
  AddRoute(route: any): void {
    route.post('/add/', (request: Request, response: Response) => {
      const person: IAddress = <IAddress>{...request.body};
      new AddressesService().Save(person);
      response.json(person);
    });
  }
}
```

주소를 가져오는 코드도 매우 비슷하다. 코드가 매우 친숙한 모양이므로, 별도로 분석하지는 않는다.

```
export class GetAddressRouting implements IRouter {
  AddRoute(route: any): void {
    route.get('/get/', async (request: Request, response: Response) => {
      const result = await new AddressesService().GetAll();
      if (result) {
        response.json(result);
      }
      response.send('');
    });
  }
}
```

Leads와 People 서비스 코드도 거의 동일하다. 깃허브 저장소에서 코드를 읽어보면 상당히 친숙할 것이다.

서버 클래스

코드 재사용 이야기로 돌아가보자. 4장, 'MEAN 스택으로 사진 갤러리 만들기'에서 작성했던 익스프레스 서버 코드를 약간 수정해 사용한다. 코드를 다시 한 번 빠르게 살펴보고 익숙해지자. 우선 클래스 정의와 생성자를 살펴보자. 8장의 생성자는 4장, 'MEAN 스택으로 사진 갤러리 만들기'의 생성자를 약간 간략하게 만든 것이다.

```
export abstract class Server {
  constructor(private port: number = 3000, private app: any = express(),
protected routingEngine: RoutingEngine = new RoutingEngine()) {}
  }
}
```

CORS도 지원해야 한다. CORS 지원을 의무 사항으로 만들 수도 있지만, 서비스 개발자가 결정할 수 있게 하고 싶으므로 public 메서드로 유지한다.

```
public WithCorsSupport(): Server {
  this.app.use(cors());
  return this;
}
```

실제 서버 구현이 동작하려면 라우팅 기능을 추가해야 하며, AddRouting 메서드를 통해 할 수 있다.

```
protected AddRouting(router: Router): void {
}
```

서버가 시작할 때 AddRouting 메서드를 사용하도록 한다.

```
public Start(): void {
  this.app.use(bodyParser.json());
  this.app.use(bodyParser.urlencoded({extended:true}));
  const router: Router = express.Router();
  this.AddRouting(router);
  this.app.use(router);
  this.app.listen(this.port, ()=> console.log(`logged onto server at ${this.port}`));
}
```

중요한 한 가지를 놓치고 있음을 알아챘을 것이다. 서버에 데이터베이스 지원 기능이 없다. 따라서 파이어베이스를 사용하도록 서비스를 초기화해야 한다. 서버에 다음 코드를 추가하자.

```
public WithDatabase(): Server {
  firebase.initializeApp(Environment.fireBase);
  return this;
}
```

Environment.fireBase에는 서버의 상세 내용과 키가 포함돼 있으므로 저장소에는 포함시키지 않았음을 명심하라. Environment.fireBase는 파이어베이스 접속 정보를 포함하는 상수이며, 클라우드에 파이어베이스를 생성할 때 설정한 접속 정보로 바꿀 수 있다. Environment.fireBase를 추가하려면 Common 폴더에 Environment.ts 파일을 만들고 다음과 같은 코드를 작성해야 한다.

```
export const Environment = {
  fireBase: {
    apiKey: <<add your api key here>>,
    authDomain: "advancedtypescript3-containers.firebaseapp.com",
    databaseURL: "https://advancedtypescript3-containers.firebaseio.com",
    projectId: "advancedtypescript3-containers",
    storageBucket: "advancedtypescript3-containers.appspot.com",
    messagingSenderId: <<add your sender id here>>
  }
```

```
}
```

주소록 서비스 만들기

실제 서비스를 만들 준비가 모두 끝났다. Addresses 서비스를 살펴보자. 다른 서비스도
같은 패턴을 따르게 된다. 앞서 준비한 데이터 모델, 데이터 접속 코드, 라우팅 코드가
있으므로 실제 AddressesServer 서비스를 만들 때 필요한 모든 것을 갖췄다. Addresses
Server 클래스는 다음과 같이 간단하다.

```
export class AddressesServer extends Server {
  protected AddRouting(router: Router): void {
    this.routingEngine.Add(GetAddressRouting, router);
    this.routingEngine.Add(SaveAddressRouting, router);
  }
}
```

서버는 다음과 같이 시작할 수 있다.

```
new AddressesServer()
  .WithCorsSupport()
  .WithDatabase().Start();
```

코드가 매우 간단하며, 반복하지 말라는 DRY[Don't Repeat Yourself] 원칙을 최대한으로 따랐
다. 간단하게 말하면, 가능한 한 적은 코드를 입력해야 한다. 즉, 똑같은 일을 수행하
는 코드는 피해야 한다. 가끔은 피할 수 없고 한 줄이나 두 줄짜리 코드 조각을 많이
만드는 것이 합리적이지 않을 수 있지만, 큰 기능 영역에 대해 코드의 여러 부분을 복
사해 붙여 넣는 일은 반드시 피해야 한다. 나중에 복사해 붙여 넣은 코드에서 버그가
발견되면, 복사한 곳을 모두 찾아다니면서 고쳐야 하기 때문이다.

도커로 서비스 실행

서비스를 살펴보면 흥미로운 문제를 볼 수 있다. 시작 시 모두 동일한 포트를 사용하고 있다. 분명히 각 서비스는 같은 포트를 사용할 수 없는데 왜 문제가 없을까? 즉, 한 개 이상의 서비스를 실행할 수 없다는 것을 의미한다. 그렇다면 마이크로서비스 구조에서 다시 모놀리식 구조로 돌아가야 할까?

방금 살펴본 잠재적 문제점과 이 장에서 도커를 소개한다는 점을 고려하면, 도커가 해답이라는 사실이 그다지 놀랍지 않을 것이다. 도커를 사용하면 컨테이너를 가동하고, 코드를 배포하고, 서로 다른 엔드포인트로 서비스를 노출할 수 있다. 그러면 어떻게 해야 할까?

각 서비스는 몇 개의 공통 파일을 추가한다.

```
node_modules
npm-debug.log
```

첫 번째 파일은 .dockerignore로 컨테이너에 복사하거나 추가하지 않을 파일을 지정한다.

두 번째 파일은 Dockerfile로 도커 컨테이너와 만드는 방법을 기술한다. Dockerfile은 컨테이너를 만드는 과정을 명령어 레이어로 표현해 동작한다. 먼저 레이어를 다운로드하고 컨테이너에 노드를 설치하자. 노드 버전은 8 버전을 사용한다.

```
FROM node:8
```

다음 레이어는 기본 작업 디렉터리를 설정한다. 이 디렉터리는 이어지는 RUN, COPY, ENTRYPOINT, CMD, ADD 같은 명령을 실행하는 디렉터리가 된다.

```
WORKDIR /usr/src/app
```

인터넷에서 작업 디렉터리를 자체 디렉터리로 만드는 사람들을 볼 수 있지만, WORKDIR 에는 /usr/src/app 같이 잘 알려진 디렉터리를 사용하는 것이 좋다.

작업 디렉터리가 있으므로 코드 설정을 시작할 수 있다. npm 패키지를 다운로드하고 설치하는 데 필요한 파일을 복사하자.

```
COPY package*.json ./
RUN npm install
```

설치 내용이 캐싱되기 때문에 코드를 복사하기 전에 package.json과 package-lock. json 파일을 복사해두는 것이 좋다. package.json 파일을 수정하지 않는 한, 코드를 다시 빌드하더라도 패키지를 다시 다운로드하지 않는다.

패키지 설치를 마쳤지만 아직 코드가 준비되지 않았다. 로컬 폴더의 내용을 작업 디렉터리로 복사하자.

```
COPY . .
```

서버 포트를 외부에 노출해야 하므로 레이어를 하나 더 추가하자.

```
EXPOSE 3000
```

끝으로, 서버를 시작하자. npm start로 구동한다.

```
CMD [ "npm", "start" ]
```

> **TIP** CMD ["npm", "start"] 대신 npm을 완전히 건너뛰고 CMD ["node", "dist/server.js"](혹은 어떤 서버 코드든지)를 사용할 수 있다. npm을 실행하면 npm 프로세스가 시작되고 서버 프로세스가 시작되지만, 노드를 직접 실행하면 서비스의 숫자가 줄어들기 때문이다. 또한 npm은 프로세스 종료 시그널을 조용히 소비하므로 노드는 npm이 알려주지 않으면 프로세스가 종료됐는지 알 방법이 없다.

주소록 서비스를 시작하려면 명령행에서 다음과 같이 실행할 수 있다.

```
docker build -t ohanlon/addresses .
docker run -p 17171:3000 -d ohanlon/addresses
```

첫 번째 줄은 Dockerfile로 컨테이너를 빌드하고 도커 컨테이너에서 식별 가능한 태그를 추가한다.

이미지를 빌드하고 나면, 두 번째 줄의 명령으로 설치를 실행하고 호스트에 컨테이너의 포트를 연다. 서버 코드를 동작시키는 마술의 비법은 내부 포트는 3000을 사용하지만 외부에는 17171을 노출하는 것이다. 두 가지 경우 모두 컨테이너 이미지를 ohanlon/addresses라는 이름으로 실행하는 컨테이너에 연결했다(이름은 원하는 대로 바꿀 수 있다).

실행 시 사용한 -d 옵션은 분리를 위한 기본 옵션이며 컨테이너를 백그라운드에서 조용히 실행한다. 따라서 서비스를 시작하고 명령행을 계속 보고 있지 않아도 된다.

사용 가능한 이미지를 찾으려면 docker images 명령으로 찾을 수 있다.

docker-compose로 서비스를 구성하고 시작하기

docker build와 docker run으로 이미지를 하나씩 실행하기보다는 docker-compose로 여러 개의 컨테이너를 실행하도록 구성할 수 있다. docker-compose.yml로 여러 개의 도커파일이나 컨테이너를 구성할 수 있다.

docker-compose.yml과 앞 절에서 만든 도커 파일을 조합해 구성을 만들고 쉽게 실행할 수 있다. 서버 코드의 루트 디렉터리에 빈 docker-compose.yml 파일을 만들자. 어떤 버전의 구성 형식을 사용하는지 지정하면서 시작한다. 예제에서는 2.1로 설정한다.

```
version: '2.1'
```

내부에 세 개의 컨테이너를 만들기 때문에 서비스 정의는 다음과 같다.

```
services:
  chapter08_addresses:
  chapter08_people:
  chapter08_leads:
```

각 서비스는 별도의 정보로 만들어진다. 상세 내용의 첫 번째는 사용할 빌드 정보가 된다. 빌드 정보는 build 항목에 들어간다. 서비스가 실행될 컨텍스트를 매핑할 디렉터리와 컨테이너를 빌드할 도커 파일로 구성된다. 추가로 NODE_ENV를 설정해 노드 환경을 지정할 수 있다. 예제에서는 production 환경을 사용한다. 끝으로, docker run 명령에서 사용할 포트 매핑을 설정한다. 각 서비스는 별도의 ports 항목을 설정할 수 있다. chapter08_addresses: 항목은 다음과 같다.

```
build:
  context: ./Addresses
  dockerfile: ./Dockerfile
environment:
  NODE_ENV: production
ports:
  - 17171:3000
```

docker-compose.yml 파일에 추가하면 다음과 같은 모양이 된다.

```
version: '2.1'

services:
  chapter08_addresses:
    build:
      context: ./Addresses
      dockerfile: ./Dockerfile
    environment:
      NODE_ENV: production
    ports:
      - 17171:3000
  chapter08_people:
    build:
      context: ./People
      dockerfile: ./Dockerfile
    environment:
      NODE_ENV: production
    ports:
      - 31313:3000
  chapter08_leads:
    build:
      context: ./Leads
      dockerfile: ./Dockerfile
    environment:
      NODE_ENV: production
    ports:
      - 65432:3000
```

 프로세스를 시작하기 전에 마이크로서비스를 컴파일해야 한다. 도커는 애플리케이션 빌드에 책임이 없으므로 서비스를 구성하기 전에 컴파일하는 것은 우리의 책임이다.

이제 하나의 서비스 구성 파일로 한 번에 시작하는 여러 개의 컨테이너를 갖고 있다. 서비스 구성을 실행하려면 docker-compose up 명령을 사용한다. 모든 컨네이터가 시작되면 docker ps 명령으로 상태를 확인할 수 있다. 다음과 같은 결과가 나타난다.

서버 측 코드 작업이 끝났으며, 마이크로서비스를 만드는 데 필요한 모든 것이 준비됐다. 이제 서비스와 상호작용할 사용자 인터페이스를 만들어보자.

리액트 사용자 인터페이스 만들기

앵귤러 애플리케이션을 만드는 데 상당한 시간을 들였으므로 이번에는 공평하게 리액트로 진행한다. 리액트도 앵귤러가 익스프레스와 노드로 동작하는 방식과 동일하게 동작한다. 익스프레스/노드가 준비돼 있으므로 리액트 클라이언트를 만들어보자. 타입스크립트를 지원하는 리액트 애플리케이션을 만드는 명령으로 시작하자.

```
npx create-react-app crmclient --scripts-version=react-scripts-ts
```

표준 리액트 애플리케이션이므로 용도에 맞게 수정하자. 먼저 부트스트랩 지원을 추가해야 한다. 이번에는 react-bootstrap 패키지를 사용한다. 설치하면서 react-table, @types/react-table, react-router-dom, @types/react-router-dom, axios 같은 의존성 패키지도 함께 설치한다. 8장 내내 사용할 패키지들이므로 지금 설치해두면 나중에 시간을 절약할 수 있다.

이 책 전반에 걸쳐 의존성 설치에는 npm을 사용했지만, 오직 npm만 사용할 수 있는 것은 아니다. npm은 노드의 기본 패키지 관리자(노드 패키지 매니저)라는 장점이 있지만, 페이스북은 2015년에 Yarn이라는 자신들의 패키지 관리자를 도입했다. Yarn은 당시 npm의 문제를 해결하고자 만들었다. Yarn은 npm이 사용하는 package*.lock 파일 대신 자체 잠금 파일을 사용한다. 어느 것을 사용할지는 개인의 취향에 달려 있으며, 필요한 기능을 제공하는지에 따라 평가하면 된다. 우리에게는 npm이 더 적합한 패키지 관리자이므로 계속 npm을 사용한다.

부트스트랩 컨테이너 사용

부트스트랩으로 화면에 가득 차게 표시하도록 한다. App 컴포넌트를 조금만 수정하면 되는 간단한 작업이다. 화면을 렌더링하기 위해 다음과 같이 내용을 컨테이너로 감싼다.

```
export class App extends React.Component {
  public render() {
    return (
      <Container fluid={true}>
        <div />
      </Container>
    );
  }
}
```

이제 내용을 렌더링하면 컨테이너가 페이지 넓이에 맞춰 자동으로 늘어나며 내부에서 자동으로 렌더링된다.

탭 사용자 인터페이스 만들기

내비게이션 엘리먼트를 추가하기 전에 사용자가 링크를 클릭했을 때 연결할 컴포넌트를 만들자. 주소 추가 코드를 넣을 AddAddress.tsx 파일에서 시작하자. 클래스 정의는 다음과 같다.

```
export class AddAddress extends React.Component<any, IAddress> {
}
```

컴포넌트의 기본 상태는 빈 IAddress이므로 정의를 추가하고 컴포넌트의 기본값을 설정한다.

```
private defaultState: Readonly<IAddress>;
constructor(props:any) {
  super(props);
  this.defaultState = {
    Line1: '',
    Line2: '',
    Line3: '',
    Line4: '',
    PostalCode: '',
    ServerID: '',
  };
  const address: IAddress = this.defaultState;
  this.state = address;
}
```

입력 폼을 렌더링하는 코드를 추가하기 전에 몇 가지 메서드를 추가해야 한다. 이전에 마지막으로 살펴본 리액트 코드를 기억하고 있을 것이다. 사용자가 화면에서 무언가를 바꾸면 명시적으로 상태를 업데이트해야 하는 것을 배웠다. 이전처럼 사용자가 화면의 값을 변경하면 호출하는 UpdateBinding 이벤트 핸들러를 작성하자. 모든 Addxxx 컴포넌트에서 이 패턴이 반복된다. ID는 사용자가 어떤 필드를 업데이트했는지, 어떤 필드의 상태를 업데이트해야 하는지 알려준다. 주어진 정보로 만든 이벤트 핸들러는 다음과 같다.

```
private UpdateBinding = (event: any) => {
  switch (event.target.id) {
    case `address1`:
```

```
      this.setState({ Line1: event.target.value});
        break;
    case `address2`:
      this.setState({ Line2: event.target.value});
        break;
    case `address3`:
      this.setState({ Line3: event.target.value});
        break;
    case `address4`:
      this.setState({ Line4: event.target.value});
        break;
    case `zipcode`:
      this.setState({ PostalCode: event.target.value});
        break;
    }
}
```

다른 지원 메서드는 주소 서비스에 REST 호출 실행을 추가해야 한다. 주소 추가 엔드
포인트에 POST 요청을 보내기 위해 Axios 패키지를 추가한다. Axios는 프로미스 기반
의 REST 호출을 제공해 REST를 호출하고 응답이 돌아올 때까지 프로세스를 진행하지
않고 기다릴 수 있다. 서버 요청을 보내고 잊는 간단한 코드 모델을 선택했으므로 결
과가 돌아올 때까지 기다릴 필요는 없다. 단순함을 위해 사용자가 다른 주소를 추가하
도록 UI 상태를 즉시 초기화한다.

이제 메서드를 추가해보자. render 메서드를 열어보면 다음과 같다.

```
public render() {
  return (
    <Container>
  </Container>
  );
}
```

Container 엘리먼트는 부트스트랩에서 사용했던 친숙한 컨테이너 클래스로 매핑된다.

누락된 부분은 실제 입력 엘리먼트다. 각각의 입력 엘리먼트는 Form.Group 안에 모여 있으므로 Label과 Control을 다음과 같이 추가한다.

```
<Form.Group controlId="formGridAddress1">
  <Form.Label>Address</Form.Label>
  <Form.Control placeholder="First line of address" id="address1"
value={this.state.Line1} onChange={this.UpdateBinding} />
</Form.Group>
```

한 번 더 말하자면, 바인딩된 현재 값은 value={this.state.Line1}로 표현되고 화면에 단방향 바인딩으로 렌더링된다. 모든 사용자 입력은 UpdateBinding 이벤트 핸들러를 통해 상태를 업데이트한다.

상태를 저장하기 위해 추가하는 버튼 코드는 다음과 같다.

```
<Button variant="primary" type="submit" onClick={this.Save}>
  Submit
</Button>
```

완성된 render 메서드는 다음과 같다.

```
public render() {
  return (
    <Container>
      <Form.Group controlId="formGridAddress1">
        <Form.Label>Address</Form.Label>
        <Form.Control placeholder="First line of address" id="address1"
value={this.state.Line1} onChange={this.UpdateBinding} />
      </Form.Group>
      <Form.Group controlId="formGridAddress2">
        <Form.Label>Address 2</Form.Label>
        <Form.Control id="address2" value={this.state.Line2} onChange={this.
UpdateBinding} />
      </Form.Group>
```

```
      <Form.Group controlId="formGridAddress2">
        <Form.Label>Address 3</Form.Label>
        <Form.Control id="address3" value={this.state.Line3} onChange={this.
UpdateBinding} />
      </Form.Group>
      <Form.Group controlId="formGridAddress2">
        <Form.Label>Address 4</Form.Label>
        <Form.Control id="address4" value={this.state.Line4} onChange={this.
UpdateBinding} />
      </Form.Group>
      <Form.Group controlId="formGridAddress2">
        <Form.Label>Zip Code</Form.Label>
        <Form.Control id="zipcode" value={this.state.PostalCode} onChange={this.
UpdateBinding}/>
      </Form.Group>
      <Button variant="primary" type="submit" onClick={this.Save}>
        Submit
      </Button>
    </Container>
  )
}
```

이 코드면 모든 것이 충분할까? 그렇지 않다. Save 코드에 작은 문제가 있다. 사용자가 버튼을 클릭하면 Save 메서드에서는 상태가 보이지 않으므로 데이터베이스에 아무것도 저장되지 않는다. onClick={this.Save}를 실행하면 콜백으로 Save 메서드를 할당한다. 내부적으로는 this 컨텍스트를 잃어버리기 때문에 상태를 가져올 수 없다. 이 문제는 두 가지 방법으로 해결할 수 있다. 하나는 이미 자주 본 굵은 화살표 =>를 사용해 컨텍스트 연결을 갖고 메서드에서 사용할 수 있게 하는 것이다.

문제를 해결하는 다른 방법은 (Save 메서드에서 굵은 화살표를 의도적으로 사용하지 않았기 때문에 이 메서드의 동작을 볼 수 있다.) 다음과 같이 생성자에 컨텍스트를 바인딩하는 것이다.

```
this.Save = this.Save.bind(this);
```

주소를 추가하는 코드가 준비됐다. 코드가 충분히 간단하다는 점에 동의해주길 바란다. 반복적으로 이야기하지만, 사람들은 불필요하게 복잡한 코드를 만든다. 일반적으로 단순함이 더 매력적인 옵션이며, 코드는 가급적 간단하게 만들어야 한다. 업계에서는 단순히 다른 개발자를 감동시키기 위해 코드를 필요 이상으로 복잡하게 만드는 관습이 있다. 깨끗한 코드가 훨씬 더 감동적이므로 그와 같은 유혹에서 벗어나길 바란다.

주소를 관리하는 사용자 인터페이스는 탭을 사용한다. 하나의 탭은 주소 추가를 담당하고, 다른 탭은 현재까지 추가된 모든 주소를 포함하는 그리드로 표시한다. 이제 탭과 그리드 코드를 추가하자. 새로운 컴포넌트인 addresses.tsx를 추가하자.

클래스를 작성하는 것으로 시작한다. 주소를 담당하는 마이크로서비스에서 나중에 값을 채울 것이므로 이번에는 state를 빈 배열로 설정한다.

```
export default class Addresses extends React.Component<any, any> {
  constructor(props:any) {
    super(props);
    this.state = {
      data: []
    }
  }
}
```

마이크로서비스에서 데이터를 가져오려면 관리하는 메서드가 필요하다. 이번에도 Axios를 사용하지만, 이번에는 프로미스 기능으로 서버에서 데이터를 기다렸다가 상태를 설정한다.

```
private Load(): void {
  axios.get("http://localhost:17171/get/").then(x =>
  {
    this.setState({data: x.data});
  });
}
```

여기서 질문 하나를 해보자. Load 메서드를 언제 호출해야 할까? 컴포넌트 생성이 느려지기 때문에 생성자가 실행되는 동안에 state를 가져오고 싶지 않다면 데이터를 다른 지점에서 가져와야 한다. 대답은 리액트 컴포넌트 수명주기에 달려 있다. 컴포넌트는 여러 개의 메서드를 통해 만들어진다. 실행되는 순서는 다음과 같다.

1. constructor();
2. getDerivedStateFromProps();
3. render();
4. componentDidMount();

render를 사용해 컴포넌트를 표시하고 바인딩으로 테이블에 표시된 값을 업데이트하게 된다. componentDidMount 안쪽에서 state를 로드해야 한다.

```
public componentWillMount(): void {
  this.Load();
};
```

업데이트를 호출할 수 있는 잠재적 지점이 하나 더 있다. 사용자가 주소를 추가하고 주소 목록을 표시하는 탭으로 돌아간다면, 업데이트된 주소 목록을 자동으로 가져와야 한다. 이에 대응하는 메서드를 추가하자.

```
private TabSelected(): void {
  this.Load();
}
```

render 메서드를 추가할 차례다. 단순함을 유지하도록 두 단계로 진행한다. 첫 번째 단계로 Tab과 AddAddress 컴포넌트를 추가하고, 두 번째 단계에서 Table을 추가한다.

탭을 추가하려면 리액트용 부트스트랩 탭 컴포넌트를 가져와야 한다. render 메서드 내부는 다음과 같다.

```
return (
  <Tabs id="tabController" defaultActiveKey="show" onSelect={this.TabSelected}>
    <Tab eventKey="add" title="Add address">
      <AddAddress />
    </Tab>
    <Tab eventKey="show" title="Addresses">
      <Row>
      </Row>
    </Tab>
  </Tabs>
)
```

두 개의 분리된 Tab 항목을 가진 Tabs 컴포넌트를 추가했다. 각 탭에는 기본 활성 키(예
제에서는 show로 설정했다.)를 설정할 수 있는 eventKey가 있다. 탭이 선택되면 데이터 로
딩이 동작한다. AddAddress 컴포넌트에는 Add Address 탭이 추가돼 있다.

이제 남은 것은 주소 목록을 표시할 테이블을 추가하는 일이다. 테이블에 표시할 열
목록을 만들자. 다음 구문으로 열 목록을 만든다. Header는 열의 가장 위에 표시할 제
목이다. accessor는 데이터에서 어떤 속성을 골라야 하는지 리액트에게 알려준다.

```
const columns = [{
  Header: 'Address line 1',
  accessor: 'Line1'
}, {
  Header: 'Address line 2',
  accessor: 'Line2'
}, {
  Header: 'Address line 3',
  accessor: 'Line4'
}, {
  Header: 'Address line 4',
  accessor: 'Line4'
}, {
  Header: 'Postal code',
  accessor: 'PostalCode'
}]
```

마침내 Addresses 탭에 테이블을 추가했다. 테이블 표시에는 인기 있는 ReactTable 컴포넌트를 사용한다. 다음 코드를 `<Row></Row>` 사이에 추가한다.

```
<Col>
  <ReactTable data={this.state.data} columns={columns}
    defaultPageSize={15} pageSizeOptions = {[10, 30]} className="-striped -highlight"
/>
</Col>
```

몇 가지 흥미로운 파라미터가 있다. data를 this.state.data에 바인딩해 상태가 바뀌면 자동으로 업데이트한다. 우리가 만든 열은 columns 속성에 바인딩된다. defaultPageSize로 페이지당 표시되는 고객 수를 제어할 수 있고, pageSizeOptions로 사용자가 페이지당 표시하는 고객 수를 수정할 수 있도록 돼 있는 점이 좋다. className을 -striped -highlight로 설정해 회색과 흰색 사이에 줄무늬가 표시되고, 마우스를 테이블 위로 올리면 마우스가 있는 행을 강조해 표시한다.

고객 정보 추가 시 셀렉트박스 사용

사용자가 고객을 추가할 때는 오직 이름과 성만 입력한다. 사용자에게 셀렉트박스를 표시해 이전에 입력했던 주소를 채울 수 있게 하자. 리액트로 좀 더 복잡한 시나리오를 처리하는 방법을 살펴본다.

처음 할 일은 두 개의 컴포넌트를 만드는 일이다. AddPerson 컴포넌트에서는 이름과 성을 입력받는다. AddressChoice 컴포넌트에서는 사용자가 선택할 수 있는 전체 주소 목록을 가져온 후 표시한다. AddressChoice 컴포넌트에서 시작해보자.

AddressChoice 컴포넌트는 IAddressProperty를 수정해 부모 컴포넌트에 다시 액세스할 수 있게 한다. AddressChoice 컴포넌트의 값이 변경되면 현재 선택된 주소를 업데이트할 수 있다.

```
interface IAddressProperty {
  CurrentSelection : (currentSelection:IAddress | null) => void;
}
export class AddressesChoice extends React.Component<IAddressProperty,
Map<string, string>> {
}
```

우리 컴포넌트는 IAddressProperty를 props로 받고 Map<string, string>을 state로 갖고 있다. 서버에서 주소 목록을 갖고 오면 주소를 state 맵에 채운다. ServerID를 맵의 키로 사용하고, 값은 포매팅된 주소가 된다. 로직이 조금 복잡해 보이므로 주소를 가져오는 메서드에서 시작해 생성자로 돌아가보자.

```
private LoadAddreses(): void {
  axios.get("http://localhost:17171/get/").then((result:AxiosResponse<any>) =>
  {
    result.data.forEach((person: any) => {
      this.options.set(person.ServerID, `${person.Line1} ${person.Line2}
${person.Line3} ${person.Line4} ${person.PostalCode}`);
    });
    this.addresses = { ...result.data };
    this.setState(this.options);
  });
}
```

전체 주소 목록을 가져오는 서버 호출에서 시작한다. 리스트를 받으면 주소를 하나씩 돌면서 방금 살펴본 state 맵에 주소를 넣는다. state를 포매팅된 주소로 채우고 포매팅되지 않은 주소를 별도의 주소 필드에 복사한다. 이렇게 하는 이유는 포매팅된 버전을 화면에 표시하면 다른 주소를 선택하는 경우 포매팅되지 않은 버전을 호출한 쪽에 돌려보내야 하기 때문이다. 다른 방법도 있지만, 단순함을 유지할 수 있는 작은 요령이다.

로드 기능이 준비됐으므로 생성자와 필드를 추가할 수 있다.

```
private options: Map<string, string>;
private addresses: IAddress[] = [];
constructor(prop: IAddressProperty) {
  super(prop);
  this.options = new Map<string, string>();
  this.Changed = this.Changed.bind(this);
  this.state = this.options;
}
```

앞 절에서 살펴본 bind 코드 변경으로 여기서 바인딩이 변경됐다. 데이터를 로드하고 componentDidMount에서 다시 로드한다.

```
public componentDidMount() {
  this.LoadAddreses();
}
```

이제 render 메서드를 만들 준비가 됐다. 셀렉트박스를 구성하는 항목을 만드는 과정을 간단하게 시각화하고자 해당 코드를 별도의 메서드로 분리한다. 분리된 메서드는 단순히 this.options 목록을 돌면서 select 컨트롤에 옵션을 추가한다.

```
private RenderList(): any[] {
  const optionsTemplate: any[] = [];
  this.options.forEach((value, key) => (
    optionsTemplate.push(<option key={key} value={key}>{value}</option>)
  ));
  return optionsTemplate;
}
```

render 메서드는 셀렉트박스에 Form.Control을 사용한다. 첫 번째 옵션을 Select...로 표시하고 RenderList의 목록을 렌더링한다.

```
public render() {
  return (<Form.Control as="select" onChange={this.Changed}>
    <option>Select...</option>
    {this.RenderList()}
  </Form.Control>)
}
```

예리한 시각을 가진 독자라면, 실제로 추가하지 않고 Changed 메서드를 두 번 참조했다는 사실을 알아챘을 것이다. 이 메서드는 선택된 값을 가져와서 포매팅되지 않은 주소를 찾아보고, 찾으면 props를 사용해 CurrentSelection 메서드를 실행한다.

```
private Changed(optionSelected: any) {
  const address = Object.values(this.addresses).find(x => x.ServerID ===
optionSelected.target.value);
  if (address) {
    this.props.CurrentSelection(address);
  } else {
    this.props.CurrentSelection(null);
  }
}
```

AddPerson 코드에서 AddressesChoice는 다음과 같이 참조해 렌더링한다.

```
<AddressesChoice CurrentSelection={this.CurrentSelection} />
```

AddPerson 안쪽의 남은 부분들은 더 살펴보지 않으며, 코드를 다운로드해 살펴보는 것을 추천한다. 다른 컴포넌트도 다루지 않는다. 다른 컴포넌트를 이어서 다루기 시작하면 8장의 분량만 100페이지가 넘을 것이다. 특히 많은 부분이 방금 살펴본 컨트롤과 동일한 형식이기 때문이다.

내비게이션 추가

클라이언트 코드에 추가할 마지막 코드는 클라이언트 측 내비게이션이다. 어떻게 하는지 앵귤러를 다룰 때 살펴봤으므로 사용자가 선택한 링크를 기반으로 다른 페이지를 표시하는 방법을 살펴보자. 부트스트랩 내비게이션과 리액트 라우팅을 조합해 사용한다. 내비게이션을 포함한 라우터를 만들어보자.

```
const routing = (
  <Router>
    <Navbar bg="light">
      <Navbar.Collapse id="basic-navbar-nav">
        <Nav.Link href="/">Home</Nav.Link>
        <Nav.Link href="/contacts">Contacts</Nav.Link>
        <Nav.Link href="/leads">Leads</Nav.Link>
        <Nav.Link href="/addresses">Addresses</Nav.Link>
      </Navbar.Collapse>
    </Navbar>
  </Router>
)
```

상용 CRM 시스템처럼 보이도록 개선하고 싶을 때 적절한 문서와 이미지를 추가할 수 있도록 홈페이지를 남겨뒀다. 다른 href 엘리먼트는 적절한 리액트 컴포넌트를 보여주도록 라우터와 연결된다. Router 안쪽에서는 경로와 컴포넌트를 연결하는 Route 항목을 추가한다. 예를 들어 사용자가 Addresses를 선택하면 Addresses 컴포넌트를 보여준다.

```
<Route path="/" component={App} />
<Route path="/addresses" component={Addresses} />
<Route path="/contacts" component={People} />
<Route path="/leads" component={Leads} />
```

routing 코드는 다음과 같다.

```
const routing = (
  <Router>
    <Navbar bg="light">
      <Navbar.Collapse id="basic-navbar-nav">
        <Nav.Link href="/">Home</Nav.Link>
        <Nav.Link href="/contacts">Contacts</Nav.Link>
        <Nav.Link href="/leads">Leads</Nav.Link>
        <Nav.Link href="/addresses">Addresses</Nav.Link>
        </Navbar.Collapse>
      </Navbar>
      <Route path="/" component={App} />
      <Route path="/addresses" component={Addresses} />
      <Route path="/contacts" component={People} />
      <Route path="/leads" component={Leads} />
  </Router>
)
```

내비게이션을 추가하고 라우팅을 완료하려면 다음과 같이 추가한다.

```
ReactDOM.render(
  routing,
  document.getElementById('root') as HTMLElement
);
```

끝이다. 마이크로서비스와 대화하고 결과를 조율해 함께 동작하는 클라이언트 애플리케이션을 만들었으므로 구현이 서로 독립적이더라도 함께 동작한다.

▌요약

여러 가지 마이크로서비스를 만들었고, 전문가 서비스를 만들기 위한 기초로 사용할 몇 가지 공유 기능에서 시작했다. 서비스는 모두 노드JS에 같은 포트를 사용해 문제가 발생했지만, 여러 개의 도커 컨테이너를 만들어 서비스를 시작하고 내부 포트를 외부 포트로 연결해 문제를 해결했다. 서비스를 시작하기 위해 관련 Dockerfile과 docker-compose.yml 파일을 작성하는 방법도 살펴봤다.

그다음에는 탭을 도입해 마이크로서비스에서 가져온 결과 보기와 서비스에 레코드를 추가하는 기능을 분리하는 고급 레이아웃을 사용하는 리액트 기반의 애플리케이션을 만들었다. 이 과정에서 Axios로 호출을 관리했다.

REST 호출과 관련해서는 스웨거로 REST API를 정의하는 방법을 살펴보고, 스웨거가 서비스 내부에서 제공하는 API 코드의 사용 여부를 이야기했다.

9장에서는 리액트에서 벗어나 Vue와 텐서플로^{TensorFlow}로 이미지를 자동으로 분류하는 클라이언트를 만드는 방법을 살펴본다.

▌ 질문

1. 도커 컨테이너란 무엇인가?

2. 무엇을 사용해 도커 컨테이너를 그룹으로 함께 시작하고, 시작할 때는 어떤 명령어를 사용하는가?

3. 도커의 내부 포트와 외부 포트를 매핑하는 방법은?

4. 스웨거는 어떤 기능들을 제공하는가?

5. 메서드가 리액트의 state를 볼 수 없다면 어떻게 해야 하는가?

▌ 더 읽을거리

- 도커를 더 알고 싶다면 얼 워드^{Earl Waud}의 『Docker Quick Start Guide』(Packt, 2018)로 시작해보자.

- 윈도우에서 도커를 실행한다면 엘튼 스톤만[Elton Stoneman]의 『Docker on Windows – Second Edition』(Packt, 2019)이 도움이 될 것이다.

- 이 단계에서 마이크로서비스를 향한 호기심이 커졌길 기대한다. 마이크로서비스를 더 알고 싶다면 폴 오스만[Paul Osman]의 『Microservices Development Cookbook』(Packt, 2018)이 필요한 내용을 제공해줄 것이다.

Vue.js와 TensorFlow.js로 만드는 이미지 인식

요즘 컴퓨팅에서 가장 인기 있는 주제는 머신러닝이다. 9장에서는 머신러닝에 발을 들이고, 이어서 인기 있는 TensorFlow.js 패키지를 사용해 이미지 분류와 자세 감지를 실행하는 방법을 살펴본다. 클라이언트 구현에서는 앵귤러와 리액트에서 벗어나 Vue.js로 옮겨간다.

9장에서 다루는 내용은 다음과 같다.

- 머신러닝이란 무엇이며 인공지능(AI)과 어떤 관계인가?
- Vue 설치 방법
- Vue 애플리케이션 만들기
- Vue 템플릿으로 홈페이지 만들기

- Vue 라우팅 사용법

- 합성곱 신경망^{Convolutional Neural Network}(CNN)이란 무엇인가?

- 텐서플로로 모델을 학습시키는 방법

- 사전 학습된 텐서플로 모델로 이미지 분류 클래스 만들기

- 이미지 분류와 자세 감지를 위해 텐서플로가 지원하는 이미지 타입

- 자세 감지를 사용해 관절 표시하기

▌ 기술적 요구 사항

프로젝트 완성본은 https://github.com/PacktPublishing/Advanced-TypeScript-3-Programming-Projects/tree/master/Chapter09에서 다운로드할 수 있다. 이 프로젝트는 텐서플로를 사용하기 때문에 9장에서는 다음 컴포넌트가 추가적으로 필요하다.

- @tensorflow-models/mobilenet

- @tensorflow-models/posenet

- @tensorflow/tfjs

Vue와 함께 부트스트랩을 사용하므로 다음 부트스트랩 컴포넌트를 설치해야 한다.

- bootstrap

- bootstrap-vue

프로젝트를 다운로드하고 나면 npm install로 필요한 패키지를 설치해야 한다.

머신러닝이란 무엇이며 텐서플로는 어떻게 어울리는가?

오늘날에는 인공지능 기기에 대한 생각에서 벗어나기가 매우 어렵다. 사람들은 기술이 우리를 이해하고 우리와 소통할 수 있는 것처럼 느껴지게 해주는 시리Siri, 알렉사Alexa, 코타나Cortana 같은 도구에 접속하는 데 익숙해졌다. 이런 음성 제어 시스템은 자연어 처리를 사용해 '오늘 그리스 코스섬의 날씨는 어때?' 같은 문장을 인식한다.

이런 시스템이 가능하게 해주는 비법은 바로 머신러닝이다. 이러한 시스템 중 하나를 고르고자 머신러닝이 인공지능과 어떻게 연관되는지 살펴보기 전에 알렉사가 뒤에서 어떤 일을 하는지 빠르게 살펴보자.

알렉사에게 질문하면, 알렉사는 그녀의 이름을 인식하고 처리를 시작하기 위해 이름 다음에 오는 말을 듣기 시작한다. 소프트웨어에게 이것은 누군가의 주의를 끌기 위해 어깨를 두드리는 것과 같다. 알렉사는 이어지는 문장을 알렉사 보이스 서비스에 인터넷으로 전송할 수 있는 지점에 다다를 때까지 녹음한다. 엄청나게 정교한 보이스 서비스는 녹음을 최대한 분석한다(가끔은 강한 액센트로 서비스가 부정확할 수 있다). 그런 다음 서비스는 녹음 분석에 따라 작동하고 결과를 알렉스 기기에 보낸다.

알렉사에는 날씨에 관한 질문에 답하는 것 외에도 사용 가능한 엄청나게 많은 기술이 있다. 아마존은 개발자에게 아마존이 제시하는 시간을 뛰어넘는 기술을 만들 것을 권장한다. 최신 경주 결과를 확인하는 것이 피자를 주문하는 것만큼 쉽다.

이 절의 서두에서는 머신러닝이 알렉사와 어떤 관계에 있는지 다루는 지점으로 안내한다. 알렉사의 배경이 되는 소프트웨어는 머신러닝을 이용해 지속적으로 스스로를 업데이트하기 때문에 실수할 때마다 피드백이 돼서 다음 번에는 더 영리해지고 같은 실수를 하지 않게 된다.

언어 해석은 상상하는 대로 굉장히 복잡한 작업이다. 언어는 사람이 어렸을 때부터 배우는 것이고, 우리가 반복과 강화를 통해 말을 배우는 것처럼 머신러닝도 숨막힐 만큼 비슷하다. 아기가 무작위로 옹알이를 하면, 소리를 내는 법은 이미 배웠지만 정확한 문맥에 맞는 소리를 내는 법은 아직 모른다고 할 수 있다. 보통 부모가 가리키는 방식으로 제공되는 강화는 소리와 사람을 연결해준다. 비슷하게 그림책을 볼 때도 강화가 일어난다. 아기에게 '소'라는 단어를 가르칠 때 우리는 소 그림을 가리킨다. 그런 방식으로 아기는 그림과 단어의 관계를 배운다.

언어 해석은 상당히 복잡하기 때문에 굉장히 많은 연산 자원을 소비하고 많은 양의 사전 학습 데이터를 필요로 한다. 만약 알렉사에게 세상의 모든 것을 가르쳐야 한다면 얼마나 암담할지 상상해보라. 이것이 머신러닝 시스템이 실제로는 부분적으로 도입되는 이유다. 이제는 믿을 수 있고 강력한 전용 기기들을 운용할 수 있는 충분한 인프라가 있다. 또한 머신러닝 시스템으로 전송되는 엄청난 양의 데이터를 처리하기에 충분히 강력하고 빠른 인터넷도 있다. 아직도 56K 모뎀을 사용하고 있었다면, 지금 할 수 있는 일의 반만큼도 하지 못할 것이다.

머신러닝이란 무엇인가?

컴퓨터가 '예', '아니오' 방식의 문제나 1, 0에 강하다는 사실은 알고 있다. 컴퓨터의 기능은 '어떤 것 같은가?'라는 식의 질문에 답변할 수 없으므로, '그런 것 같다.'는 식의 답변은 불가능하다. 잠시 후에 명백해질 것이다.

가장 기본적인 수준에서의 머신러닝은 우리가 배우는 것과 같은 방식으로 컴퓨터를 가르치는 것이라 할 수 있다. 모든 종류의 데이터를 해석하는 법을 배워 데이터를 분류하는 데 사용한다. 성공과 실패를 학습하고, 결과적으로 더 정확하고 복잡한 추론이 가능해진다.

컴퓨터가 '예', '아니오'로 답하는 동작으로 돌아가보자. 우리가 대답할 때는 '글쎄, 조금 다르다.' 같은 답변을 한다. 우리는 같은 입력 기반으로 다양한 답변을 한다. 마찬가지로 여러 가지 경로를 통해 '예', '아니오'라는 답변에 다다른다. 머신러닝 시스템은 점점 더 잘 배우게 되므로 그 뒤의 알고리즘은 점점 더 많은 데이터를 꺼내는 것이 가능해지고 점점 더 많은 강화로 깊게 연결될 것이다.

머신러닝은 내부적으로 엄청나게 많은 알고리즘 배열과 통계 모델을 적용하기 때문에 머신러닝 시스템은 작업 수행에 대한 상세한 명령 없이도 작업을 수행할 수 있다. 추론 수준은 우리가 전통적으로 만들던 애플리케이션과는 차원이 다르고, 올바른 수학적 모델이 있다면 컴퓨터가 패턴을 찾는 데 굉장히 훌륭한 역할을 한다는 사실에 근거한다. 이와 함께 컴퓨터는 엄청난 양의 관련 작업을 동시에 처리한다. 학습의 기반이 되는 수학적 모델은 세상을 더 잘 이해하기 위해 계산 결과를 스스로에게 공급할 수 있다.

여기서 머신러닝과 인공지능은 다르다는 점을 살펴봐야 한다. 머신러닝은 특정 작업을 처리하도록 프로그래밍하지 않은 자동 학습 기능에 기반한 인공지능 애플리케이션이다. 머신러닝의 성공 여부는 시스템이 스스로 학습할 만큼 충분한 데이터를 확보하는 데 달려 있다. 적용할 수 있는 알고리즘은 여러 가지가 있으며, 비지도학습 알고리즘과 지도학습 알고리즘으로 나뉜다.

비지도학습 알고리즘은 사전에 분류되지 않은 데이터를 갖고 동작한다. 주어진 데이터셋에서 암묵적이거나 숨겨진 패턴을 찾아 추론을 만든다.

지도학습 알고리즘은 사전에 학습한 내용을 갖고 분류한 예제를 사용해 새로운 데이터에 적용한다. 분류 예제는 정답 학습을 도와준다. 내부적으로 학습 알고리즘이 지식을 개선하고 배우기 위해 사용하는 학습 데이터가 있다. 학습 데이터의 수준이 높을수록 알고리즘이 정답을 내놓을 가능성이 높아진다.

강화학습과 준지도학습을 포함한 다른 종류의 알고리즘이 있지만, 그 내용은 이 책의 범위를 벗어난다.

텐서플로란 무엇이며 머신러닝과 어떤 관계인가?

머신러닝이 무엇인지 살펴봤다. 머신러닝을 직접 구현하고 시도하려면 상당히 벅차게 느껴질 것이다. 다행히도 머신러닝 구현을 만들도록 도와주는 라이브러리가 있다. 구글 브레인 팀에서 만든 텐서플로는 대규모의 머신러닝과 수치 연산을 지원하도록 설계된 라이브러리 중 하나다. 기본적으로 텐서플로는 파이썬과 C++의 복합 라이브러리로 작성됐다. 파이썬은 머신러닝 애플리케이션의 프런트엔드 API를 담당하고, C++는 머신러닝을 실행한다. 텐서플로는 여러 가지 머신러닝과 (딥러닝으로 알려진) 신경망 알고리즘을 제공한다.

파이썬 구현의 성공을 감안해 우리 애플리케이션에서는 타입스크립트로 작성된 텐서플로 구현체(TensorFlow.js)를 사용한다. 9장에서는 이 버전을 사용할 것이다.

▌ 프로젝트 개요

9장에서 작성할 프로젝트는 이 책을 기획할 때 가장 흥미를 불러일으켰다. 나는 오랫동안 인공지능의 모든 것을 사랑했다. 인공지능은 정말 매력적인 주제다. TensorFlow .js(앞으로는 줄여서 '텐서플로'로 부른다.) 같은 프레임워크의 등장으로 학계 밖에서도 정교한 머신러닝을 수행할 수 있게 됐다. 이미 언급한 대로 9장의 내용은 정말 흥미롭기 때문에 머신러닝 작업을 한번 사용해보는 데 그치지 않고, 이미지 분류로 사진 안에 무엇이 있는지 찾고 자세 감지로 주요 관절 같은 주요 지점이나 사람 얼굴의 특징점^{facial} ^{landmark}을 그린다.

깃허브 저장소 코드로 시작하면 9장의 애플리케이션을 완료하는 데 대략 한 시간 정도 걸린다. 애플리케이션을 완성했을 때의 모습은 다음과 같다.

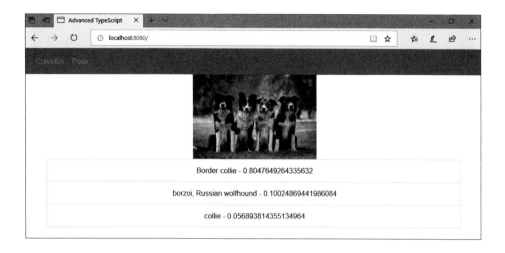

어떤 프로젝트를 만들지 파악했으므로 구현을 시작할 준비가 됐다. 다음 절에서 Vue를 설치하면서 시작해보자.

▌ Vue에서 텐서플로 시작하기

사전에 Vue를 설치하지 않았다면 명령행 인터페이스(CLI)로 설치하자. npm으로 다음과 같이 설치한다.

```
npm install -g @vue/cli
```

Vue 기반 애플리케이션 만들기

우리가 만들 텐서플로 애플리케이션은 온전히 클라이언트 브라우저에서 동작한다. 즉, 텐서플로 기능을 제공하는 애플리케이션을 작성해야 한다. 클라이언트는 Vue를 사용해 제공하기 때문에 Vue 애플리케이션을 자동으로 빌드하려면 다음 단계가 필요하다.

다음과 같이 vue create 명령으로 간단하게 클라이언트를 생성한다.

---

vue create chapter09

애플리케이션을 생성하는 작업을 시작한다. 클라이언트 생성 과정에서 기본값을 사용할지, 추가할 기능을 직접 선택할지부터 시작해 결정해야 할 여러 가지 사항이 있다. 타입스크립트 지원을 추가하려면 Manually select features를 선택해야 한다. 다음 스크린샷은 Vue 애플리케이션 기능을 선택하는 단계를 보여준다.

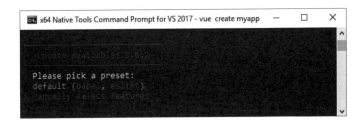

프로젝트에 추가할 수 있는 여러 가지 기능이 있지만, 그중 몇 가지에만 관심이 있으므로 Babel을 선택 해제하고 TypeScript, Router, VueX, Linter/Formatter 항목을 선택한다. 스페이스 바를 사용해 선택/해제를 변경한다.

엔터 키를 누르면 다른 몇 가지 옵션이 나타난다. 처음 세 가지 옵션에 대해서는 엔터를 입력해 기본값을 사용한다. 린터^{linter}(Lexical INTERpreter의 줄임말) 옵션에서는 목록에 있는 TSLint를 선택한다. 다른 옵션에 대해서는 엔터를 입력해 기본값을 사용한다. 린터는 코드를 자동으로 분석해 잠재적 문제를 찾아주는 자동화 도구이며, 코드에서 미리 정의된 규칙에 따라 버그나 코드 스타일 문제를 찾는다.

모든 과정을 마치면 클라이언트가 생성된다. 많은 양의 코드를 다운로드해 설치하므로 이 과정에서는 시간이 좀 걸린다.

애플리케이션이 생성되면 클라이언트 최상위 폴더에서 `npm run serve` 명령으로 실행할 수 있다. 앵귤러나 리액트와 다르게 기본적으로 브라우저에 페이지를 표시하지 않는다. 직접 http://localhost:8080을 방문하면 다음과 같은 페이지가 나타난다.

이미지 분류를 작성할 때 편의성을 위해 일부 인프라를 재사용하자. Vue CLI가 만든 홈페이지를 적절히 고쳐서 이미지 분류가 동작하도록 한다.

Vue 템플릿으로 홈페이지 만들기

리액트의 경우 .jsx/.tsx 같은 별도의 확장자를 가진 파일에서 코드와 웹 페이지를 함께 사용하듯이, Vue에서는 .vue 파일로 단일 파일 컴포넌트를 제공한다. 코드와 웹 템플릿을 함께 사용해 페이지를 만들 수 있다. 텐서플로 컴포넌트를 만들기 전에 Home.vue 파일을 열어서 분석해보자.

.vue 컴포넌트 파일은 크게 두 부분으로 나눠볼 수 있다. 화면에 보이는 HTML 레이아웃을 정의한 템플릿 영역과 코드를 포함하는 스크립트 영역이다. 우리는 타입스크립트를 사용하므로 스크립트 영역의 언어는 ts다.

스크립트 영역은 표준 .ts 파일처럼 import 항목을 지정하면서 시작한다. 임포트 구문에서 @이 보이면 임포트 경로는 src 아래의 상대 경로라는 의미다. HelloWorld.vue 컴포넌트의 위치는 src/components 폴더다.

```ts
<script lang="ts">
import { Component, Vue } from 'vue-property-decorator';
import HelloWorld from '@/components/HelloWorld.vue';
</script>
```

다음으로 Vue 클래스를 상속한 클래스를 만든다. @Component 구문을 사용해 다른 곳에서 Home이란 이름으로 사용할 수 있는 컴포넌트를 만들어 등록한다.

```
@Component
export default class Home extends Vue {}
```

아직 할 일이 남아있다. 템플릿이 외부의 HelloWorld 컴포넌트를 참조하기 때문에 템플릿이 사용할 수 있도록 클래스를 컴포넌트로 만들어야 한다.

```
@Component({
  components: {
    HelloWorld,
  },
})
export default class Home extends Vue {}
```

템플릿은 매우 간단하다. HelloWorld 컴포넌트를 렌더링할 하나의 div 클래스로 구성돼 있다.

```
<template>
  <div class="home">
    <HelloWorld />
```

```
    </div>
</template>
```

템플릿 코드에서 Vue는 리액트와 달리 HTML과 상태를 렌더링하는 render 함수를 명시적으로 제공하지 않는 것을 확인했다. 대신 렌더링을 만드는 과정이 템플릿이 내용을 분석해서 서비스하는 앵귤러 모델에 가깝다.

 앵귤러를 언급한 이유는 Vue.js는 구글에서 AngularJS 프로젝트를 담당하던 에반 유(Evan You)가 시작한 프로젝트이기 때문이다. 에반 유는 더욱 높은 성능을 보여주는 라이브러리를 만들고 싶었다. AngularJS는 훌륭한 프로젝트지만, 앵귤러를 사용하려면 앵귤러 생태계 전체를 사용해야 한다(현재 앵귤러 개발 팀은 이 문제를 수정하고 있다). Vue는 템플릿 같은 앵귤러의 기능을 활용하면서 기존 코드에 스크립트 태그를 넣는 것만으로 기존 코드를 앵귤러로 천천히 옮기는 작업을 손쉽게 할 수 있다.

Vue는 리액트의 가상 DOM(리액트를 도입하면서 살펴본) 같은 콘셉트를 빌려왔다. Vue도 가상 DOM을 사용하지만 구현체는 조금 다르다. 변경이 일어날 때 리액트는 기본적으로 하위 컴포넌트도 다시 렌더링하지만, Vue는 변경이 일어난 컴포넌트만 다시 그린다.

이제 텐서플로를 사용할 수 있도록 HelloWorld 컴포넌트를 수정해보자. 하지만 수정하기 전에 텐서플로를 지탱해주는 몇 가지 지원 클래스를 작성해야 한다. 코드량이 많은 클래스는 아니지만 매우 중요한 클래스다. ImageClassifier 클래스는 다음과 같이 표준 클래스에서 시작한다.

```
export class ImageClassifier {
}
```

다음은 추가적인 작업이지만 윈도우 클라이언트에서 안정성에 큰 영향을 미친다. 내부적으로 텐서플로는 WebGLTextures를 사용하지만 윈도우 플랫폼에서 WebGLTex tures를 생성하는 데는 문제가 있다. 문제를 회피하도록 생성자를 다음과 같이 수정한다.

```
constructor() {
  tf.ENV.set('WEBGL_PACK', false);
}
```

이미지 분류를 여러 번 실행할 수 있으므로 표준 MobileNet 텐서플로를 담는 private 변수를 추가한다.

```
private model: MobileNet | null = null;
```

MobileNet 도입

여기서 잠시 CNN의 세계로 들어가보자. MobileNet은 CNN 모델이므로 CNN을 이해하면 해결하려는 문제와 어떻게 연관되는지 알기 수월해진다. CNN이 작동하는 방식은 깊게 파고 들지 않으니 걱정하지 않아도 되고, CNN이 어떻게 동작하는지 조금만 알면 우리에게 어떤 것을 가져다주는지 이해하는 데 도움이 된다.

CNN 분류기는 입력한 이미지(혹은 비디오)를 갖고 이미지를 처리해 미리 정의된 카테고리로 분류한다. 어떻게 동작하는지 이해하려면 한걸음 물러나서 컴퓨터의 관점으로 문제를 바라봐야 한다. 집 사진이 하나 있다고 생각해보자. 컴퓨터에게 집 사진은 그냥 연속적인 픽셀에 불과하다. 따라서 조금 다른 집 사진을 보여준다면, 컴퓨터가 픽셀을 비교해서는 일치하는지 여부를 말할 수 없다.

CNN은 이미지를 몇 개의 조각(예를 들면, 3×3 형태의 아홉 개 조각)으로 나눠 조각들을 비교한다. 간단하게 말하면 조각들을 갖고 일치하는 개수를 찾는다. 일치하는 숫자가 클수록 전체 이미지가 일치할 확률도 커진다. 여러 단계와 필터가 연관되는 CNN의 동작을 아주 간단하게 묘사하면 이렇지만, 텐서플로에서 MobileNet과 같은 CNN을 사용하는 이유를 이해하는 데는 이 정도면 충분하다.

MobileNet은 그중에서도 ImageNet(http://www.image-net.org/) 데이터베이스로 훈련한 이미지 분류를 제공하는 이미지 전문 CNN이다. 모델을 로드하면 우리 용도에 맞게 사전에 훈련된 모델을 로드하게 된다. 사전에 훈련된 네트워크를 사용하는 이유는 서버에서 대규모 데이터로 훈련했기 때문이다. 브라우저에서 훈련하려면 서버에서 브라우저로 너무 많은 부하가 걸리기 때문에 이미지 분류 훈련을 브라우저에서는 하지 않는다. 게다가, 클라이언트가 충분히 강력하더라도 훈련을 위해 복사해야 하는 데이터가 너무 많다.

MobileNetV1, MobileNetV2가 무엇인지, 어떤 데이터로 훈련했는지는 살펴보지 않았다. MobileNet 모델은 기본적으로 구글에서 개발했고 ImageNet 데이터셋으로 훈련했다. 데이터셋은 140만 개의 이미지를 포함하고 1,000개로 분류된다. 이름이 MobileNet 모델인 이유는 모바일 기기를 염두에 두고 학습하고 저전력, 저용량 기기에서 실행하도록 설계됐기 때문이다.

 사전 훈련 모델을 그대로 사용하거나 전이 학습으로 커스터마이징할 수 있다.

분류 메서드

CNN을 조금 이해했으므로, 이제 지식을 실천할 준비가 됐다. 비동기 분류 메서드를 만들자. 텐서플로는 이미지를 탐지할 때 여러 가지 포맷으로 동작할 수 있으므로 적절한 타입만 받도록 메서드를 일반화한다.

```
public async Classify(image: tf.Tensor3D | ImageData | HTMLImageElement |
  HTMLCanvasElement | HTMLVideoElement):
    Promise<TensorInformation[] | null> {
}
```

TensorInformation 인터페이스를 살펴보자. MobileNet에서 분류 정보를 받을 때는 분류 명과 적중 확률을 함께 받는다. 분류 정보는 Promise<Array<[string, number]>> 형태로 돌려받기 때문에 사용하는 쪽에서 알기 쉬운 형태로 변경하자.

```
export interface TensorInformation {
  className: string;
  probability: number;
}
```

분류 배열과 확률(분류 수준)을 반환하는 것을 알았다. 이제 Classify 메서드로 돌아가서 로드되지 않았다면, MobileNet을 로드하자. 이 작업은 시간이 걸리기 때문에 캐시를 통해 메서드를 다시 호출할 때 다시 로드하지 않도록 하자.

```
if (!this.model) {
  this.model = await mobilenet.load();
}
```

load 작업 옵션으로 기본값을 받았다. 필요시 사용 가능한 몇 가지 옵션이 있다.

- version: MobileNet 버전을 지정한다. 기본값은 1이다. 현재는 두 가지 설정 값이 있다. 1은 MobileNetV1을 사용하고, 2는 MobileNetV2를 사용한다. 실제로 버전 간 차이는 모델의 정확성과 성능에 관련된다.
- alpha: 0.25, 0.5, 0.75, 1로 설정할 수 있다. 의외로 이 값은 이미지의 알파 채널과 아무 관련이 없지만, 사용할 네트워크의 속도와 성능을 위한 훈련의 정

확도와는 관련이 있다. 값이 클수록 정확도가 높아지지만, 성능이 느려진다. 기본값은 1이다.

- modelUrl: 별도의 개별 모델이 있다면 여기서 설정한다.

모델 로드에 성공하면 이미지 분류를 수행할 수 있다. 단순히 classify 메서드에 이미지를 전달해서 호출하면 된다. 작업이 완료되면 분류 결과 배열을 받는다.

```
if (this.model) {
  const result = await this.model.classify(image);
  return {
    ...result,
  };
}
```

model.classify 메서드는 기본적으로 분류 정보를 세 개 반환하지만, 파라미터로 분류 정보 개수를 지정할 수 있다. 상위 다섯 개의 결과를 원한다면 model.classify 메서드를 다음과 같이 바꾸면 된다.

```
const result = await this.model.classify(image, 5);
```

드물지만 모델을 로드하는 데 실패하면 null을 반환한다. 완성된 Classify 메서드는 다음과 같다.

```
public async Classify(image: tf.Tensor3D | ImageData | HTMLImageElement |
  HTMLCanvasElement | HTMLVideoElement):
    Promise<TensorInformation[] | null> {
  if (!this.model) {
    this.model = await mobilenet.load();
  }
  if (this.model) {
    const result = await this.model.classify(image);
    return {
```

```
      ...result,
    };
  }
  return null;
}
```

텐서플로는 정말 간단하다. 물론 그 내부에는 상당한 복잡함이 감춰져 있겠지만, 이것이야말로 잘 디자인된 라이브러리의 아름다움이라 할 수 있다. 더 복잡한 동작과 커스터마이징에 대한 여지를 남기면서도 복잡하지 않게 해준다.

지금까지 이미지 분류 컴포넌트를 만들었다. 이것을 Vue 애플리케이션에서 어떻게 사용해야 할까? 다음 절에서는 이 클래스를 사용하도록 HelloWorld 컴포넌트를 수정해 보자.

이미지 분류를 지원하도록 HelloWorld 컴포넌트 수정

Vue 애플리케이션을 만들 때 CLI는 HelloWorld 컴포넌트를 포함하는 HelloWorld. vue 파일을 만들었다. 이미 갖고 있는 HelloWorld 컴포넌트의 장점을 활용하고 미리 로드된 이미지를 분류하는 데 컴포넌트를 사용하자. 원한다면 파일 업로드 컴포넌트를 통해 이미지를 로드하고 이미지가 변경되면 분류한다.

HelloWorld 타입스크립트 코드를 살펴보자. 클래스 정의에서 시작하고, 앞서 본 것처럼 @Component 데코레이터로 컴포넌트임을 표시한다.

```
@Component
export default class HelloWorld extends Vue {
}
```

클래스에는 두 개의 멤버 변수를 선언한다. 방금 작성한 ImageClassifier 클래스를 가져오고, 분류 결과를 담을 TensorInformation 배열도 필요하다. 클래스 변수로 선언하는 이유는 작업이 끝났을 때 두 값을 연결해야 하기 때문이다.

```
private readonly classifier: ImageClassifier = new ImageClassifier();
private tensors : TensorInformation[] | null = null;
```

클래스 작성을 끝내기 전에 템플릿 모양을 살펴보자. template 정의에서 시작한다.

```
<template>
  <div class="container">
  </div>
</template>
```

부트스트랩을 사용하므로 콘텐츠 레이아웃에 div 컨테이너를 사용한다. 먼저 컨테이너에 이미지를 추가하자. 나는 개를 무척 좋아하기 때문에 보더콜리 강아지들의 이미지를 사용한다. 내부 텐서플로에서 이미지를 읽으려면 crossorigin을 anonymous로 설정해야 한다. 조만간 다시 사용하기 때문에 ref="dogId" 부분에 특히 주의해야 한다.

```
<img crossorigin="anonymous" id="img"
src="https://encrypted-tbn0.gstatic.com/images?q=tbn:ANd9GcQ0ucPLLnB4Pu1kME
s2uRZISegG5W7Icsb7tq27blyry0gnYhVOfg" alt="Dog" ref="dogId" >
```

이미지 다음으로 부트스트랩의 row와 col 클래스 지원을 추가한다.

```
<div class="row">
  <div class="col">
  </div>
</div>
```

row 안에 부트스트랩 리스트를 만든다. Vue는 자체적으로 부트스트랩을 지원하기 때문에 b-list-group 리스트를 지원하는 버전을 사용한다.

```
<b-list-group>
</b-list-group>
```

마지막으로 템플릿을 만날 시간이다. 결과가 채워졌을 때 배열을 순회할 수 있도록 클래스에서 텐서플로 결과 배열을 노출했다. 다음 코드에서 v-for를 사용해 분류 결과 배열에 따라 b-list-group-item 개수를 동적으로 생성한다. b-list-group-item 항목을 생성하지만 className과 probability는 각각 표시해야 한다. Vue에서는 텍스트 항목 바인딩에 {{ <<item>> }}를 사용한다.

```
<b-list-group-item v-for="tensor in tensors" v-bind:key="tensor.className">
  {{ tensor.className }} - {{ tensor.probability }}
</b-list-group-item>
```

 v-for와 함께 v-bind:key를 추가한 이유는 Vue가 기본적으로 in-place patch를 제공하기 때문이다. Vue는 키를 사용해 항목을 유일하게 추적하고 변경 사항을 반영해 값을 최신 상태로 유지한다.

이것으로 템플릿을 완성했다. 보다시피 간단한 템플릿이지만 많은 일을 한다. 부트스트랩 컨테이너로 이미지를 표시하고, Vue의 동적 바인딩으로 텐서플로 결과를 표시한다.

```
<template>
  <div class="container">
    <img crossorigin="anonymous" id="img" src="https://encrypted-
      tbn0.gstatic.com/imagesq=tbn:ANd9GcQ0ucPLLnB4Pu1kMEs2uRZ
      ISegG5W7Icsb7tq27blyry0gnYhVOfg" alt="Dog" ref="dogId" >
    <div class="row">
      <div class="col">
        <b-list-group>
          <b-list-group-item v-for="tensor in tensors" v-bind:key="tensor.className">
```

```
          {{ tensor.className }} - {{ tensor.probability }}
        </b-list-group-item>
      </b-list-group>
    </div>
  </div>
</div>
</template>
```

타입스크립트 코드로 돌아가자. 이미지를 가져오는 메서드를 작성해서 ImageClassifier
.Classify 메서드를 호출하자.

```
public Classify(): void {
}
```

클라이언트에 이미지를 로드하면 페이지에 이미지가 렌더링될 때까지 기다려야 검색
할 수 있다. 생성자에서 Classify 메서드를 호출하므로 페이지 생성이 실행되는 동안
이미지 로드를 기다리는 데 약간의 요령이 필요하다. Vue의 nextTick 기능을 사용하
자. DOM 업데이트는 비동기로 일어난다는 점을 이해하는 것이 중요하다. 값이 바뀌
면 변경 사항은 곧바로 렌더링되지 않는다. 대신 Vue는 타이머에 의해 실행되는
DOM 업데이트 요청을 보낸다. 따라서 nextTick을 사용해 다음 DOM 업데이트 주기
를 기다려서 연관 작업을 수행한다.

```
public Classify(): void {
  this.$nextTick().then(async () => {
  });
}
```

 then 블록 안쪽의 함수를 async로 표시하는 이유는 내부에서 await을 실행하므로 범위를
async로 지정해야 하기 때문이다.

템플릿에서 이미지에 ref 구문을 사용한 이유는 클래스 안쪽에서 접근하기 위해서다. 이를 위해 Vue가 관리하는 ref 구문 맵을 쿼리하고 dogId로 자체 참조를 설정했으므로 이미지에 접근할 수 있다. 이 방법 덕분에 getElementById로 HTML 엘리먼트를 가져오지 않아도 된다.

```
/* tslint:disable:no-string-literal */
const dog = this.$refs['dogId'];
/* tslint:enable:no-string-literal */
```

 Vue 애플리케이션을 만들 때 CLI는 자동으로 TSLint 규칙을 설정해준다. 그중에는 문자열로 엘리먼트를 접근하는 방식에 대한 규칙이 있다. 임시로 tslint:disable:no-string-literal을 사용해 규칙을 비활성화한다. 다시 활성화하려면 tslintenable:no-string-literal을 사용하면 된다. 규칙을 비활성화하는 다른 방법으로 /* tslint:disable-next-line:no-string-literal */ 를 사용하면 한 줄에 대해서만 비활성화된다. 접근 방식은 중요하지 않고, 최종 결과가 중요하다.

개 이미지에 대한 참조가 있으므로 이미지를 HTMLImageElement로 변경하고 ImageClassifier 클래스의 Classify 메서드를 사용하자.

```
if (dog !== null && !this.tensors) {
  const image = dog as HTMLImageElement;
  this.tensors = await this.classifier.Classify(image);
}
```

Classify 결과가 돌아오면, 모델을 로드하고 성공적으로 분류한 것이다. 바인딩 기능으로 화면의 목록을 채우자.

예제를 통해 코드를 가능한 한 간단하고 깔끔하게 유지하려고 했다. 코드는 별도의 클래스로 분리했기 때문에 작고 강력한 기능으로 만들 수 있다. 내가 이것을 왜 좋아하

느지 확인하려면 HelloWorld 코드 모양을 살펴보자.

```
@Component
export default class HelloWorld extends Vue {
  private readonly classifier: ImageClassifier = new ImageClassifier();
  private tensors: TensorInformation[] | null = null;

  constructor() {
    super();
    this.Classify();
  }
  public Classify(): void {
    this.$nextTick().then(async () => {
      /* tslint:disable:no-string-literal */
      const dog = this.$refs['dogId'];
      /* tslint:enable:no-string-literal */
      if (dog !== null && !this.tensors) {
        const image = dog as HTMLImageElement;
        this.tensors = await this.classifier.Classify(image);
      }
    });
  }
}
```

> ℹ️ 전체 코드가 tslint 명령과 공백을 포함해서 20줄밖에 되지 않는다. ImageClassifier 클래스는 22줄밖에 되지 않고 다른 곳에서 수정 없이 사용할 수 있다. 단순함을 유지하면서 잘못될 수 있는 경우의 수를 줄이고 재사용할 수 있는 기회를 늘렸다. 더 중요한 것은 시스템이 최대한 단순할 때 가장 잘 동작한다는 KISS(Keep It Simple, Stupid) 원칙을 고수하고 있다는 점이다.

이미지 분류가 동작하는 것을 확인했으므로 이제 애플리케이션에 자세 감지를 추가하는 것을 고려해보자. 그렇게 하기 전에 먼저 Vue 영역의 몇 가지 중요한 점을 살펴봐야 한다.

Vue 애플리케이션 진입점

Vue 애플리케이션의 진입점은 아직 다루지 않았다. Home.vue 페이지를 살펴봤지만, 무언가를 렌더링하는 컴포넌트일 뿐이다. 한걸음 물러나서 Vue 애플리케이션이 실제로 스스로 어떻게 로딩하고 관련 컴포넌트를 보여주는지 살펴보자. Vue 라우팅도 함께 살펴보기 때문에 모든 것이 어떻게 연결되는지 볼 수 있다.

public 폴더에서 시작한다. 애플리케이션의 중심 템플릿으로 추측되는 index.html 파일이 있다. 분명한 표준 HTML 파일이다. title에 적절한 제목을 넣어보자(예제에서는 Advanced TypeScript - Machine Learning으로 한다).

```html
<!DOCTYPE html>
<html lang="en">
  <head>
    <meta charset="utf-8">
    <meta http-equiv="X-UA-Compatible" content="IE=edge">
    <meta name="viewport" content="width=device-width, initial-scale=1.0">
    <link rel="icon" href="<%= BASE_URL %>favicon.ico">
    <title>Advanced TypeScript - Machine Learning</title>
  </head>
  <body>
    <noscript>
      <strong>We're sorry but chapter09 doesn't work properly without
        JavaScript enabled. Please enable it to continue.</strong>
    </noscript>
  <div id="app"></div>
  <!-- built files will be auto injected -->
  </body>
</html>
```

id가 app인 div가 컴포넌트를 렌더링하는 중요 엘리먼트다. 컴포넌트 렌더링은 main. ts 파일에서 제어한다. 부트스트랩 지원을 추가해보자. 부트스트랩 CSS 파일을 추가하고 Vue.use로 BootstrapVue 플러그인을 등록한다.

```
import 'bootstrap/dist/css/bootstrap.css';
import 'bootstrap-vue/dist/bootstrap-vue.css';
Vue.use(BootstrapVue);
```

부트스트랩 지원을 추가했지만, 아직 app div에 컴포넌트를 하나도 연결하지 않았다. 새로운 Vue 애플리케이션을 추가하기 때문이다. 컴포넌트가 렌더링될 때 라우터, Vue 저장소를 허용한다. Vue 저장소에는 Vue 상태와 변경 정보 같은 것들을 저장한다. render 메서드를 받는 App 컴포넌트는 다른 모든 컴포넌트를 렌더링하는 최상위 App 컴포넌트다. Vue 애플리케이션 생성이 끝나면 index.html의 app div에 연결된다.

```
new Vue({
  router,
  store,
  render: (h) => h(App),
}).$mount('#app');
```

App.vue 템플릿은 두 개의 영역으로 구성된다. 영역을 추가하기 전에 div 태그를 포함하는 template 엘리먼트를 정의하자.

```
<template>
  <div id="app">
  </div>
</template>
```

div 태그 안에 우리의 오랜 친구인 내비게이션 바를 첫 번째 논리 영역으로 추가한다. Vue 부트스트랩 구현을 사용하므로 모든 접두사는 b-가 되는데, 지금은 모양에 익숙해지는 것이 우선이므로 상세하게 살펴보지는 않는다.

```
<b-navbar toggleable="lg" type="dark" variant="info">
  <b-collapse id="nav-collapse" is-nav>
```

```
      <b-navbar-nav>
        <b-nav-item to="/">Classifier</b-nav-item>
        <b-nav-item to="/pose">Pose</b-nav-item>
      </b-navbar-nav>
    </b-collapse>
</b-navbar>
```

사용자가 페이지를 이동하면 적절한 컴포넌트를 보여줘야 한다. 내부적으로 어떤 컴포넌트를 보여줄지는 Vue 라우터가 제어하지만 표시할 위치가 필요하다. 내비게이션바 아래에 다음 태그를 사용한다.

```
<router-view/>
```

완성된 App 템플릿은 다음과 같다. 다른 페이지를 라우팅하려면 목록에 별도의 b-nav-item 항목을 추가해야 한다. 원한다면, 이미지 분류 뷰를 만들 때 봤던 방식처럼 v-for로 목록을 동적으로 만들 수 있다.

```
<template>
  <div id="app">
    <b-navbar toggleable="lg" type="dark" variant="info">
      <b-collapse id="nav-collapse" is-nav>
        <b-navbar-nav>
          <b-nav-item to="/">Classifier</b-nav-item>
          <b-nav-item to="/pose">Pose</b-nav-item>
        </b-navbar-nav>
      </b-collapse>
    </b-navbar>
    <router-view/>
  </div>
</template>
```

지난 모든 장에서 라우팅을 처음 봤을 때 애플리케이션에 라우팅을 추가하는 일이 상당히 복잡하다고 생각했을 것이다. 이제는 라우팅이 훨씬 더 편하고 Vue에서 라우팅

지원을 추가하는 것이 간단하다는 사실이 그다지 놀랍지 않을 것이다. 다음 명령으로
Router 플러그인 등록을 시작한다.

```
Vue.use(Router);
```

이제 라우팅 지원을 만들 준비가 됐다. new Vue 호출에 사용할 수 있는 Router 인스턴
스를 노출한다.

```
export default new Router({
});
```

이제 라우팅 옵션을 추가해야 한다. 첫 번째 옵션은 라우팅 모드 설정이다. 링크 관리
에 HTML5 history API를 사용하도록 설정한다.

```
mode: 'history',
```

 라우팅에 URL 해시 방식을 사용할 수도 있다. Vue가 지원하는 모든 브라우저에서 동작하고
HTML5 history API를 사용할 수 없는 경우에는 좋은 선택이다. 대안으로 노드를 포함한 모
든 자바스크립트 환경에서 동작하는 추상 라우팅 모드가 있다. 브라우저 API가 제공되지 않
으면 모드를 어떻게 설정하더라도 자동으로 추상 라우팅 모드로 강제 전환된다.

history API를 사용하는 이유는 전체 페이지 새로고침 없이 URL을 변경할 수 있기 때
문이다. index.html 전체를 교체하는 대신 컴포넌트만 교체하고 싶으므로, API로 페
이지 전체를 새로고침하지 않고 페이지의 컴포넌트 부분만 교체할 수 있다.

애플리케이션의 기본 URL을 설정해보자. 예를 들어 deploy 폴더에서 모든 서비스를
하려면 이 위치를 /deploy/로 설정한다.

```
base: process.env.BASE_URL,
```

라우팅 모드 설정과 기본 URL 설정이 모두 잘됐지만, 중요한 부분인 라우팅 설정이 아직 남아있다. 각 라우팅은 최소 경로 하나와 컴포넌트 하나를 포함해야 한다. 경로는 URL 경로와 연관되고, 컴포넌트는 경로 결과로 어떤 컴포넌트를 표시할지 식별한다. 라우터는 다음과 같다.

```
routes: [
  {
    path: '/',
    name: 'home',
    component: Home,
  },
  {
    path: '/pose',
    name: 'Pose',
    component: Pose,
  },
  {
    path: '*',
    component: Home,
  }
],
```

 라우터에 특별한 경로가 하나 있다. 사용자가 입력한 URL이 존재하지 않으면 *를 사용해 특정 컴포넌트로 리다이렉트시킨다. 정확히 일치하는 항목보다 우선하기 때문에 * 항목은 반드시 마지막에 넣어야 한다. 예리한 독자라면, * 항목이 Home 컴포넌트를 보여주기 때문에 첫 번째의 / 경로는 필요하지 않다는 사실을 알아챘을 것이다.

라우팅에 추가한 항목 중 한 가지는 아직 추가하지 않은 컴포넌트를 참조한다. 이제 Pose 컴포넌트를 추가해 맞춘다.

자세 감지 기능 추가

자세 감지 추가를 시작하기 전에 연관 기능을 제공하는 컴포넌트를 추가하자. 처음으로 밑바닥부터 하나씩 만들어보는 컴포넌트다. views 폴더 안에 세 개의 논리적 엘리먼트를 포함하는 Pose.vue 파일을 만들자. 부트스트랩을 사용하는 템플릿 설정에서부터 시작하자.

```
<template>
  <div class="container">
  </div>
</template>
<script lang="ts">
</script>
<style scoped>
</style>
```

 style 영역은 이제까지 보지 못했었다. scoped로 범위를 지정한 스타일은 현재 컴포넌트에만 스타일을 적용할 수 있다. 로컬 스타일을 곧 적용하지만, 먼저 표시할 이미지부터 설정해야 한다.

예제 코드에서는 가로 1,200픽셀, 세로 675픽셀짜리 이미지를 선택했다. 크기 정보는 자세 탐지를 실행하고 이미지에 탐지한 지점을 그릴 캔버스를 넣을 때, 캔버스를 이미지에 맞춰 약간의 스타일로 조정해야 하므로 중요하다. 이미지를 감싸는 두 개의 컴포넌트에서 시작하자.

```
<div class="outsideWrapper">
  <div class="insideWrapper">
  </div>
</div>
```

범위 지정 스타일 영역 안에 크기를 고정한 CSS를 추가해보자. 바깥쪽에서 감싸고 있는 영역의 크기 설정으로 시작한다. 그러고 나서 안쪽 영역은 바깥쪽 영역에 연관되도록 넓이와 높이를 100%로 꽉 차게 설정한다.

```
.outsideWrapper{
  width:1200px; height:675px;
}
.insideWrapper{
  width:100%; height:100%;
  position:relative;
}
```

insideWrapper로 돌아가서 이미지를 안쪽에 넣자. 예제로 선택한 이미지는 중립적인 자세로 신체의 주요 지점을 보여주고 있다. 이미지 태그 형식은 이미지 분류 코드에서 본 익숙한 모양이다.

```
<img crossorigin="anonymous" class="coveredImage" id="img"
src="https://www.yogajournal.com/.image/t_share/MTQ3MTUyNzM1MjQ1MzEzNDg2/mo
untainhp2_292_37362_cmyk.jpg" alt="Pose" ref="poseId" >
```

동일한 insideWrapper div 태그의 이미지 아래에 신체의 주요 지점을 표시할 때 사용할 캔버스를 추가한다. 핵심은 캔버스의 넓이와 높이는 컨테이너 크기와 정확히 일치해야 하는 것이다.

```
<canvas ref="posecanvas" id="canvas" class="coveringCanvas" width=1200
height=675></canvas>
```

이제 템플릿은 다음과 같은 모양이 된다.

```
<template>
  <div class="container">
```

```
    <div class="outsideWrapper">
      <div class="insideWrapper">
        <img crossorigin="anonymous" class="coveredImage"
          id="img" src="https://www.yogajournal.com/.image/t_share/
          MTQ3MTUyNzM1MjQ1MzEzNDg2/mountainhp2_292_37362_cmyk.jpg"
          alt="Pose" ref="poseId" >
        <canvas ref="posecanvas" id="canvas"
          class="coveringCanvas" width="1200" height="675"></canvas>
      </div>
    </div>
</template>
```

이미지와 캔버스에 클래스를 추가했지만 아직 실제로 정의하지는 않았다. 하나의 클래스로 두 가지를 모두 다룰 수 있지만, 넓이와 높이를 100%로 설정하고 분리해서 컨테이너 안에 절대 좌표로 배치하는 편이 훨씬 좋다.

```
.coveredImage{
  width:100%; height:100%;
  position:absolute;
  top:0px;
  left:0px;
}
.coveringCanvas{
  width:100%; height:100%;
  position:absolute;
  top:0px;
  left:0px;
}
```

완성된 스타일 코드는 다음과 같다.

```
<style scoped>
  .outsideWrapper{
    width:1200px; height:675px;
  }
```

```
.insideWrapper{
  width:100%; height:100%;
  position:relative;
}
.coveredImage{
  width:100%; height:100%;
  position:absolute;
  top:0px;
  left:0px;
}
.coveringCanvas{
  width:100%; height:100%;
  position:absolute;
  top:0px;
  left:0px;
}
</style>
```

이제 자세 탐지를 실행하고 이미지에 주요 지점을 그리는 데 필요한 몇 가지 헬퍼 클래스를 만들어보자.

캔버스에 주요 지점 그리기

자세를 탐지하면 몇 개의 지점을 돌려받는다. 각 지점은 위치(x와 y로 구성된 좌표), 점수(혹은 신뢰도), 주요 지점이 표시하는 실제 부분으로 구성돼 있다. 각 지점을 돌면서 캔버스에 표시해보자.

언제나처럼 클래스 정의로 시작한다.

```
export class DrawPose {
}
```

캔버스 엘리먼트는 변하지 않으므로 한 번만 가져오면 된다. 캔버스의 이차원 엘리먼트에만 관심이 있기 때문에 캔버스를 전달할 수 있고 캔버스에서 직접 드로잉 컨텍스트를 가져올 수 있다. 드로잉 컨텍스트로 캔버스에서 이전에 그려진 엘리먼트를 지우고 자세 주요 지점에 사용할 `fillStyle` 색상을 `#ff0300`으로 설정한다.

```
constructor(private canvas: HTMLCanvasElement, private context =
canvas.getContext('2d')) {
  this.context!.clearRect(0, 0, this.canvas.offsetWidth, this.canvas.offsetHeight);
  this.context!.fillStyle = '#ff0300';
}
```

주요 지점을 그리려면 각 `Keypoint` 인스턴스를 돌면서 `fillRect`를 호출해 주요 지점을 그리는 메서드를 작성해야 한다. 사각형은 x, y 좌표에서 2.5픽셀만큼 떨어지기 때문에 5픽셀짜리 사각형을 그리면 실제로는 점을 중심으로 하는 꽉 찬 사각형이 그려진다.

```
public Draw(keys: Keypoint[]): void {
  keys.forEach((kp: Keypoint) => {
    this.context!.fillRect(kp.position.x - 2.5,
                           kp.position.y - 2.5, 5, 5);
  });
}
```

완성된 `DrawPose` 클래스는 다음과 같다.

```
export class DrawPose {
  constructor(private canvas: HTMLCanvasElement, private context =
    canvas.getContext('2d')) {
      this.context!.clearRect(0, 0, this.canvas.offsetWidth, this.canvas.offsetHeight);
      this.context!.fillStyle = '#ff0300';
    }

  public Draw(keys: Keypoint[]): void {
    keys.forEach((kp: Keypoint) => {
      this.context!.fillRect(kp.position.x - 2.5, kp.position.y - 2.5, 5, 5);
    });
  }
```

```
}
```

이미지에 자세 감지 적용

앞서 이미지를 분류하는 `ImageClassifier` 클래스를 만들었다. 이 클래스와 같은 형식으로 물리 자세 감지를 관리할 `PoseClassifier` 클래스를 작성하자.

```
export class PoseClassifier {
}
```

클래스에 두 개의 `private` 멤버 변수를 설정한다. `model`은 관련 메서드를 호출했을 때 채워지는 `PoseNet` 모델이다. `DrawPose`는 바로 앞 절에서 정의한 클래스다.

```
private model: PoseNet | null = null;
private drawPose: DrawPose | null = null;
```

자세 감지 코드를 살펴보기 전에 자세 감지가 무엇인지, 어떤 것이 좋은지, 어떤 제약이 있는지를 이해해야 한다.

자세 감지에 대한 간단한 설명

여기서는 자세 감지[pose detect]란 용어를 사용하는데, 이 개념은 자세 예측[pose estimation]으로도 알려져 있다. 자세 감지를 접해보지 않았다면, 간단하게 이미지나 비디오에서 사람 모양을 감지하는 컴퓨터 화상 작업이라고 생각하면 된다. 자세를 감지하면 모델은 주요 관절과 신체 부위(왼쪽 귀 같은)를 대략적으로 결정할 수 있다.

자세 감지 분야는 빠르게 성장하고 있으며 명백한 사용처가 있다. 예를 들어 애니메이션의 모션 캡처에 자세 감지를 사용할 수 있다. 스튜디오들이 라이브 액션을 3D 이미지로 변환하기 위해 모션 캡처로 전환하는 경우가 증가하고 있다. 다른 사용 예로는 스포츠 분야가 있다. 스포츠는 모션 캡처를 사용할 만한 부분이 많이 잠재돼 있다. 당신이 메이저리그 야구 팀의 투수라고 가정해보자. 공을 놓는 시점의 자세가 올바른지 판단하는 데 자세 감지를 사용할 수 있다. 공을 늦게 놓거나 팔꿈치 위치가 잘못돼 있을지도 모르는데, 자세 감지를 사용하면 코치와 선수가 잠재적인 문제를 함께 해결해내는 것이 좀 더 수월해진다.

이 시점에서 자세 감지는 사람 인식과 다르다는 점에 주목하자. 다소 이상해 보이겠지만, 자세 감지 기술을 사람이 누구인지 식별하는 사람 인식 기술과 혼동하는 사람들이 있다. 둘은 완전히 다른 형태의 머신러닝이다.

PoseNet 동작 방식

카메라 기반의 입력이라도 자세 감지를 수행하는 절차는 변함없다. 이미지(비디오의 한 장면이면 충분하다.) 입력으로 시작한다. 첫 번째 작업은 이미지를 CNN으로 넘겨서 이미지에 사람이 있는지 판단한다. 다음 단계는 CNN의 출력을 갖고 (잠시 후 살펴볼) 포즈 디코딩 알고리즘을 통해 자세를 분석한다.

두 가지 디코딩 알고리즘이 있다. 단일 자세를 감지하는 알고리즘과 여러 명의 사람에 대해 여러 개의 자세를 감지하는 알고리즘이다. 이 두 가지를 모두 포즈 디코딩 알고리즘이라고 한다.

우리는 간단하고 빠르기 때문에 단일 자세 알고리즘을 선택한다. 사진에 여러 명의 사람이 있다면, 알고리즘이 서로 다른 사람의 주요 부위를 합칠 가능성이 있다. 그러므로 가려짐occlusion이 발생하면, 알고리즘이 가운데 사람의 오른쪽 어깨를 오른쪽 사람의 왼쪽 팔꿈치로 인식할 수 있다. 다음 사진에서 오른쪽 소녀의 팔꿈치가 가운데 사람의 왼쪽 팔꿈치를 가리는 모습을 볼 수 있다.

 가려짐은 이미지의 한 부분이 다른 부분을 가릴 때 일어난다.

PoseNet에서 감지하는 주요 부위는 다음과 같다.

- 코

- 왼쪽 눈

- 오른쪽 눈

- 왼쪽 귀
- 오른쪽 귀
- 왼쪽 어깨
- 오른쪽 어깨
- 왼쪽 팔꿈치
- 오른쪽 팔꿈치
- 왼쪽 손목
- 오른쪽 손목
- 왼쪽 엉덩이
- 오른쪽 엉덩이
- 왼쪽 무릎
- 오른쪽 무릎
- 왼쪽 발목
- 오른쪽 발목

애플리케이션에서 어디에 있는지 볼 수 있다. 주요 지점 탐지를 마치고 이미지에 표시하면 다음과 같다.

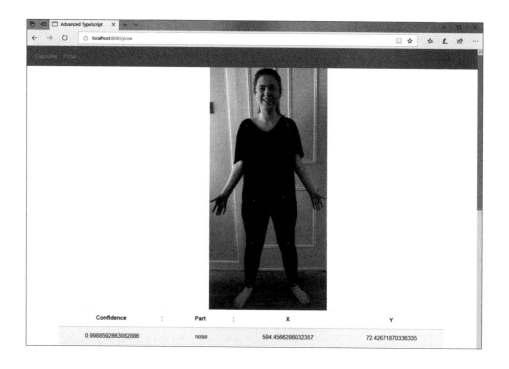

Confidence		Part		X	Y
0.9988592863082886		nose		594.4566286032357	72.42671870336335

자세 감지 코드 다시 보기

PoseClassifier 클래스로 돌아가보자. 생성자는 ImageClassifier 구현에서 다뤘던 것과 완전히 동일한 WebGLTexture 문제를 처리한다.

```
constructor() {
    // 윈도우에서 실행하면 WebGL 텍스처 로딩에서 문제가 있을 수 있다
    // 다음 명령으로 문제를 해결한다
    tf.ENV.set('WEBGL_PACK', false);
}
```

PoseNet 모델 로드에 실패하거나 자세를 감지하지 못하면 null을 반환하고, 자세를 감지하면 Keypoint 배열을 반환하는 비동기 Pose 메서드를 작성한다. Pose 메서드는 이미지와 함께 각 지점을 그릴 컨텍스트를 제공하는 캔버스를 받는다.

```
public async Pose(image: HTMLImageElement, canvas: HTMLCanvasElement):
  Promise<Keypoint[] | null> {
  return null;
}
```

ImageClassifier에서 MobileNet 모델을 캐싱해서 가져오는 것과 동일한 방식으로 PoseNet 모델도 캐싱해서 가져온다. 이는 DrawPose 인스턴스를 만들 기회가 된다. 캐시 로직의 핵심은 메서드를 아무리 많이 호출하더라도 한 번만 실행하도록 하는 것이다. 코드는 모델이 null이 아니면 PoseNet을 다시 로드하지 않도록 막는다.

```
if (!this.model) {
  this.model = await posenet.load();
  this.drawPose = new DrawPose(canvas);
}
```

모델을 로드할 때 다음과 같은 옵션을 줄 수 있다.

- **승수**: 모든 합성곱^{convolution} 연산에 대한 채널 수(깊이)를 위한 실수 승수다. 1.01, 1.0, 0.75, 0.50을 사용할 수 있다. 속도와 정확도 간의 트레이드 오프가 있으며, 숫자가 클수록 정확도가 올라간다.

모델 로드에 성공하면 그릴 keypoints를 포함한 Pose를 감지하도록 이미지로 estimate SinglePose 메서드를 호출한다.

```
if (this.model) {
  const result: Pose = await this.model.estimateSinglePose(image);
  if (result) {
    this.drawPose!.Draw(result.keypoints);
    return result.keypoints;
  }
}
```

이 모든 작업을 위해 많은 양의 코드를 작성하지 않는 방법과 코드를 작고 독립적인 논리 조각으로 나눠 코드를 이해하기 쉽고 작성하기도 쉽게 하는 방법을 보여주고자 모든 것을 합친 PoseClassifier 클래스의 전체 코드는 다음과 같다.

```
export class PoseClassifier {
  private model: PoseNet | null = null;
  private drawPose: DrawPose | null = null;
  constructor() {
    // 윈도우에서 실행하면 WebGL 텍스처 로딩에서 문제가 있을 수 있다
    // 다음 명령으로 문제를 해결한다
    tf.ENV.set('WEBGL_PACK', false);
  }

  public async Pose(image: HTMLImageElement, canvas:
    HTMLCanvasElement): Promise<Keypoint[] | null> {
      if (!this.model) {
        this.model = await posenet.load();
        this.drawPose = new DrawPose(canvas);
      }

      if (this.model) {
        const result: Pose = await this.model.estimateSinglePose(image);
        if (result) {
          this.drawPose!.Draw(result.keypoints);
          return result.keypoints;
        }
      }
      return null;
    }
}
```

자세 감지 컴포넌트 완성

Pose.vue 컴포넌트로 돌아가서 script 영역을 채우자. 다음 import 구문과 컴포넌트 클래스 정의가 필요하다(클래스를 밑바닥부터 만든다고 했던 것을 기억해보자). @Component를 사

용해서 컴포넌트를 등록하는 것을 다시 한 번 볼 수 있다. 반복해서 보는 Vue 컴포넌트다.

```
import { Component, Vue } from 'vue-property-decorator';
import {PoseClassifier} from '@/Models/PoseClassifier';
import {Keypoint} from '@tensorflow-models/posenet';

@Component
export default class Pose extends Vue {
}
```

PoseClassifier 클래스를 통해 만든 이미지와 캔버스를 가져오는 Classify 메서드를 작성할 수 있는 지점에 도달했다. PoseClassifier 인스턴스와 반환받을 Keypoint를 담아둘 몇 개의 private 필드를 추가해야 한다.

```
private readonly classifier: PoseClassifier = new PoseClassifier();
private keypoints: Keypoint[] | null;
```

Classify 코드 안에서는 poseId로 참조하는 이미지와 posecanvas로 참조하는 캔버스를 가져오기 전에 nextTick을 기다리는 것과 같은 수명주기를 이용한 요령을 사용한다.

```
public Classify(): void {
  this.$nextTick().then(async () => {
    /* tslint:disable:no-string-literal */
    const pose = this.$refs['poseId'];
    const poseCanvas = this.$refs['posecanvas'];
    /* tslint:enable:no-string-literal */
  });
}
```

이미지 참조가 있으므로, Pose 메서드를 호출해 결과 값으로 keypoints 변수를 채우기 전에 적절한 HTMLImageElement와 HTMLCanvasElement 타입으로 변환한다.

```
if (pose !== null) {
  const image: HTMLImageElement = pose as HTMLImageElement;
  const canvas: HTMLCanvasElement = poseCanvas as HTMLCanvasElement
  this.keypoints = await this.classifier.Pose(image, canvas);
}
```

이제 애플리케이션을 실행할 수 있다. keypoints 결과가 이미지 위에 표시되는 것이 무척 만족스럽지만 여기서 더 나아가보자. 약간의 노력으로 keypoints 결과를 부트스트랩 테이블로 표시할 수 있다. 템플릿으로 돌아가서 이미지 아래에 다음 div 구문을 추가해 부트스트랩 row, column을 추가하자.

```
<div class="row">
  <div class="col">
  </div>
</div>
```

이미 keypoints 결과가 있으므로 b-table로 간단하게 Vue 부트스트랩 테이블을 만들 수 있다. 클래스에 정의한 keypoints 결과를 설정하고 :items를 사용해 항목으로 바인딩한다. keypoints에 새로운 항목이 생기면 테이블을 다음 값으로 업데이트한다.

```
<b-table striped hover :items="keypoints"></b-table>
```

이미지 아래에 테이블을 추가하고 새로고침하면 다음과 같이 테이블이 나타난다.

Score	Part	Position
0.9987358450889587	nose	{ "x": 609.2214137265494, "y": 96.3691179405688 }
0.99735426902771	leftEye	{ "x": 622.8994848756324, "y": 81.57606888949341 }
0.9937373399734497	rightEye	{ "x": 595.8745380678225, "y": 82.42955193675237 }
0.7634420990943909	leftEar	{ "x": 640.5678348637753, "y": 93.0896776012568 }
0.8069733381271362	rightEar	{ "x": 580.304891705312, "y": 91.04273029180238 }
0.996222972869873	leftShoulder	{ "x": 662.522334955997, "y": 168.17369149771218 }
0.9918087124824524	rightShoulder	{ "x": 562.4284869703837, "y": 169.9369543737757 }
0.9935077428817749	leftElbow	{ "x": 676.5773007680755, "y": 256.7679091094156 }
0.9866399169968201	rightElbow	{ "x": 541.2397567980607, "y": 262.2065694112806 }
0.9844734072685242	leftWrist	{ "x": 694.8799429213217, "y": 337.6351183882807 }
0.9753631949424744	rightWrist	{ "x": 513.5915412066557, "y": 347.45533091378143 }
0.9840610027313232	leftHip	{ "x": 643.1100057309233, "y": 340.3249859456139 }
0.9862855076789856	rightHip	{ "x": 572.4433371429701, "y": 336.18741700486543 }
0.9751607775688171	leftKnee	{ "x": 628.0197683916526, "y": 484.9938084180702 }
0.9893770217895508	rightKnee	{ "x": 583.7360967472071, "y": 489.50879807288294 }
0.942963182926178	leftAnkle	{ "x": 624.272127457051, "y": 612.1918018918363 }

합리적인 시작이지만 테이블을 좀 더 제어하면 좋을 것이다. 현재 필드는 b-table에 의해 선택돼 자동으로 포맷을 맞춘다. 조금만 변경하면 Position 인스턴스를 두 개의 항목으로 분리하고 Score, Part로 정렬 가능하게 만들 수 있다.

Pose 클래스에 fields 항목을 만든다. fields 항목은 점수 항목을 매핑해 Confidence 레이블을 사용하고 정렬 가능하게 설정한다. part 필드는 Part의 label 값에 매핑하고 정렬 가능하게 설정한다. position을 두 개의 항목으로 나눠 각각 레이블 X, Y로 매핑한다.

```
private fields =
    {'score':
```

```
      { label: 'Confidence', sortable: true},
  'part':
      { label: 'Part', sortable: true},
  'position.x':
      {label:'X'},
  'position.y': {label: 'Y'}};
```

마지막으로 fields 항목을 b-table에 연결한다. 다음과 같이 :fields 속성을 사용한다.

```
<b-table striped hover :items="keypoints" :fields="fields"></b-table>
```

애플리케이션을 새로고침해보면 작은 변경에도 효과가 나타난다. 화면이 더 매력적이 됐고, 작은 노력으로 사용자가 Confidence(원래는 score)와 Part 필드로 정렬 가능하도록 수정한 것은 Vue가 얼마나 강력한지 보여준다.

Confidence	Part	X	Y
0.9987358450889587	nose	609.2214137265494	96.3691179405688
0.99735426902771	leftEye	622.8994848756324	81.57606888949341
0.9937373399734497	rightEye	595.8745380678225	82.42955193675237
0.7634420990943909	leftEar	640.5678348637753	93.0896776012568
0.8069733381271362	rightEar	580.304891705312	91.04273029180238
0.996222972869873	leftShoulder	662.522334955997	168.17369149771218
0.9918087124824524	rightShoulder	562.4284869703837	169.9369543737757
0.9935077428817749	leftElbow	676.5773007680755	256.7679091094156
0.9866399168968201	rightElbow	541.2397567980607	262.2065694112806
0.9844734072685242	leftWrist	694.8799429213217	337.6351183882807
0.9753631949424744	rightWrist	513.5915412066557	347.45533091378143
0.9840610027313232	leftHip	643.1100057309233	340.3249859456139
0.9862855076789856	rightHip	572.4433371429701	336.18741700486543
0.9751607775688171	leftKnee	628.0197683916526	484.9938084180702
0.9893770217895508	rightKnee	583.7360967472071	489.50879807288294
0.942963182926178	leftAnkle	624.272127457051	612.1918018918363

텐서플로와 Vue에 대한 소개를 마쳤다. CNN은 언뜻 보기에 겁나게 생겼어도 그렇게까지 나쁘지 않으므로 CNN의 수학적 측면을 피해갔다. 하지만 전형적인 CNN에는 많은 부분이 있다. 또한 Vue로 할 수 있는 많은 일이 있다. Vue는 작은 라이브러리지만, 매우 강력하고 작은 크기와 강력함의 조합 덕분에 점점 더 유명해지고 있다.

▍ 요약

9장에서는 첫 단계로 TensorFlow.js 라이브러리를 사용해 머신러닝 애플리케이션을 작성했다. 머신러닝이 무엇인지 배우고 나서 인공지능 우주에 어떻게 합쳐지는지도 알아봤다. MobileNet과 자세 감지 라이브러리에 연결하는 클래스를 작성했고, CNN도 살펴봤다.

TensorFlow.js를 살펴보면서 앵귤러와 리액트 사이에서 빠르게 유명해지며 클라이언트 측에서 떠오르는 라이브러리인 Vue.js로의 여정도 시작했다. .vue 파일을 사용하는 방법과 Vue의 바인딩 구문 사용을 포함해 웹 템플릿과 타입스크립트를 연결하는 방법을 살펴봤다.

10장에서는 다른 방향으로 C#과 타입스크립트를 조합한 음악 라이브러리를 만들기 위해 타입스크립트를 ASP.NET Core와 함께 사용하는 방법을 살펴본다.

▍ 질문

1. 텐서플로는 원래 어떤 언어로 만들어졌는가?
2. 머신러닝 지도학습이란 무엇인가?
3. MobileNet이란 무엇인가?
4. 기본적으로 반환되는 분류는 몇 가지인가?

5. Vue 애플리케이션을 생성하는 명령어는 무엇인가?

6. Vue 컴포넌트임을 나타내는 방법은 무엇인가?

▎ 더 읽을거리

텐서플로에 대한 지식을 넓히고 싶다면 팩트출판사가 제공하는 많은 텐서플로 책과 비디오가 유용할 것이다. 이 책들은 TensorFlow.js에 그치지 않고 텐서플로 구현 원본으로 들어가는 깊이 있는 주제를 다룬다. 추천하는 책은 다음과 같다.

- 카우식 발라크리시난[Kaushik Balakrishnan]의 『TensorFlow Reinforcement Learning Quick Start Guide』(Packt, 2019): 파이썬을 사용한 학습과 지능형 배포와 자가 학습 에이전트의 준비 및 실행
- 안키트 자인[Ankit Jain]과 아미타 카푸어[Amita Kapoor]의 『TensorFlow Machine Learning Projects』(Packt, 2019): 파이썬 생태계를 사용한 고급 수치 연산으로 만드는 13가지 실제 세계의 프로젝트
- 벤자민 플랜치[Benjamin Planche]와 엘리엇 안드레스[Eliot Andres]의 『Hands-On Computer Vision with TensorFlow 2』(Packt, 2019): 딥러닝을 활용한 텐서플로 2.0과 케라스로 강력한 이미지 처리 애플리케이션 만들기

텐서플로와 함께 Vue도 살펴봤다. 다음 책도 지식을 넓히는 데 도움이 될 것이다.

- 아지딘 임시로비치[Ajdin Imsirovic]의 『Vue CLI 3 Quick Start Guide』(Packt, 2019)

10

ASP.NET Core로
음악 라이브러리 만들기

이번에는 방향을 전환한다. 지금껏 주 개발 언어를 타입스크립트로 사용하는 제약이 있었다. 10장에서는 마이크로소프트의 ASP.NET Core에서 타입스크립트를 사용하는 방법을 살펴보고, 아티스트를 검색하고, 검색한 아티스트의 음악을 가져오는 아티스트 검색 프로그램을 ASP.NET Core, C#, 타입스크립트를 함께 사용해 만드는 방법을 살펴본다.

10장에서 다루는 내용은 다음과 같다.

- 비주얼 스튜디오 설치
- ASP.NET Core MVC를 사용하는 이유
- ASP.NET Core 애플리케이션 생성

- Program.cs와 Startup.cs를 사용하는 이유

- ASP.NET 애플리케이션에 타입스크립트 지원 추가

- 타입스크립트에서 fetch 프로미스 사용

기술적 요구 사항

10장에서는 .NET Core 프레임워크 2.1 이상의 버전이 필요하다. 설치하는 가장 쉬운 방법은 비주얼 스튜디오를 다운로드해 설치하는 것이다. 마이크로소프트는 커뮤니티 에디션에서 모든 기능을 제공한다. https://visualstudio.microsoft.com/ko/downloads/에서 다운로드할 수 있다.

프로젝트 완성본은 https://github.com/PacktPublishing/Advanced-TypeScript-3-Programming-Projects/tree/master/Chapter10에서 다운로드할 수 있다. .NET 애플리케이션은 npm으로 패키지를 다운로드하지 않는다. 대신 패키지 관리자로 NuGet을 사용한다. 소스 코드를 빌드할 때 자동으로 패키지를 다운로드한다.

ASP.NET Core MVC 도입

마이크로소프트의 웹 프레임워크는 비교적 길고 파란만장한 역사를 갖고 있다. 내가 처음으로 서버 기반 애플리케이션을 개발한 것은 1990년대 후반의 액티브 서버 페이지Active Server Pages(ASP)였고, 전통적 ASP는 몰랐다. 개발자는 이 기술로 사용자 요청에 따라 웹 페이지를 동적으로 생성해서 클라이언트에 웹 페이지 결과를 돌려줄 수 있었다. 이때는 특별한 IISInternet Information Services 플러그인이 필요했다. 따라서 완전한 윈도우 기반이면서 VBScript와 HTML의 이상한 조합이었다. 자주 보게 되는 코드 모양은 다음과 같다.

```
<%
Dim connection
Set connection = Server.CreateObject("ADODB.Connection")
Response.Write "The server connection has been created for id " &
Request.QueryString("id")
%>
<H1>Hello World</H1>
```

동적 콘텐츠와 HTML이 뒤섞여 언어가 장황하고 기반 타입의 타입 안정성이 없으므로
ASP 개발은 오류가 발생하기 쉽고 디버깅도 까다로웠다.

ASP는 다음 단계로 진화해 2002년에 ASP.NET(혹은 ASP.NET Web Forms)을 출시했다.
ASP.NET은 마이크로소프트의 새로운 .NET 프레임워크 기반으로 웹 애플리케이션을
만드는 방식에 급진적 변화를 가져왔다. ASP.NET을 사용하면 C#이나 VB.NET 같은
언어를 사용하고 웹 페이지에 끼워 넣을 수 있는 작고 독립적인 사용자 컴포넌트를 조
합해 애플리케이션을 만들 수 있다. 마이크로소프트의 큰 진전이었지만, 애플리케이
션 작성에 많은 시간을 들이게 되는 몇 가지 근본적인 문제가 있다. 가장 큰 문제는 실
제 서버 측 구현 코드가 뒤에 있기 때문에 웹 페이지에는 처음부터 로직이 뒤섞여 있다
는 점이다. 게다가 엄격한 페이지 컴파일 주기가 있으므로 기본 아키텍처는 클라이언
트와 서버를 왕복하도록 돼 있다. 이것은 (상당히 자주 쓰이는) 우회 방안이었지만 기본
아키텍처로서는 아쉬운 점이 많다. 또한 윈도우 플랫폼에 결합돼 있으므로 널리 퍼지
지 못했다. 다른 구현체를 만들 수 있도록 .NET과 C#을 표준화했지만 Web Forms는
독점 기술이었다.

마이크로소프트 내부에서는 Web Forms 모델의 한계를 인식하고 Web Forms 뒤편
코드의 한계에 제약받지 않는 ASP 폼에서 작업하기로 결정했다. 개발자에게 아키텍처
를 개방해 객체지향 모범 사례를 따르고 관심사 분리를 포함할 수 있는 중요한 한걸음
이었다. 갑자기 마이크로소프트는 개발자에게 SOLID 디자인 원칙에 따른 애플리케이
션 개발을 할 수 있는 기회를 줬다. ASP.NET MVC로 알려진 이 프레임워크는

MVC(모델 뷰 컨트롤러) 패턴에 따른 애플리케이션 개발을 가능하게 해줬다. MVC는 코드를 별도의 로직 영역으로 분리할 수 있게 해주는 강력한 패턴이다. MVC는 다음을 나타낸다.

- **모델**: 비즈니스 로직을 표현하는 계층으로 애플리케이션의 동작을 제어한다.
- **뷰**: 사용자가 보는 화면을 표시한다.
- **컨트롤러**: 입력과 인터랙션을 제어한다.

다음 그림은 MVC 패턴의 인터랙션을 보여준다.

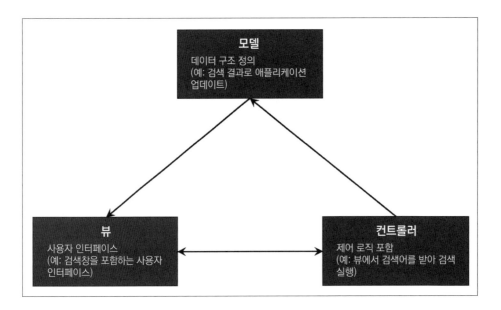

이 아키텍처는 풀스택full-stack 웹 애플리케이션을 개발하고자 할 때 나아갈 또 다른 중요한 단계를 나타내지만, 윈도우 환경에 의존해 호스팅하는 문제는 여전히 남아있다.

그림에서 ASP.NET은 서버와 클라이언트 양쪽에서 동작하는 코드를 간접적으로 나타낸다.. 서버 측에서 노드 인스턴스를 실행할 필요가 없으므로 .NET 스택 아키텍처의 기능과 강력함을 활용할 수 있다.

마이크로소프트가 오랫동안 회사의 캐시카우였던 윈도우에서 벗어나 애플리케이션이 실행되는 운영체제를 더 열린 모델로 옮겨서 운영체제 의존성을 줄였다는 사실은 많은 사람을 놀라게 했다. 이는 핵심 우선순위가 애저 서비스를 통한 클라우드 운영으로 이동한 것을 반영했다. 만약 마이크로소프트가 웹 아키텍처에 그대로 머물렀다면 열려 있는 많은 기회를 놓쳤을 것이다. 따라서 .NET 프레임워크 아키텍처의 윈도우 의존성을 제거하고 개발자가 플랫폼에 관계없이 사용할 수 있게 만드는 다년간의 작업을 시작했다.

마이크로소프트는 윈도우 의존성을 완전히 제거한 결과물로 ASP.NET Core MVC를 출시했다. 하나의 코드로 윈도우와 리눅스를 대상으로 할 수 있으며, 코드를 호스팅할 수 있는 서버의 수가 수직상승했고 서버를 운영하는 비용이 잠재적으로 내려갔다. 동시에 마이크로소프트에서 출시하는 각각의 후속 Core 버전에서는 서버 통계 요청 성능을 크게 개선해나가고 있다. 또한 애플리케이션을 무료로 개발할 수 있고 리눅스에서 호스팅할 수도 있으므로 스타트업에게 더 흥미로운 기술이다. 비용 장벽이 줄어들면서 앞으로 수년간 ASP.NET Core MVC를 사용하는 스타트업의 수가 크게 증가할 것이다.

프로젝트 개요

우리가 10장에서 만들 프로젝트는 이전에 작성했던 것들과 상당히 다르다. ASP.NET Core 웹 애플리케이션에 타입스크립트를 통합하는 방법을 살펴보면서 순수 타입스크립트에서 벗어나 C#과 타입스크립트 같은 여러 가지 프로그래밍 언어를 섞어서 작업한다. 애플리케이션 자체는 Discogs 음악 API를 사용하므로 사용자는 아티스트를 검색해 해당 아티스트의 앨범 및 표지를 찾아볼 수 있다. 검색 부분은 순수 ASP.NET과 C#을 사용해 만들고, 앨범 표지를 가져오는 부분은 타입스크립트를 사용한다.

깃허브 저장소 코드로 시작하면 10장의 애플리케이션을 완료하는 데 대략 세 시간 정도 걸려서 마치 코드를 사용하지 않는 것처럼 보일 수 있다. 애플리케이션을 완성했을 때의 모습은 다음과 같다.

그럼 이제 시작해보자.

ASP.NET Core, C#, 타입스크립트로 음악 라이브러리 만들기

나는 음악을 매우 좋아하며, 몇 년간 기타를 치면서 수많은 아티스트의 음악을 듣게 됐다. 모든 아티스트의 음악을 추적하는 것은 매우 복잡한 작업이므로 아티스트와 관련된 모든 것을 검색할 수 있는 공개 API에 오랫동안 관심이 있었다. 내가 보기에 가장 광범위하게 앨범, 아티스트, 곡 등을 조회할 수 있는 공개 API는 Discogs 라이브러리다.

10장에서는 API를 활용하면서 C#과 타입스크립트를 함께 사용하는 방법을 살펴보고자 ASP.NET Core의 장점을 활용하는 애플리케이션을 작성한다.

애플리케이션을 구동하려면 다음과 같이 Discogs 계정을 설정해야 한다.

1. https://www.discogs.com/users/create에 방문해 계정을 만든다.
2. 단순하게 Discogs API 애플리케이션을 만들 수도 있지만, 인증과 전체 API 접근 같은 기능의 장점을 누리려면 **Generate token**을 클릭해 개인 액세스 토큰을 만들어야 한다.

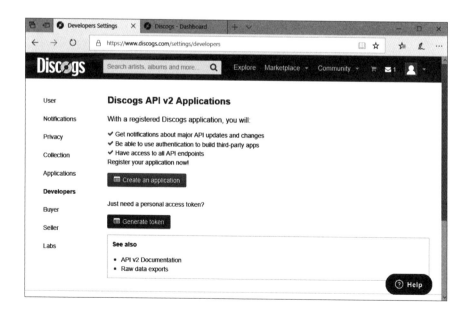

Discogs에 가입하고 토큰을 만들었으므로 우리의 ASP.NET Core 애플리케이션을 만들 준비가 됐다.

비주얼 스튜디오로 ASP.NET Core 애플리케이션 생성

이제까지는 명령행에서 애플리케이션을 만들었다. 하지만 비주얼 스튜디오를 사용하면 일반적으로는 애플리케이션을 보면서 만든다.

어떻게 하는지 살펴보자.

1. 비주얼 스튜디오를 열고 Create a New Project를 선택한 후 마법사를 통해 새 프로젝트를 시작한다. 다음과 같이 ASP.NET Core Web Application을 생성한다.

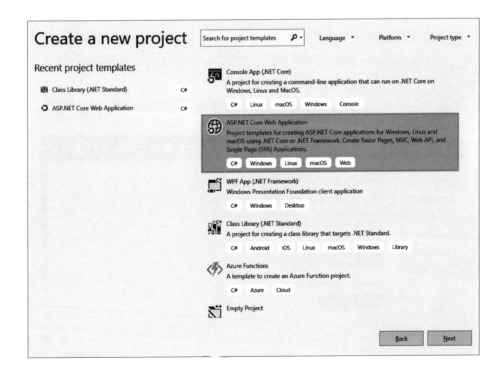

> 예전의 .NET 버전은 윈도우 플랫폼에서만 동작했다. .NET은 훌륭한 프레임워크이고 C#은
> 아름다운 언어였지만, 이런 크로스 플랫폼에 대한 지원이 부족해서 .NET은 오직 윈도우 데스
> 크톱이나 윈도우 서버를 사용할 수 있는 회사에서만 좋아했다. 마이크로소프트는 이러한 약
> 점을 해결하고자 .NET을 걷어내고 크로스 플랫폼에서 실행 가능하도록 밑바닥부터 다시 만
> 들었다. 그 결과물이 .NET의 범위가 엄청나게 넓어진 .NET Core다. 이로써 하나의 플랫폼
> 에서 개발한 애플리케이션을 다른 플랫폼에 배포할 수 있게 됐다. 내부적으로 .NET Core 애
> 플리케이션은 단일 .NET API 뒤에 플랫폼 전용 코드가 숨겨져 있다. 예를 들어, 파일에 대한
> API를 사용하면 운영체제가 파일을 다루는 방식에 신경 쓰지 않고 파일에 접근할 수 있다.

2. 어디에 코드를 넣을지 선택해야 한다. 나의 로컬 깃 저장소 경로는 E:₩Packt ₩AdvancedTypeScript3이므로 해당 디렉터리에 비주얼 스튜디오가 필요한 파일을 만들도록 경로를 지정해준다. 예제에서 비주얼 스튜디오는 솔루션 이름을 Chapter10으로 지정해 모든 파일을 만든다. Create를 클릭해 필요한 모든 파일을 만들자.

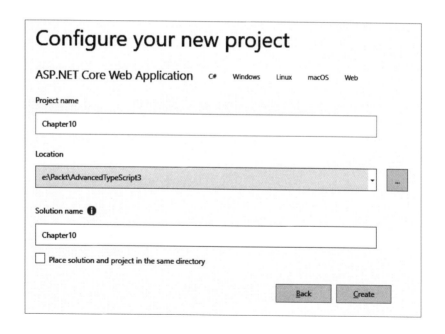

3. 비주얼 스튜디오가 솔루션 생성을 마치면 다음과 같은 파일을 사용할 수 있다. 애플리케이션을 개발하면서 더 중요한 파일을 이야기하고 사용하는 방법을 살펴본다.

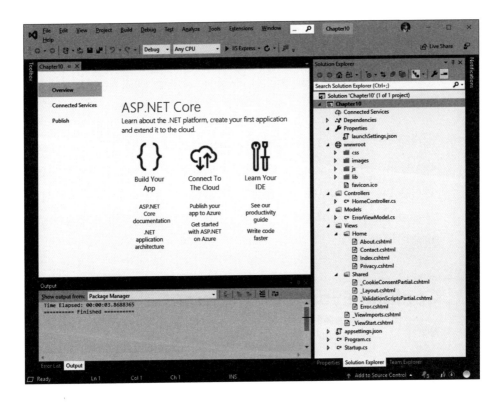

4. 애플리케이션을 빌드하고 실행하면(F5 키를 누르면 실행된다.) 다음과 같은 실행 결과가 나타난다.

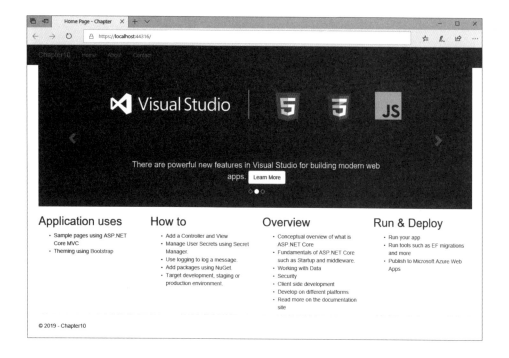

다음 절에서는 작성한 애플리케이션의 코드를 수정하고 검색 기능을 추가하기 전에 생성된 코드 중에서 시작 부분과 프로그램 파일을 비롯한 중요 지점들을 다룬다.

애플리케이션 구조 이해

애플리케이션의 시작점은 Startup 클래스다. 이 클래스의 목적은 시작하는 동안 시스템을 설정하는 것이다. 따라서 애플리케이션에서 쿠키를 다루는 방법을 설정하고 HTTP 지원을 추가하는 등의 기능을 처리한다. 이 클래스는 기능적 측면에서 큰 보일러플레이트지만 Discogs 클라이언트 지원을 추가하고자 나중에 살펴본다. 어디서 기능을 호출하고 실제 애플리케이션의 시작점은 어디인지 등이 궁금해지는데, Program 클래스가 그 질문에 대한 답이다. 빠르게 코드를 살펴보면, 시작 기능을 도입하는 방법과 호스팅 애플리케이션 빌드에 도움을 주는 방법을 확인할 수 있다.

.NET으로 실행하는 애플리케이션은 Main 메서드에서 시작한다. 가끔 개발자에게 감춰져 있지만, 항상 어딘가에 존재한다. 실행 가능한 애플리케이션의 표준 진입점이고 웹 애플리케이션이라고 다르지는 않다. 정적 메서드인 Main 메서드는 명령행으로 받은 인자를 CreateWebHostBuilder 메서드에 전달해 호출하고 Build와 Run 메서드를 호출해 빌드한 후 실행한다.

```
public static void Main(string[] args)
{
  CreateWebHostBuilder(args).Build().Run();
}
public static IWebHostBuilder CreateWebHostBuilder(string[] args) =>
  WebHost.CreateDefaultBuilder(args)
    .UseStartup<Startup>();
```

=> 표기법은 타입스크립트의 굵은 화살표 문법과 다르다. 여기서의 =>는 특별한 컨텍스트로 return 키워드를 대신한다. 하나의 return문을 가진 메서드라면 간략화할 수 있다. return문을 사용하는 동일한 코드는 다음과 같다.

```
public static IWebHostBuilder CreateWebHostBuilder(string[] args)
{
  return WebHost.CreateDefaultBuilder(args).UseStartup<Startup>();
}
```

CreateDefaultBuilder는 Kestrel 웹 엔진, 로딩 설정 정보, 로그 설정 같은 서비스 호스트 옵션 설정에 사용한다. UseStartup 메서드는 기본 빌더에게 서비스를 시작하는 클래스가 Startup 클래스라고 알려준다.

Startup 클래스

Startup 클래스는 실제로 어떻게 생겼을까? 타입스크립트에서 했던 것과 비슷하게 C#에서도 클래스 선언으로 시작한다.

```
public class Startup
{
}
```

자바스크립트와 다르게 C#에는 constructor 키워드가 없다. 대신 C#에서는 클래스 이름으로 생성자를 표현한다. 생성자를 만들 때는 자바스크립트와 마찬가지로 반환 타입을 설정하지 않는다(C#이 반환 타입을 다루는 방법은 조만간 살펴본다). 생성자는 설정 항목을 받아서 설정 내용을 읽어들인다. 설정은 get을 사용해 C# 속성으로 노출한다.

```
public Startup(IConfiguration configuration)
{
  Configuration = configuration;
}
public IConfiguration Configuration { get; }
```

호스트 프로세스가 시작되면 ConfigureServices 메서드가 호출된다. 이 메서드는 코드에서 필요한 모든 서비스를 연결하는 지점이다. IDiscogsClient/DiscogsClient를 등록하고, 이 조합을 IoC 컨테이너에 추가해 나중에 다른 클래스에 주입할 수 있다. 우리는 이미 이 클래스의 생성자에서 설정을 제공하는 부분에서 의존성 주입의 예제를 살펴봤다.

IDiscogsClient, DiscogsClient를 아직 보지 못했지만, 걱정하지 않아도 된다. 이제 곧 클래스와 인터페이스 코드에 추가할 것이다. 여기서는 IDiscogsClient, DiscogsClient를 서비스 컬렉션에 등록해서 클래스에 자동으로 주입되도록 한다. 이미 살펴봤듯이, 싱글톤은 사용하는 위치에 관계없이 클래스 인스턴스를 하나만 제공한다. 서비스를 싱글톤으로 등록하는 것은 앵귤러에서 서비스를 생성하는 것과 매우 비슷하다.

```
public void ConfigureServices(IServiceCollection services)
{
  services.Configure<CookiePolicyOptions>(options =>
```

```
{
  options.CheckConsentNeeded = context => true;
  options.MinimumSameSitePolicy = SameSiteMode.None;
});

services.AddHttpClient();
services.AddSingleton<IDiscogsClient, DiscogsClient>();
services.AddMvc().SetCompatibilityVersion(
CompatibilityVersion.Version_2_1);
}
```

 반환 타입을 설정하는 위치가 타입스크립트와 다르다는 점을 기억해야 한다. 타입스크립트에서는 메서드 정의의 거의 마지막 부분에 반환 타입을 설정했다. C#에서 반환 타입은 메서드 이름 앞에 설정하므로 ConfigureServices의 반환 타입은 void가 된다.

AddSingleton 구문은 C#도 제네릭을 지원하는 것을 보여준다. 프로그래밍 언어는 동일한 부분들이 많이 있지만, 타입스크립트의 any나 never 같은 타입이 없다는 점이 흥미롭다. C# 타입에서 any와 비슷한 동작을 하려면 object를 사용할 수 있다.

기본적인 서비스를 설정했으므로 이 클래스는 HTTP 요청 파이프라인을 설정하는 단계가 남아있다. 파이프라인은 간단히 말하자면 애플리케이션이 HTTP 요청에 응답할 때까지의 과정이다. 예제 코드에서 정적 파일 지원 파이프라인을 볼 수 있다. 정적 파일을 통해 타입스크립트(또는 타입스크립트를 컴파일한 자바스크립트)를 제공하기 때문에 정적 파일 지원은 매우 중요하다. C# 애플리케이션과 타입스크립트는 이런 방식으로 공존한다. 요청에 대한 라우팅 또한 여기서 처리한다.

```
public void Configure(IApplicationBuilder app, IHostingEnvironment env)
{
  if (env.IsDevelopment())
  {
    app.UseDeveloperExceptionPage();
```

```
  }
  else
  {
    app.UseExceptionHandler("/Home/Error");
    app.UseHsts();
  }

  app.UseHttpsRedirection();
  app.UseStaticFiles();
  app.UseCookiePolicy();

  app.UseMvc(routes =>
  {
    routes.MapRoute(
            name: "default",
            template: "{controller=Home}/{action=Index}/{id?}");
  });
}
```

애플리케이션을 구동하기 위한 C# 인프라를 잘 갖췄지만, 화면에 표시할 것이 아무것도 없다면 시간을 낭비하는 셈이다. 이제 화면을 서비스할 기본 파일들을 살펴볼 시간이다.

기본 뷰 구성 파일

뷰의 진입점은 _ViewStart.cshtml 파일이며, 애플리케이션에서 표시할 공용 레이아웃을 정의한다. 이 파일에 직접 내용을 추가하기보다는 _Layout.cshtml 파일에 추가하고 참조(확장자를 제외하고)한다. Layout 파일은 다음과 같이 설정한다.

```
@{
  Layout = "_Layout";
}
```

파일 확장자인 .cshtml은 ASP.NET에서 특별한 의미를 가진다. 이 확장자를 가진 파일은 C# 과 HTML의 조합으로, 애플리케이션에서는 브라우저에 표시하기 전에 기반 엔진이 컴파일한 다. 리액트나 Vue를 통해 이제는 익숙한 방식일 것이다.

뷰 진입점을 살펴봤으므로 이제 _Layout을 살펴보자. 현재 ASP.NET의 기본 구현은 부 트스트랩 3.4.1을 사용하므로 _Layout 파일을 통해 부트스트랩 4로 변경하기 위해 필 요한 사항을 적용할 수 있다. 현재 상태에서 헤더부터 시작해보자.

```
<!DOCTYPE html>
<html>
<head>
    <meta charset="utf-8" />
    <meta name="viewport" content="width=device-width, initial-scale=1.0" />
    <title>@ViewData["Title"] - Chapter10</title>

    <environment include="Development">
        <link rel="stylesheet" href="~/lib/bootstrap/dist/css/bootstrap.css" />
        <link rel="stylesheet" href="~/css/site.css" />
    </environment>
    <environment exclude="Development">
        <link rel="stylesheet"
            href="https://stackpath.bootstrapcdn.com/bootstrap/3.4.1/
                    css/bootstrap.min.css"
            asp-fallback-href="~/lib/bootstrap/dist/
                                    css/bootstrap.min.css"
            asp-fallback-test-class="sr-only"
            asp-fallback-test-property="position"
            asp-fallback-test-value="absolute" />
        <link rel="stylesheet" href="~/css/site.min.css"
          asp-append-version="true" />
    </environment>
</head>
```

헤더는 일반적인 모양이지만 몇 가지 독특한 점이 있다. 제목으로 @ViewData의 Title

값을 사용한다. 컨트롤러와 뷰 사이의 데이터 전송에 @ViewData를 사용하므로 index.cshtml 파일을 보면 파일 위쪽에 다음과 같은 구문이 있다.

```
@{
    ViewData["Title"] = "Home Page";
}
```

이 구문은 레이아웃을 조합해서 title 태그를 Home Page - Chapter 10으로 설정한다. @ 기호는 컴파일을 담당하는 ASP.NET 템플릿 엔진인 Razor에게 이 부분이 코드라고 알려준다.

헤더의 다음 부분은 배포 환경에 따라 특정 스타일시트를 가져올지 말지를 구분하는 로직이다. 개발 환경으로 빌드하고 구동한다면 파일 세트를 가져오고, 릴리스 버전이라면 압축한 버전을 가져온다.

개발 모드 사용 여부에 관계없이 CDN을 통해 부트스트랩을 서비스하도록 헤더를 간략화하고 제목을 살짝 바꿔보자.

```
<head>
    <meta charset="utf-8" />
    <meta name="viewport" content="width=device-width, initial-scale=1.0" />
    <title>@ViewData["Title"]- AdvancedTypeScript 3 - Discogs</title>

    <link rel="stylesheet" href="https://maxcdn.bootstrapcdn.com/
        bootstrap/4.0.0/css/bootstrap.min.css"
        integrity="sha384-
          Gn5384xqQ1aoWXA+058RXPxPg6fy4IWvTNh0E263XmFcJlSAwiGgFAW/dAiS6JXm"
            crossorigin="anonymous">
    </environment>
    <environment include="Development">
        <link rel="stylesheet" href="~/css/site.css"/>
    </environment>
    <environment exclude="Development">
        <link rel="stylesheet" href="~/css/site.min.css" /
```

```
            asp-append-version="true" />
    </environment>
</head>
```

페이지 레이아웃의 다음 부분은 body 엘리먼트다. 한 부분씩 차례대로 나눠보자. body 엘리먼트에서 시작해 navigation 엘리먼트를 살펴보자.

```
<body>
    <nav class="navbar navbar-inverse navbar-fixed-top">
        <div class="container">
            <div class="navbar-header">
                <button type="button" class="navbar-toggle"
                    data-toggle="collapse"
                    data-target=".navbar-collapse">
                    <span class="sr-only">Toggle navigation</span>
                    <span class="icon-bar"></span>
                    <span class="icon-bar"></span>
                    <span class="icon-bar"></span>
                </button>
                <a asp-area="" asp-controller="Home"
                    asp-action="Index" class="navbar-brand">Chapter10</a>
            </div>
            <div class="navbar-collapse collapse">
                <ul class="nav navbar-nav">
                    <li><a asp-area="" asp-controller="Home"
                        asp-action="Index">Home</a></li>
                    <li><a asp-area="" asp-controller="Home"
                        asp-action="About">About</a></li>
                    <li><a asp-area="" asp-controller="Home"
                        asp-action="Contact">Contact</a></li>
                </ul>
            </div>
        </div>
    </nav>
</body>
```

(부트스트랩 3 포맷이지만) 대체로 친숙한 navigation 컴포넌트다. 다음과 같이 navigation

컴포넌트를 부트스트랩 4 포맷으로 바꿔보자.

```html
<nav class="navbar navbar-expand-lg navbar-light bg-light">
  <div class="container">
    <a class="navbar-brand" asp-area="" asp-controller="Home"
      asp-action="Index">AdvancedTypeScript3 - Discogs</a>
    <div class="navbar-header">
      <button class="navbar-toggler" type="button"
        data-toggle="collapse"
        data-target="#navbarSupportedContent"
        aria-controls="navbarSupportedContent"
        aria-expanded="false"
        aria-label="Toggle navigation">
        <span class="navbar-toggler-icon"></span>
      </button>
    </div>
    <div class="navbar-collapse collapse">
      <ul class="nav navbar-nav">
        <li>
          <a class="nav-link" asp-area="" asp-controller="Home"
            asp-action="Index">Home</a>
        </li>
        <li>
          <a class="nav-link" asp-area="" asp-controller="Home"
            asp-action="About">About</a>
        </li>
        <li>
          <a class="nav-link" asp-area="" asp-controller="Home"
            asp-action="Contact">Contact</a>
        </li>
      </ul>
    </div>
  </div>
</nav>
```

링크 안쪽에 낯선 부분들이 있다. asp-controller 클래스는 뷰와 controller 클래스를
연결한다. 클래스 이름은 컨벤션에 따라 <<name>>Controller 형식으로 확장하므로,

Home은 HomeController가 된다. asp-action은 호출하는 컨트롤러 클래스 안쪽의 메서드와 연관돼 있다. About 링크를 클릭하면 HomeController.cs 안쪽의 About 메서드를 호출하게 된다.

```
public IActionResult About()
{
  ViewData["Message"] = "Your application description page.";
  return View();
}
```

이 메서드는 About 페이지에 사용할 메시지를 설정하고 뷰를 반환한다. ASP.NET은 View()를 이용해 About에 대해 About.cshtml 페이지를 반환하도록 동작한다. MVC에서 컨트롤러 부분이 뷰에 합쳐지는 부분을 볼 수 있다.

_Layout 파일로 돌아가자. 이어지는 다음 부분은 @RenderBody이며, 여기서 본문을 렌더링한다.

```
<div class="container body-content">
    @RenderBody()
    <hr />
    <footer>
        <p>&copy; 2019 - Chapter10</p>
    </footer>
</div>
```

컨트롤러에서 표시하기로 선택한 뷰는 @RenderBody가 선언된 지점에서 렌더링되므로 이 명령의 목적은 연관된 뷰를 놓는 위치를 표시하도록 동작하는 것이라고 짐작할 수 있다. 부트스트랩 지식을 제대로 사용하고 의미 있는 꼬리말을 추가하고자 약간 변경한다. 다음 코드를 보자.

```
<div class="container">
  <div class="row">
    <div class="col-lg-12">
      @RenderBody()
    </div>
  </div>
  <hr/>
  <footer>
    <p>&copy; 2019 - Advanced TypeScript3 - Discogs Artist search</p>
  </footer>
</div>
```

이 파일의 나머지 부분은 다루지 않는다. 모델과 렌더링할 뷰를 실제로 살펴봐야 하지만, 깃허브의 소스 코드를 읽고 관련된 자바스크립트를 수정하길 바란다. 이것으로 부트스트랩 3 버전을 부트스트랩 4로 교체했다.

MVC 코드의 모델 작성을 시작할 준비가 됐다. Discogs API 요청으로 보낼 모델을 작성해 결과를 받은 후 클라이언트에 보낼 수 있는 모양으로 변환한다.

Discogs 모델 생성

앞서 IDiscogsClient 모델 등록을 추가했던 것을 떠올려보자. 그 당시에는 실제 코드를 추가하지 않았으므로 애플리케이션 컴파일이 실패했다. 이제 인터페이스를 만들고 구현하자. IDiscogsClient는 모델이기 때문에 model 디렉터리에 만든다. 비주얼 스튜디오에서 인터페이스와 모델을 만들려면 Models 폴더에서 마우스 오른쪽 버튼을 클릭해 컨텍스트 메뉴를 불러온다. 메뉴 안에서 다음 그림과 같이 **Add > Class....**를 차례대로 선택한다.

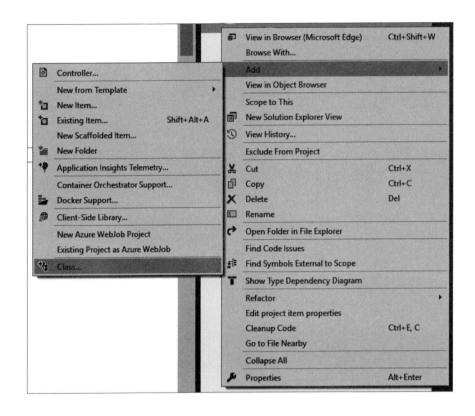

다음 다이얼로그가 나타나면 클래스나 연관된 인터페이스를 만들 수 있다.

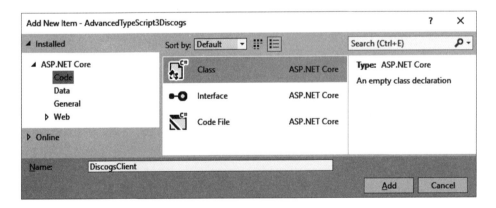

복잡하지 않도록 인터페이스와 클래스를 같은 파일에 만든다. 깃허브 코드에서는 분리했지만, 여기서는 클래스 작업이 없다. 다음과 같이 인터페이스를 먼저 선언하자.

```
public interface IDiscogsClient
{
  Task<Results> GetByArtist(string artist);
}
```

인터페이스 정의에서 Task<Results>를 사용하는 것은 타입스크립트에서 프로미스로 반환 타입을 특정하는 것과 비슷하다. 메서드는 비동기로 실행되고 때가 되면 Results 타입을 반환하는 것을 알 수 있다.

Results 타입 설정

Discogs에서 돌려받은 데이터는 필드 계층으로 구성돼 있다. 궁극적으로는 다음과 비슷한 결과를 변환해 반환하는 코드를 넣고 싶다.

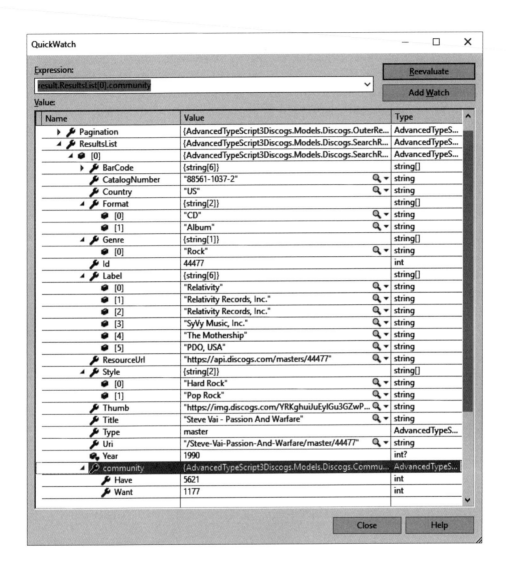

내부적으로는 호출에 대한 JSON 결과를 타입 세트로 변환한다. GetByArtist 호출에 대해 반환하는 최상위 타입은 Results 타입이다. 계층 구조는 다음 그림과 같다.

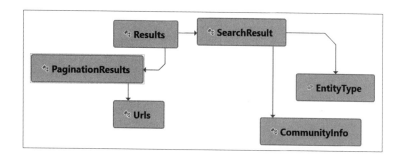

매핑 모양을 보려면 CommunityInfo 타입을 밑바닥부터 만들어야 한다. CommunityInfo
클래스는 SearchResult 클래스에서 이전에 QuickWatch 스크린샷에서 선택한 커뮤니
티 필드를 제공하는 데 사용한다. CommunityInfo 클래스를 만들고 파일의 최상단에 다
음 코드를 추가하자.

```
using Newtonsoft.Json;
```

여기서 사용하려는 기능 때문에 위 라인을 추가했다. JsonProperty로 C#의 속성 이름
을 JSON 결과와 매핑해서 표현한다. CommunityInfo에는 반환해야 하는 두 개의 필드
가 있다. 얼마나 많은 사람이 곡을 찾았는지를 표현하는 want와 얼마나 많은 사람이 곡
을 가졌는지를 표현하는 have. C# 표준 이름 규칙을 따르고 속성 이름에는 파스칼
표기법(첫 글자가 모두 대문자)을 사용한다. 속성 이름에는 파스칼 표기법을 사용하므로
JsonProperty 속성에 적절한 REST 이름을 매핑한다. Want 속성은 result 타입의 want
에 매핑된다.

```
public class CommunityInfo
{
  [JsonProperty(PropertyName = "want")]
  public int Want { get; set; }
  [JsonProperty(PropertyName = "have")]
  public int Have { get; set; }
}
```

여기서는 모든 클래스와 속성을 다루지 않는다. 따라서 자세한 내용을 알고 싶다면 깃 허브 코드를 더 자세히 읽어볼 것을 강력히 권한다. 그렇게 하면 프로젝트 구조를 명확히 이해하는 데 큰 도움이 될 것이다.

DiscogsClient 클래스 작성

DiscogsClient 클래스를 작성할 때 인터페이스 정의와 함께 기반이 되는 규약이 있다. 클래스는 다음과 같이 시작한다.

```
public class DiscogsClient : IDiscogsClient
{
  public async Task<Results> GetByArtist(string artist)
  {
  }
}
```

GetByArtist 메서드가 public이거나 async라는 이야기가 없었으므로 클래스 정의는 인터페이스와 약간 달라 보인다. 메서드 정의에 async를 사용하면 컴파일 시 해당 메서드 내부에 await이 들어있다. 타입스크립트에서 async/await을 사용하던 방식과 비슷하다.

Discogs API를 호출할 때 URL은 항상 https://api.discogs.com/으로 시작한다. 코드 작성의 편의를 위해 클래스 상수로 정의하자.

```
private const string BasePath = "https://api.discogs.com/";
```

클래스는 REST 엔드포인트를 다루기 때문에 코드는 반드시 HTTP 접속이 가능해야 한다. 생성자에서 IHttpClientFactory 인터페이스 구현 클래스를 받아서 주입한다. 클라이언트 팩토리는 필요할 때 사용할 적절한 HttpClient 인스턴스를 생성하는 팩토리 패턴을 구현한다.

446

```
private readonly IHttpClientFactory _httpClientFactory;
public DiscogsClient(IHttpClientFactory httpClientFactory)
{
  _httpClientFactory = httpClientFactory ?? throw new
    ArgumentNullException(nameof(httpClientFactory));
}
```

 생성자에서 HTTP 클라이언트 팩토리 멤버 변수를 전달받아 설정할 때 이상하게 보이는 구문이 있을 것이다. 클라이언트 팩토리가 null이면 ?? 구문은 인자가 null이라는 예외를 던지는 다음 구문으로 넘어간다.

GetByArtist 메서드 모양을 살펴보자. 우선 메서드에 아티스트 이름이 전달됐는지 확인해야 한다. 전달받지 않았다면 빈 Results 인스턴스를 반환한다.

```
if (string.IsNullOrWhiteSpace(artist))
{
  return new Results();
}
```

HTTP 요청을 생성하려면 요청 주소를 만들어야 한다. 주소를 만들 때 상수로 선언한 BasePath 문자열에 GetByArtist를 덧붙인다. 아티스트 Peter O'Hanlon에 대해 검색한다고 가정해보자. 검색 문자열을 만들 때 사용자가 위험한 요청을 보내지 않도록 이스케이프 문자로 변경해야 한다. 따라서 최종적으로 만든 HTTP 요청은 https://api.discogs.com/database/search?artist=Peter%20O%27Hanlon&per_page=10과 같은 모양이 된다. Discogs 요청 제한을 지키기 위해 결과 개수를 열 개로 제한했다. 두 개의 문자열을 합치는 헬퍼 메서드에서 시작한다.

```
private string GetMethod(string path) => $"{BasePath}{path}";
```

헬퍼 메서드가 있는 상태에서 GET 요청을 만들 수 있다. 앞서 살펴본 것처럼 아티스트 이름에서 잠재적으로 위험한 문자를 제거하고 검색어로 사용해야 한다. Uri.EscapeDat aString으로 이름에서 작은따옴표를 ASCII 문자열 %27로 변경한다.

```
HttpRequestMessage request = new HttpRequestMessage(HttpMethod.Get,
GetMethod($"database/search?artist={Uri.EscapeDataString(artist)}&per_page=10"));
```

요청이 만들어지면 몇 가지 헤더를 추가해야 한다. Discogs 요청에는 Authorization 토큰과 user-agent가 필요하다. Authorization 토큰은 Discogs token=<<token>> 형식으로 사용한다. <<token>> 부분에 가입했을 때 생성한 토큰을 입력한다. user-agent는 의미 있는 문자열이기만 하면 되므로 AdvancedTypeScript3Chapter10으로 설정한다.

```
request.Headers.Add("Authorization", "Discogs
token=MyJEHLsbTIydAXFpGafrrphJhxJWwVhWExCynAQh");
request.Headers.Add("user-agent", "AdvancedTypeScript3Chapter10");
```

마지막 부분은 팩토리를 사용해 HttpClient를 생성한다. HttpClient를 만들고 SendAsync를 호출해 Discogs 서버에 요청을 보낸다. 응답이 돌아오면 응답에서 Content를 읽고, Content가 돌아오면 DeserializeObject로 변환한다.

```
using (HttpClient client = _httpClientFactory.CreateClient())
{
  HttpResponseMessage response = await client.SendAsync(request);
  string content = await response.Content.ReadAsStringAsync();
  return JsonConvert.DeserializeObject<Results>(content);
}
```

모두 한데 모아서 보면 클래스는 다음과 같은 모양이다.

```
public class DiscogsClient : IDiscogsClient
```

```
{
  private const string BasePath = "https://api.discogs.com/";
  private readonly IHttpClientFactory _httpClientFactory;
  public DiscogsClient(IHttpClientFactory httpClientFactory)
  {
    _httpClientFactory = httpClientFactory ?? throw new
                ArgumentNullException(nameof(httpClientFactory));
  }
  public async Task<Results> GetByArtist(string artist)
  {
    if (string.IsNullOrWhiteSpace(artist))
    {
      return new Results();
    }
    HttpRequestMessage request = new HttpRequestMessage(HttpMethod.Get,
      GetMethod($"database/search?artist=
        {Uri.EscapeDataString(artist)}&per_page=10"));
    request.Headers.Add("Authorization", "Discogs
      token=MyJEHLsbTIydAXFpGafrrphJhxJWwVhWExCynAQh");
    request.Headers.Add("user-agent", "AdvancedTypeScript3Chapter10");
    using (HttpClient client = _httpClientFactory.CreateClient())
    {
      HttpResponseMessage response = await client.SendAsync(request);
      string content = await response.Content.ReadAsStringAsync();
      return JsonConvert.DeserializeObject<Results>(content);
    }
  }
  private string GetMethod(string path) => $"{BasePath}{path}";
}
```

제한이 있다고 했는데, 실제로 무슨 뜻일까?

Discogs 제한

Discogs는 단일 IP에서의 요청 수를 제한하고 있다. Discogs에서 인증 상태의 요청은 분당 60번까지 가능하다. 비인증 상태의 요청은 대부분의 경우 분당 25번으로 제한된다. 1분의 기준은 매초를 기준으로 60초 전까지의 값이다.

Discogs API 모델은 이미 작성했다. 이제 모델과 컨트롤러 연결을 살펴보자.

컨트롤러 연결

방금 작성한 Discogs 클라이언트 모델을 의존성 주입으로 전달한다.

```
public class HomeController : Controller
{
  private readonly IDiscogsClient _discogsClient;
  public HomeController(IDiscogsClient discogsClient)
  {
    _discogsClient = discogsClient;
  }
}
```

내비게이션을 설정할 때 asp-action에 Index를 설정했던 것을 떠올려보자. 검색을 실행하면, 뷰는 검색어를 Index 메서드로 전달하고 GetByArtist 메서드를 호출한다. 검색결과를 받으면 ViewBag.Result에 결과 목록을 할당한다. 마지막으로 View로 Index 페이지를 서비스한다.

```
public async Task<IActionResult> Index(string searchString)
{
  if (!string.IsNullOrWhiteSpace(searchString))
  {
    Results client = await _discogsClient.GetByArtist(searchString);
    ViewBag.Result = client.ResultsList;
  }
  return View();
}
```

하지만 뷰는 어떤 모습일까? 이제 Index 뷰를 설정해야 한다.

Index 뷰 추가

파일의 가장 위에서 ViewData에 Title을 설정했다. _Layout.cshtml에서도 봤지만, 이 설정은 마스터 레이아웃 페이지의 제목을 만드는 데 사용하므로 반복할 만한 가치가 있다. 애플리케이션을 실행하면 제목은 Home Page - AdvancedTypeScript 3 - Discogs 로 설정된다.

```
@{
  ViewData["Title"] = "Home Page";
}
```

애플리케이션의 사용자 인터랙션은 검색창을 통해 이뤄지므로, 검색창을 추가해보자. form 엘리먼트를 포함하고 div ID가 pageRoot인 div를 추가하자.

```
<div id="pageRoot">
  <form asp-controller="Home" asp-action="Index" class="form-inline">
  </form>
</div>
```

여기서 ASP.NET의 모든 장점을 누리는 것을 다시 볼 수 있다. 입력 폼이 MVC를 인식하기 때문에 asp-controller를 사용하면 HomeController(컨트롤러 작명법을 떠올려보자.)를 사용하게 된다. 액션으로 Index를 지정했으므로 이 페이지를 방문하면 Index 메서드를 호출한다. 이렇게 할 수 있는 이유는 검색이 끝났을 때 현재 페이지를 보여주고 싶기 때문이다. 사용자가 검색어를 입력하면, 검색어를 제공하면서 검색 페이지 자체가 실행된다.

입력 폼 안쪽에서는 검색어 필드와 검색 실행 버튼을 추가해야 한다. 클래스 엘리먼트는 부트스트랩 버전의 button과 input 필드를 사용해 만든다.

```
<div class="form-group mx-sm-3 mb-10">
  <input type="text" name="SearchString" class="form-control"
    placeholder="Enter artist to search for" />
</div>
<button type="submit" class="btn btn-primary">Search</button>
```

완료된 검색 영역은 다음과 같다.

```
<div id="pageRoot">
  <form asp-controller="Home" asp-action="Index" class="form-inline">
    <div class="form-group mx-sm-3 mb-10">
      <input type="text" name="SearchString" class="form-control"
        placeholder="Enter artist to search for" />
    </div>
    <button type="submit" class="btn btn-primary">Search</button>
  </form>
</div>
```

바로 애플리케이션을 실행하면 다음과 같은 화면을 보게 된다. 아티스트의 상세 정보
를 넣고 **Search** 버튼을 누르면 검색이 실행되지만, 화면에는 아무런 데이터가 표시되
지 않는다.

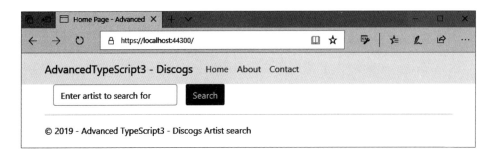

검색 결과로 돌아가보면, 결과를 추가한 ViewBag에서 결과를 가져와야 한다. ViewBag과
ViewData는 헷갈리기 쉽다. 컨트롤러와 뷰 사이에서 양방향으로 데이터를 전달하는 동
일한 목적으로 사용하고 서로 살짝 다르기 때문에 여기서 두 가지를 잠시 살펴보자.

452

- 검색 결과를 추가할 때 ViewBag.Result에 결과를 설정한다. ViewBag의 소스 코드를 살펴보면, 실제로 Result라는 속성이 존재하지 않는다. ViewBag이 동적이므로 컨트롤러와 뷰 사이에 공유할 수 있는 임의의 값을 무엇이든 만들 수 있기 때문이다. 일반적으로 ViewBag을 사용하는 것은 합리적인 방법이지만 동적이므로 컴파일러가 오류를 찾아주는 장점을 누릴 수 없다. 따라서 필수적으로 컨트롤러에서 설정한 속성 이름은 뷰의 속성 이름과 정확히 일치해야 한다.

- 반면에 ViewData는 딕셔너리^{dictionary}(타입스크립트의 map과 비슷하다.)에 의존하므로 데이터를 여러 개의 키-값 쌍으로 갖게 된다. 내부적으로 값은 object이므로, 뷰에서 값을 설정하고 컨트롤러에 다시 전달한다면 object를 적절한 타입으로 변경해야 의미가 있다. 뷰에서 ViewBag.Counter = 1로 설정하면 컨트롤러에서 ViewBag.Counter가 곧바로 정수가 되지만, 뷰에서 ViewData["Counter"] = 1은 무언가 하기 전에 ViewData["Counter"]를 정수로 변경해야 한다. 변환 구문은 다음과 같다.

```
int counter = (int)ViewData["Counter"];
```

결과를 설정하는 책임은 컨트롤러에 있으므로 두 가지 방법 모두 사용 가능하지만 ViewBag을 선택했다. 그럼 데이터를 어떻게 추가할까? Index 페이지는 .cshtml 파일이므로 C#과 HTML을 함께 사용할 수 있다. C# 영역을 사용할 때는 @{ }를 사용하므로 결과를 렌더링하려면 ViewBag.Result의 값(null이 아닌지 확인하기 위해 자바스크립트에서는 !==을 사용하지만 C#에서는 !=을 사용한다.)을 확인해야 한다. 결과를 렌더링하기 위해 작성하는 코드는 다음과 같이 시작한다.

```
@{ if (ViewBag.Result != null)
   {
   }
}
```

Title과 Artwork 컬럼을 가진 부트스트랩 테이블로 결과를 보여주자. 테이블 HTML 마크업은 다음과 같이 시작한다.

```
<table class="table">
  <thead>
    <tr>
      <th>Title</th>
      <th>Artwork</th>
    </tr>
  </thead>
  <tbody>
  </tbody>
</table>
```

테이블 본문(tbody) 안에서 결과를 하나씩 가져온 후 관련된 값을 표시해야 한다. 우선 index 변수를 만들자. 유일한 이름을 가진 이미지를 추가해야 하는 시점에 대비해 지금 바로 추가한다. 이름은 다음 절에서 다룬다.

ViewBag.Result의 항목을 foreach로 하나씩 가져온다. 매 항목에 대해 <tr></tr>로 테이블의 새 행을 만들고, 행 안에 제목과 리소스 URL을 포함한 두 개의 데이터 칸(<td></td>)을 다음과 같이 작성한다.

```
<tbody>
  @{
    int index = 0;
  }
  @foreach (var item in ViewBag.Result)
  {
    <tr>
      <td>@item.Title</td>
      <td>@item.ResourceUrl</td>
    </tr>
    index++;
  }
</tbody>
```

454

애플리케이션을 실행하고 결과를 받으면 결과는 다음과 같이 테이블에 표시된다.

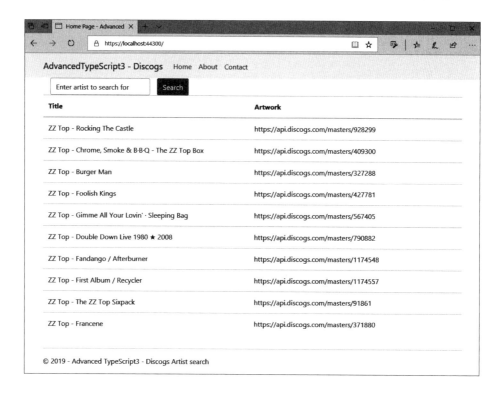

앨범artwork 엘리먼트는 분명히 이상하다. 사진이 아니므로, URL을 방문해 사진을 가져와서 넣으려면 결과의 항목별로 또 다른 REST를 호출하는 코드가 필요하다. 결과를 받았을 때 사진을 가져오고 싶으므로 클라이언트 측 기능으로 전환해 이미지 결과를 가져올 때 타입스크립트의 장점을 활용하는 방법을 살펴보자.

애플리케이션에 타입스크립트 추가

언제나 시작은 tsconfig.json 파일이다. 설정 파일은 가능한 한 간단하게 만들 예정이다. 프로젝트에서 만드는 많은 파일이 wwwroot에 있으므로 특정 outDir을 설정한다. ASP.NET이 wwwroot/js 폴더에 이미 site.js 파일을 생성했기 때문에 outDir도 같은 폴더를 사용한다.

```json
{
  "compileOnSave": true,
  "compilerOptions": {
    "lib": [ "es2015", "dom" ],
    "noImplicitAny": true,
    "noEmitOnError": true,
    "removeComments": true,
    "sourceMap": true,
    "target": "es2015",
    "outDir": "wwwroot/js/"
  },
  "exclude": [
    "wwwroot"
  ]
}
```

연관된 이미지를 가져오기 위한 Discogs API 호출에는 단일 메서드를 사용한다. 자바스크립트에서 의존성 없이 REST 호출이 가능한 fetch API를 제공하므로 API 호출을 위해 외부 소스에서 연관된 별도의 타입스크립트 패키지를 가져오지 않는다.

ASP.NET 애플리케이션에서 호출하는 함수를 포함하는 discogHelper.ts 파일을 추가해보자. 타입스크립트 메서드로 만드는 이유는 서버가 아닌 클라이언트에서 실행하고 싶기 때문이다. 클라이언트에서 비동기로 이미지를 가져오기 때문에 클라이언트 화면에 초기 결과를 로드하는 데 걸리는 시간을 줄일 수 있다.

함수 시그니처는 다음과 같다.

```typescript
const searchDiscog = (request: RequestInfo, imgId: string): Promise<void> => {
  return new Promise((): void => {
  }
}
```

RequestInfo 파라미터는 서버의 이미지 요청 URL을 받는다. Discogs는 곡 제목에 대한 상세 정보 전체를 반환하지 않으므로 아직은 앨범 사진을 사용할 수 없다. 대신에 상세 정보 전체를 가져오는 REST 호출을 반환하고 상세 정보를 분석해 앨범 사진을 가져올 수 있다. 예를 들어 스티븐 바이^{Steve Vai}의 Passion and Warfare 앨범 정보는 https://api.discogs.com/masters/44477의 ResourceUrl을 반환한다. 이는 앨범 사진을 포함한 전체 정보를 가져오는 request에 전달하는 URL이 된다.

두 번째 파라미터는 img 객체의 id다. 초기 검색 결과를 사용해 결과 테이블을 만들 때 앨범 제목 추가와 더불어 함수에 전달할 유일한 이미지 식별자도 포함한다. 앨범 상세 정보를 가져왔을 때 src를 동적으로 갱신할 수 있다. 가끔 일부 앨범이 다른 앨범보다 느려져 이미지 목록 갱신이 순서를 벗어남에 따라 목록의 나중 이미지가 앞의 이미지보다 먼저 채워지는 재미있는 효과가 클라이언트에 나타날 수 있다. 이는 클라이언트가 진짜 비동기로 동작하는 것을 보여주고자 의도적으로 만든 것이므로 걱정하지 않아도 된다.

이미지 표시 순서를 지키는 것이 정말 중요하다면, 함수가 request와 이미지 표시 자리 배열을 받도록 변경해서 호출을 실행하고 모든 REST 호출이 끝난 뒤에 이미지를 갱신하도록 할 수 있다.

fetch API가 호출에 프로미스를 사용하는 것은 이제 익숙하다. request를 받고, 추가로 HTTP 메서드를 포함해 모든 헤더를 개별적으로 설정함으로써 호출할 수 있게 해주는 RequestInit 객체를 받는다.

```
fetch(request,
  {
    method: 'GET',
    headers: {
      'authorization': 'Discogstoken=MyJEHLsbTIydAXFpGafrrphJhxJWwVhWExCynAQh',
      'user-agent': 'AdvancedTypeScript3Chapter10'
```

```
    }
  })
```

프로미스 기반의 fetch API를 만들었으므로 fetch를 호출하면 결과가 올 때까지 기다릴 것이라고 기대할 수 있다. 이미지를 가져오려면 몇 가지 변경 작업을 해야 한다. 첫 번째는 응답을 JSON 형식으로 변경하는 것이다.

```
.then(response => {
  return response.json();
})
```

변경 작업은 비동기로 이뤄지므로 다음 변경 작업은 then 블록에서 일어난다. 이 지점에서 모든 것이 잘 끝났다면, 응답 본문을 갖고 있다. 이미지 ID로 HTMLImageElement를 찾아 함수에 전달한다. 올바른 이미지라면, src를 가져온 결과 중에서 서버의 150×150픽셀 이미지 주소인 uri150 값으로 설정한다.

```
.then(responseBody => {
  const image = <HTMLImageElement>document.getElementById(imgId);
  if (image) {
    if (responseBody && responseBody.images && responseBody.images.length > 0) {
      image.src = responseBody.images["0"].uri150;
    }
  }
})
```

완성된 검색 함수는 다음과 같다.

```
const searchDiscog = (request: RequestInfo, imgId: string): Promise<void> => {
  return new Promise((): void => {
    fetch(request,
      {
        method: 'GET',
        headers: {
          'authorization': 'Discogstoken=MyJEHLsbTIydAXFpGafrrphJhxJWwVhWExCynAQh',
          'user-agent': 'AdvancedTypeScript3Chapter10'
        }
      })
      .then(response => {
        return response.json();
      })
      .then(responseBody => {
        const image = <HTMLImageElement>document.getElementById(imgId);
        if (image) {
          if (responseBody && responseBody.images && responseBody.images.length > 0) {
            image.src = responseBody.images["0"].uri150;
          }
        }
      }).catch(x => {
        console.log(x);
      });
  });
}
```

 Discogs에 JSONP 요청을 보낼 수 있다. JSONP를 사용하려면 쿼리 문자열에 콜백을 전달해야 한다. JSONP를 호출하려면 https://github.com/camsong/fetch-jsonp에서 Fetch JSONP 패키지를 설치해야 한다. 메서드 시그니처의 fetch 호출은 fetchJsonp로 변경해야 한다. 그 외의 나머지 기능은 동일해 보인다.

이제 프로미스 안에서의 async/await에 익숙해져야 한다. 함수를 좀 더 간단하게 만들려면 코드를 다음과 같이 바꿀 수 있다.

```
const searchDiscog = (request: RequestInfo, imgId: string): Promise<void> => {
  return new Promise(async (): void => {
    try
    {
      const response = await fetch(request,
        {
          method: 'GET',
          headers: {
            'authorization': 'Discogstoken=MyJEHLsbTIydAXFpGafrrphJhxJWwVhWExCynAQh',
            'user-agent': 'AdvancedTypeScript3Chapter10'
          }
        });
      const responseBody = await response.json();
      const image = <HTMLImageElement>document.getElementById(imgId);
      if (image) {
        if (responseBody && responseBody.images && responseBody.images.length > 0) {
          image.src = responseBody.images["0"].uri150;
        }
      }
    }
    catch(ex) {
      console.log(ex);
    }
  });
}
```

다음 절에서는 ASP.NET에서 타입스크립트 함수를 호출하는 방법을 다룬다.

ASP.NET에서 타입스크립트 기능 호출

ASP.NET 코드로 돌아가보면, 이미지를 가져오는 데 searchDiscog 함수를 연결할 수 있다. 우선 검색 스크립트 참조를 추가해야 한다.

```
<script src="~/js/discogHelper.js"></script>
```

이것으로 이미지 영역을 확장해 검색 스크립트를 포함할 수 있다.

```
<td>
  <img id="img_@index" width="150" height="150" />
  <script type="text/javascript">
      searchDiscog('@item.ResourceUrl', 'img_@index');
  </script>
</td>
```

완성된 Index 페이지는 다음과 같다.

```
@{
  ViewData["Title"] = "Home Page";
}
<div id="pageRoot">
  <form asp-controller="Home" asp-action="Index" class="form-inline">
    <div class="form-group mx-sm-3 mb-10">
      <input type="text" name="SearchString" class="form-control"
        placeholder="Enter artist to search for" />
    </div>
    <button type="submit" class="btn btn-primary">Search</button>
  </form>
</div>
@{ if (ViewBag.Result != null)
  {
    <script src="~/js/discogHelper.js"></script>
    <table class="table">
      <thead>
        <tr>
          <th>Title</th>
          <th>Artwork</th>
        </tr>
      </thead>
      <tbody>
        @{
          int index = 0;
        }
        @foreach (var item in ViewBag.Result)
```

```
        {
          <tr>
            <td>@item.Title</td>
            <td>
              <img id="img_@index" width="150" height="150" />
              <script type="text/javascript">
                searchDiscog('@item.ResourceUrl', 'img_@index');
              </script>
            </td>
          </tr>
          index++;
        }
      </tbody>
    </table>
  }
}
```

애플리케이션을 실행하면, 검색을 수행하고 나서 제목과 이미지가 반환된다. 같은 검색을 다시 실행하면 다음과 같이 된다.

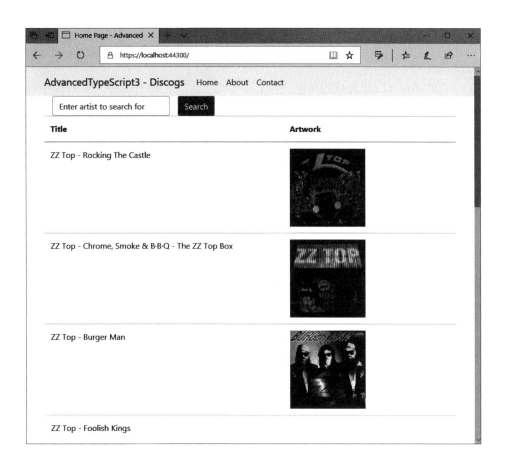

이것으로 끝이다. 아티스트로 검색해서 제목과 앨범 이미지를 가져올 수 있는 ASP. NET Core MVC 애플리케이션을 완성했다. 모든 것은 ASP.NET MVC, HTML, 부트스트랩, C#, 타입스크립트 조합으로 만들었다.

| 요약

10장에서는 애플리케이션 개발에 ASP.NET Core, C#, 타입스크립트를 사용했다. ASP.NET Core 웹 애플리케이션을 만들 때 비주얼 스튜디오가 무엇을 생성하는지 배우는 기회를 가졌고, ASP.NET Core가 코드의 책임을 분산시키고자 MVC 패턴의 사용을 강조하는 것을 발견했다. 애플리케이션을 만들기 위해 Discogs 사이트에 가입하고 C#으로 아티스트의 상세 정보를 가져오고자 토큰을 등록했다. 또한 아티스트 검색 결과에서 앨범 사진을 가져오기 위한 타입스크립트 함수를 만들었다.

애플리케이션을 만드는 동안 뷰를 구성하는 .cshtml 파일에서 C#과 HTML을 섞어 사용하는 방법을 알아봤다. 아티스트 검색을 수행하는 모델을 작성하고, 모델과 뷰를 함께 연결하도록 컨트롤러를 업데이트하는 방법을 살펴봤다.

타입스크립트와 함께하는 여정이 즐거웠길 바란다. 그리고 원하는 만큼 점점 더 많이 사용하는 수준까지 지식을 향상시켰길 바란다. 타입스크립트는 훌륭한 언어이며 사용하기에 즐겁다. 그러므로 나보다 더 재미있게 즐기길 바란다. 당신의 작업을 기대하겠다.

▌ 질문

1. C#과 타입스크립트가 비슷해 보이는 이유는 무엇인가?
2. C#에서 프로그램을 시작하는 메서드는 무엇인가?
3. ASP.NET Core와 ASP.NET은 무엇이 다른가?
4. Discogs의 호출 제한은 무엇인가?

▌ 더 읽을거리

ASP.NET Core는 거대한 주제이며, 제대로 다루려면 한 개 장보다 더 많은 분량이 필요하다. 그 점을 염두에 두고 ASP.NET의 여정을 위한 몇 권의 책을 추천한다.

- 오누르 구무스^{Onur Gumus}와 무길란 라구파시^{Mugilan T. S. Ragupathi}의 『ASP.NET Core

2 Fundamentals』(Packt, 2018): 서버 측 웹 애플리케이션 프레임워크로 만드는 크로스 플랫폼 애플리케이션과 동적 웹 서비스

- 히카르도 페레즈[Ricardo Peres]의 『Mastering ASP.NET Core 2.0』(Packt, 2017): MVC 패턴, 설정, 라우팅, 배포 등

- 고라브 아로라[Gaurav Aroraa]의 『Building Microservices with .NET Core 2.0』(Packt, 2017): .NET Core 2.0과 C# 7.0으로 모놀리식 아키텍처를 마이크로서비스로 변환하기

- 제이슨 드 올리베이라[Jason De Oliveira]와 미셸 브루쳇[Michel Bruchet]의 『Learning ASP.NET Core 2.0』(Packt, 2017): ASP.NET Core 2.0, MVC, EF Core 2로 모던 웹 애플리케이션 만들기

연습 문제

▌ 1장

1. 공용체 타입을 사용하면, 메서드에서 FahrenheitToCelsius 클래스와 CelsiusTo
   Fahrenheit 클래스를 모두 받을 수 있다.

```
class Converter {
    Convert(temperature : number, converter : FahrenheitToCelsius |
CelsiusToFahrenheit) : number {
        return converter.Convert(temperature);
    }
}

let converter = new Converter();
console.log(converter.Convert(32, new CelsiusToFahrenheit()));
```

2. 키-값 쌍을 받으려면 맵을 사용해야 한다. 레코드를 다음과 같이 수정한다.

```
class Commands {
    private commands = new Map<string, Command>();
    public Add(...commands : Command[]) {
        commands.forEach(command => {
            this.Add(command);
        })
    }
    public Add(command : Command) {
        this.commands.set(command.Name, command);
    }
}

let command = new Commands();
command.Add(new Command("Command1", new Function()), new
Command("Command2", new Function()));
```

실제로 두 개의 메서드를 추가했다. 한 번에 여러 개의 command를 추가하려면 command 배열을 받도록 REST 파라미터를 사용해야 한다.

3. 데코레이터를 사용해 Add 메서드가 호출될 때 자동으로 로그를 남길 수 있다. log 메서드 예제는 다음과 같다.

```
function Log(target : any, propertyKey : string | symbol, descriptor :
PropertyDescriptor) {
    let originalMethod = descriptor.value;
    descriptor.value = function() {
        console.log(`Added a command`);
        originalMethod.apply(this, arguments);
    }
    return descriptor;
}
```

Add 메서드는 REST 파라미터를 받아 한 가지로만 호출하기 때문에 다음 Add 메서드만 추가하면 된다.

```
@Log
public Add(command : Command) {
    this.commands.set(command.Name, command);
}
```

데코레이터에는 @ 기호를 넣는 것을 잊지 말자.

4. 여섯 개의 중간 컬럼을 동일한 크기로 넣으려면, 다음과 같이 클래스를 col-md-2로 지정한 여섯 개의 div문을 사용한다.

```
<div class="row">
  <div class="col-md-2">
  </div>
  <div class="col-md-2">
  </div>
  <div class="col-md-2">
  </div>
  <div class="col-md-2">
  </div>
  <div class="col-md-2">
  </div>
  <div class="col-md-2">
  </div>
</div>
```

부트스트랩의 한 줄은 동일한 크기의 컬럼 12개로 구성돼 있음을 기억하라.

▌3장

1. 리액트는 자바스크립트로 변환되는 파일을 만드는 (자바스크립트용) .jsx나 (타입스크립트용) .tsx라는 특별한 파일 타입을 제공한다. 리액트는 이 파일 타입으로 HTML처럼 보이는 엘리먼트를 갖고 자바스크립트로 렌더링한다.

2. class와 for는 모두 자바스크립트의 키워드다. .tsx 파일은 동일한 메서드 안에서 자바스크립트와 HTML을 한데 뒤섞은 모양이므로 CSS 클래스와 제어용 레이블을 지정하려면 별칭이 필요하다. 리액트는 HTML 엘리먼트에 적용하는 클래스를 지정하도록 className을 제공하고, 연관된 제어용 레이블을 지정하도록 htmlFor를 제공한다.

3. [0-9]를 \d로 변경해 ^(?:\\((?:[0-9]{3})\\)|(?:[0-9]{3}))[-.]?(?:[0-9]{3})[-.]?(?:[0-9]{4})$를 ^(?:\\((?:\d{3})\\)|(?:\d{3}))[-.]?(?:\d{3})[-.]?(?:\d{4})$로 변경한다.

4. 검증자를 만들 때, 예를 들어 문자열이 최소 길이 이상인지 확인하는 것처럼 실제 특정 타입 검증을 수행하는 데 사용할 수 있는 재사용 가능한 코드를 만들었다. 재사용 가능하도록 설계했으므로 검증 코드를 실제 검증을 적용하는 부분과 분리해야 했다.

5. 하드 삭제는 데이터베이스의 레코드를 물리적으로 제거한다. 소프트 삭제는 레코드를 그대로 두지만 사용하지 않는 레코드로 표시해 놓는다.

▌ 4장

1. MEAN 스택은 다음 네 가지 컴포넌트로 구성된다.

   ○ **몽고DB**: 몽고DB는 노드로 클라이언트/서버 애플리케이션을 지원하는 데이터베이스를 구축하는 데 사실상의 표준이 된 NoSQL 데이터베이스다. 다른 데이터베이스도 사용 가능하지만 몽고DB는 매우 대중적인 선택이다.

   ○ **익스프레스**: 익스프레스는 서버 측 코드로 작업할 때 발생하는 복잡한 로그를 감싸고 사용하기 쉽게 만들어준다. 예를 들어 HTTP 요청을 처리한다면, 노드 코드로 작성하는 경우와 비교해 별것 아닌 일로 만들어준다.

   ○ **앵귤러**: 앵귤러는 강력한 웹 프론트엔드를 더 쉽게 작성하도록 지원하는

클라이언트 측 프레임워크다.

○ **노드**: 노드(혹은 Node.js)는 서버 애플리케이션을 위한 실행 환경이다.

2. 컴포넌트를 유일하게 만들기 위해 접두사를 사용한다. 이름을 label로 하고 싶은 컴포넌트가 있다고 가정해보자. 틀림없이 HTML의 label과 충돌한다. 충돌을 피하려면 컴포넌트 선택자를 apt-label로 지정한다. HTML 컨트롤에는 절대 대시(-)를 사용하지 않으므로 기존의 컨트롤 선택자와 충돌하지 않는다고 보장할 수 있다.

3. 앵귤러 애플리케이션을 시작하려면 앵귤러 최상위 폴더에서 다음 명령을 실행한다.

```
ng serve --open
```

4. 사람의 언어를 단어와 문장으로 분리하고 구성하는 것과 같은 방식으로, 시각적 요소를 색과 깊이 같은 구조로 분리하고 구성할 수 있다. 예를 들어 언어는 색상의 의미를 알려줄 수 있다. 그러므로 애플리케이션 화면에서 어떤 색상으로 된 버튼을 보면, 애플리케이션의 다른 화면에서도 동일한 의미를 가져야 한다. 한 다이얼로그에서 '확인'의 의미로 녹색 버튼을 사용하고, 다른 다이얼로그에서 '취소'의 의미로 녹색 버튼을 사용하면 안 된다. 디자인 언어는 요소가 일관적이어야 한다는 생각에 기반한다. 따라서 애플리케이션을 머티리얼 애플리케이션으로 만든다면, G메일 사용자에게는 친숙해 보일 것이다.

5. 다음 명령으로 서비스를 만든다.

```
ng generate service <<servicename>>
```

다음과 같이 줄여서 쓸 수도 있다.

```
ng g s <<servicename>>
```

6. 서버에 요청이 들어오면 어떻게 처리하는 것이 최선인지 결정해야 한다. 라우팅은 요청을 적절한 기능으로 처리하도록 한다. 익스프레스 라우팅은 처리하는 방식이다.

7. RxJS는 옵저버 패턴 구현이다. 옵저버 패턴에는 (일반적으로 옵저버스observers라 부르는) 의존성 배열을 추적하는 (일반적으로 주제subject라 부르는) 객체가 있고, 상태 변경과 같은 관심 있는 동작을 알려준다.

8. CORS는 교차 출처 리소스 공유를 의미한다. CORS로 사이트의 제한된 동작에 접근할 수 있는 외부 위치를 지정할 수 있다. 본문의 예제에서는 앵귤러가 웹 서버와 서로 다른 사이트(localhost:4200과 localhost:3000)에서 실행된다. CORS 지원을 활성화하지 않으면 앵귤러에서 보내는 모든 요청에 대해 아무 것도 반환하지 않는다.

▍5장

1. 그래프QL은 REST 클라이언트를 완전히 교체하지 않는다. 그래프QL은 협업 기술로 동작해 여러 개의 REST API를 사용해 그래프를 만들 수 있다.

2. 변경은 그래프의 데이터를 변경하는 방식에 주목하는 동작이다. 그래프에 새로운 항목을 추가하고, 수정하고, 삭제하고 싶을 수 있다. 변경은 그래프만 변경한다는 점을 기억해야 한다. 만약 그래프에서 가져온 정보를 영구적으로 변경해야 한다면, 기반 서비스를 호출해 변경을 반영하는 것은 그래프의 책임이다.

3. 하위 컴포넌트에 값을 전달하려면 @Input()을 사용해 부모에서 바인딩한 필드를 노출시켜야 한다. 예제에서는 Todo 항목을 다음과 같이 설정했다.

```
@Input() Todo: ITodoItem;
```

---

4. 그래프QL에서 리졸버는 작업을 데이터로 변경하는 방법에 대한 명령을 표현한다. 리졸버는 필드와 일대일로 대응해 구성된다. 스키마는 여러 개의 리졸버를 표현한다.

5. 싱글톤을 만들려면 우선 클래스 생성자를 private으로 만들어야 한다. private 생성자로 해당 클래스 안에서만 인스턴스를 만들 수 있다.

```
export class Prefill {
  private constructor() {}
}
```

이어서 클래스 인스턴스에 대한 참조를 갖고 있는 필드를 추가하고, 인스턴스에 접근하도록 public 정적 속성으로 설정한다. public 속성 필드로 클래스가 준비되지 않았다면 클래스 인스턴스를 만들어 항상 접근할 수 있게 해준다.

```
private static prefill: Prefill;
public static get Instance(): Prefill {
  return this.prefill || (this.prefill = new this());
}
```

▌6장

1. io.emit을 사용하면 접속한 모든 클라이언트에 메시지를 보낼 수 있다.

2. 특정 방의 모든 사용자에게 메시지를 보내려면, 다음과 같이 메시지를 보낼 방을 지정하고 emit을 사용해 event와 메시지를 설정한다.

```
io.to('room').emit('event', 'message');
```

3. 원본 메시지를 보낸 사용자를 제외한 나머지 모든 사용자에게 메시지를 보내

려면 broadcast를 사용한다.

```
socket.broadcast.emit('broadcast', 'my message');
```

4. error, connect, disconnect, disconnecting, newListener, removeListener, ping, pong은 Socket.IO에서 특별한 의미를 갖도록 제약이 걸려 있으므로 메시지로 사용할 수 없는 이벤트 이름이다.

5. Socket.IO는 Engine.IO를 비롯한 여러 협업 기술을 사용한다. 그중 Engine. IO는 전송 기반 기술을 제공한다. 접속의 첫 번째 유형은 HTTP 롱 폴링으로, 빠르고 효과적인 전송 기술이다. 대기 시간 동안 Socket.IO는 전송 방식을 소 켓으로 변경할 수 있는지 확인한다. 소켓을 사용할 수 있다면 조용히 보이지 않게 소켓을 사용하도록 업그레이드한다. 고객이 신경 쓰는 것은 빠른 접속과 신뢰성 있는 메시지다. 방화벽과 로드 밸런서가 있더라도 Engine.IO가 접속 을 유지해 메시지는 믿을 수 있다.

▌ 7장

1. @Component 정의에서 host로 앵귤러의 연관 메서드와 호스트 이벤트를 연결한 다. 예를 들어, MapViewComponent에서는 다음과 같은 컴포넌트 정의로 window load 이벤트에 Loaded 메서드를 연결했다.

```
@Component({
  selector: 'atp-map-view',
  templateUrl: './map-view.component.html',
  styleUrls: ['./map-view.component.scss'],
  host: {
    '(window:load)' : 'Loaded()'
  }
})
```

2. 위도와 경도는 지구 위의 어떤 지점을 정확하게 표시하는 지리학 용어다. 위도는 적도에서 북쪽이나 남쪽으로 얼마나 떨어져 있는지를 표시하는 좌표이며 0부터 시작한다. 양수는 적도 북쪽을 의미하고, 음수는 적도 남쪽을 의미한다. 경도는 지구의 수직 중심점에서 동쪽이나 서쪽으로 얼마나 떨어져 있는지를 표시한다. 수직 중심은 편의를 위해 런던 그리니치를 기준으로 한다. 양수는 동쪽을 의미하고, 음수는 서쪽을 의미한다.

3. 위도와 경도로 표시하는 위치를 주소로 변환하는 것을 리버스 지오코딩이라고 한다.

4. 데이터를 저장하기 위해 구글 파이어베이스 클라우드 서비스의 파이어스토어 데이터베이스를 사용한다.

▌ 8장

1. 컨테이너는 애플리케이션을 실행하는 데 필요한 다양한 소프트웨어를 갖고 실행하는 인스턴스이며, 애플리케이션의 시작점이 된다. 컨테이너는 이미지 기반으로 돼 있으므로, 직접 이미지를 빌드하거나 중앙 도커 데이터베이스에서 이미지를 다운로드할 수 있다. 컨테이너는 다른 컨테이너(예를 들면 호스트 운영체제)까지도 열 수 있고 포트와 볼륨을 통해 더 넓은 세계로 향할 수 있다. 컨테이너의 큰 장점 중 하나는 설정하고 만들기가 쉬우며 매우 빠르게 시작하고 정지할 수 있다는 것이다.

2. 도커 컨테이너를 시작하는 두 가지 방법을 이미 살펴봤다. 첫 번째 방법은 docker build와 docker run을 조합해 서비스를 시작한다.

```
docker build -t ohanlon/addresses .
docker run -p 17171:3000 -d ohanlon/addresses
```

-d 옵션을 사용하면, 콘솔에서 분리돼 콘솔이 멈추지 않고 백그라운드에서 조

용히 실행한다. 이렇게 여러 개의 명령을 그룹으로 실행할 수 있다. 다운로드에서는 윈도우에서 시작하고자 만들어둔 배치 파일을 찾을 수 있다.

두 번째 방법을 추천하는데, docker-compose를 사용하는 방법이다. 예제에서는 마이크로서비스를 그룹으로 만드는 데 사용하는 docker-compose.yml 파일을 만들고, 다음 명령으로 실행한다.

```
docker-compose up
```

3. docker run으로 컨테이너를 시작하면 -p 옵션으로 내부의 특정 포트를 외부 포트로 변경할 수 있다. 다음 예제는 3000 포트를 17171로 변경한다.

```
docker run -p 17171:3000 -d ohanlon/addresses
```

docker-compose를 사용하면 docker-compose.yml 파일에 포트 매핑을 지정할 수 있다.

4. 스웨거는 여러 가지 유용한 기능을 제공한다. API 문서 작성, API 프로토타이핑, 코드 자동 생성, API 테스트 등을 할 수 있다.

5. 리액트 메서드가 state를 읽을 수 없을 때는 두 가지 옵션이 있다. this 컨텍스트를 자동으로 캡처하도록 굵은 화살표 =>를 사용하게 변경하거나 자바스크립트 bind 기능으로 올바른 컨텍스트에 연결할 수 있다.

┃ 9장

1. 현재 텐서플로는 타입스크립트/자바스크립트를 지원하지만, 원래는 파이썬 라이브러리였다. 텐서플로의 백엔드는 고성능을 위해 C++로 작성됐다.

2. 지도학습은 이전에 학습한 내용을 갖고 새로운 데이터에 적용하며, 정답을 학습하기 위해 정답을 표시한 예제를 사용한다. 그 배경에는 지도 알고리즘의

지식을 향상시키기 위한 훈련 데이터셋이 있다.

3. MobileNet은 특별한 합성곱 신경망(CNN)이며 사전에 훈련된 이미지 분류 모델을 제공한다.

4. MobileNet의 classify 메서드는 기본적으로 분류명과 확률을 포함한 세 개의 분류 결과를 반환한다. 반환되는 분류 결과 수는 파라미터로 지정할 수 있다.

5. Vue 애플리케이션을 생성하려면 다음 명령을 사용한다.

```
vue create <<applicationname>>
```

타입스크립트 애플리케이션을 만들려면 화면에서 수동으로 기능을 선택하고 옵션에서 타입스크립트를 선택해야 한다.

6. .vue 파일에 클래스를 만들 때는 @Component로 Vue에 등록하는 컴포넌트임을 표시한다.

▎ 10장

1. 자바스크립트와 C# 모두 C 구문을 기반으로 하고 있으므로 범위를 표시할 때 { }를 사용하는 등의 비슷한 언어 패러다임을 따른다. 모든 자바스크립트는 올바른 타입스크립트이므로 타입스크립트는 완전히 동일한 모양이 된다.

2. 프로그램을 시작하는 메서드는 static Main이며 다음과 같다.

```
public static void Main(string[] args)
{
  CreateWebHostBuilder(args).Build().Run();
}
```

3. ASP.NET Core는 윈도우 플랫폼에서만 실행되는 제약을 없애고자 밑바닥부터 다시 만든 .NET이다. 윈도우뿐만 아니라 리눅스에서도 실행할 수 있으므

로 ASP.NET의 범위는 크게 넓어졌다.

4. Discogs는 하나의 IP에서 호출하는 요청 수에 제한을 두고 있다. 인증받은 요청의 경우 분당 60회의 요청이 가능하다. 인증받지 않은 요청은 대부분 분당 25회의 요청이 가능하다. 여기서 1분의 기준은 매초를 기준으로 60초 전까지의 값이다. 요청 건수는 매초 측정한다.

| 찾아보기 |

타입스크립트 실전 프로젝트

예제 프로젝트를 통해 배우는 타입스크립트 웹 개발

발 행 | 2021년 1월 25일

지은이 | 피터 오한론
옮긴이 | 김 유 성

펴낸이 | 권 성 준
편집장 | 황 영 주
편 집 | 조 유 나
디자인 | 윤 서 빈

에이콘출판주식회사
서울특별시 양천구 국회대로 287 (목동)
전화 02-2653-7600, 팩스 02-2653-0433
www.acornpub.co.kr / editor@acornpub.co.kr